Soziologie der Organisation

Veronika Tacke · Thomas Drepper

Soziologie der Organisation

Veronika Tacke
Bielefeld, Deutschland

Thomas Drepper
Luzern, Schweiz

ISBN 978-3-658-15062-4   ISBN 978-3-658-15063-1 (eBook)
DOI 10.1007/978-3-658-15063-1

Die Deutsche Nationalbibliothek verzeichnet diese Publikation in der Deutschen Nationalbibliografie; detaillierte bibliografische Daten sind im Internet über http://dnb.d-nb.de abrufbar.

Springer VS
© Springer Fachmedien Wiesbaden 2018
Das Werk einschließlich aller seiner Teile ist urheberrechtlich geschützt. Jede Verwertung, die nicht ausdrücklich vom Urheberrechtsgesetz zugelassen ist, bedarf der vorherigen Zustimmung des Verlags. Das gilt insbesondere für Vervielfältigungen, Bearbeitungen, Übersetzungen, Mikroverfilmungen und die Einspeicherung und Verarbeitung in elektronischen Systemen.
Die Wiedergabe von Gebrauchsnamen, Handelsnamen, Warenbezeichnungen usw. in diesem Werk berechtigt auch ohne besondere Kennzeichnung nicht zu der Annahme, dass solche Namen im Sinne der Warenzeichen- und Markenschutz-Gesetzgebung als frei zu betrachten wären und daher von jedermann benutzt werden dürften.
Der Verlag, die Autoren und die Herausgeber gehen davon aus, dass die Angaben und Informationen in diesem Werk zum Zeitpunkt der Veröffentlichung vollständig und korrekt sind. Weder der Verlag noch die Autoren oder die Herausgeber übernehmen, ausdrücklich oder implizit, Gewähr für den Inhalt des Werkes, etwaige Fehler oder Äußerungen. Der Verlag bleibt im Hinblick auf geografische Zuordnungen und Gebietsbezeichnungen in veröffentlichten Karten und Institutionsadressen neutral.

Lektorat: Katrin Emmerich

Gedruckt auf säurefreiem und chlorfrei gebleichtem Papier

Springer VS ist Teil von Springer Nature
Die eingetragene Gesellschaft ist Springer Fachmedien Wiesbaden GmbH
Die Anschrift der Gesellschaft ist: Abraham-Lincoln-Str. 46, 65189 Wiesbaden, Germany

Inhalt

1 Einleitung 1

2 Soziologie und interdisziplinäre Organisationsforschung 7

3 Herausbildung und Entwicklung der Organisationssoziologie:
  Begriffliche Meilensteine 15
  3.1 Der Take-off in Harvard: ‚System' als konzeptionelles Schema 16
  3.2 Strukturelle Perspektiven: Regeln, Routinen und rationale
      Ordnungen 23
      3.2.1 Weber: Formalität, Rationalität und bürokratische
            Funktionen 23
      3.2.2 Weberrezeption: Bürokratiekritik, Dysfunktionen und
            nicht intendierte Folgen 26
  3.3 Operative Perspektiven: Entscheidungsprozesse in
      Organisationen 31
      3.3.1 Organisationen als Verhaltenskontexte begrenzter
            Entscheidungsrationalität 31
      3.3.2 Weiterentwicklungen der Rationalitätskritik des
            Entscheidens 35

4 Die Organisation als soziales System 41
  4.1 Zur Entwicklung des Systembegriffs: Vom ‚conceptual scheme'
      zum Gegenstandsbegriff 42
  4.2 Organisation und System: Die Leuchttürme der 1960er-Jahre 44
      4.2.1 Technische Rationalität und Organisationsrationalität
            (James D. Thompson) 45
      4.2.2 Die Organisation als strukturiertes Handlungssystem
            (Niklas Luhmann I) 51

4.3 Die Organisation als Entscheidungssystem (Niklas Luhmann II) ... 58
  4.3.1 Systemische Selbstreferenz, Operativität und
         Selbstbezüglichkeit des Entscheidens ... 59
  4.3.2 Entscheidungsstrukturen ... 62
  4.3.3 Jenseits der Entscheidung: von Informalität zur
         Organisationskultur? ... 69

5 **Organisation und Gesellschaft** ... 75
  5.1 Kulturelle Rahmung durch World Polity oder funktional
       differenzierte Gesellschaft? ... 76
  5.2 Gesellschaftliche Strukturvoraussetzungen der
       Organisationsbildung ... 82
  5.3 Gesellschaftliche Diversität der Organisationen:
       Typologien und Typen der Organisation ... 87
  5.4 Typische Probleme: Geld-, Rechts- und Personenabhängigkeit ... 95
  5.5 Typische Formung: Multireferenzialität und Autonomie ... 104
  5.6 Gesellschaft und Organisation: Trennungen und Verbindungen,
       Umkehrverhältnisse, Reflexivitäten, Steigerungen ... 106

6 **Schluss** ... 115

Literatur ... 121
Glossar ... 133

Einleitung 1

Der Bedarf für einführende Literatur ist gerade in solchen Forschungsfeldern besonders groß, die es – wie die *Organization Studies* – aufgrund ihres Umfanges und der Pluralität der Beiträge Neueinsteiger(inne)n sehr schwer machen, Orientierung zu gewinnen. Es sind allerdings die gleichen Felder, die es ausschließen, dem Bedarf im Sinne eines Überblicks zu entsprechen, für den gelten könnte, dass er die Pluralität und verzweigten Entwicklungslinien der theoretischen Ansätze und Begriffe, die thematischen Trends sowie die Vielzahl empirischer Forschungen, die sich zum Thema Organisation finden lassen, erfassen würde. Für das riesige Gebiet der Organisationsforschung ist diese Diagnose bereits wiederholt gestellt worden und wird mit fortschreitendem Forschungsvolumen immer weiter untermauert.[1]

Die vorliegende Einführung soll *Orientierung geben*. Sie wird dabei keinem Übersichtsanspruch gerecht werden können – und sie versteht sich auch nicht als ein aktueller „Trendreport" (vgl. Türk 1989). Sie wird in doppelter Weise eine selektive Perspektive einnehmen. Zum einen wird es hier um die *Soziologie* der Organisation gehen, also um eine bestimmte disziplinäre Perspektive und Zugriffsweise auf Organisation, Organisationstypen und den Zusammenhang von Organisation und Gesellschaft. Zum anderen wird mit der soziologischen *Systemtheorie* eine theoretisch selektive Perspektive auf den Gegenstand eingenommen. Beide Selektivitäten wollen wir hier eingangs begründen, und wir verbinden dies mit einer Erläuterung zum Aufbau des Buches. Zunächst zur Soziologie und sodann auch zur Systemtheorie.

---

1 So hielt etwa Niklas Luhmann (2000, S. 15) fest: „Seit dem Ende des zweiten Weltkriegs hat die Organisationsforschung einen Umfang angenommen, der es ausschließt, über Trends, Ergebnisse, Autoren und Publikationen adäquat zu berichten." Ähnlich stellt auch Klaus Türk (2000, S. 5) fest, dass die Organisationsforschung so „riesig und unübersichtlich" geworden ist, dass „kein einführendes Lehrbuch auch nur die wichtigsten Arbeiten hinreichend würdigen könnte".

Mit dem Fokus auf die Soziologie als Disziplin wählen wir einen eingeschränkten Fokus insofern, als zur Organisationsforschung auch eine Reihe anderer Fächer auf je ihre Weise beitragen, darunter Betriebswirtschaftslehre, Managementforschung und Wirtschaftswissenschaft, Politik- und Verwaltungswissenschaft, aber auch Erziehungswissenschaft und Psychologie. Während viele etablierte Forscher(innen) den multidisziplinären Charakter der Organisationsforschung begrüßen und sich mitunter auch gar nicht mehr für die Frage interessieren, welcher wissenschaftlichen Disziplin oder Fachrichtung einzelne *Organization Studies* zugerechnet werden können, wird von Studierenden und Nachwuchswissenschaftler(inne)n[2] typischerweise und spätestens in ihren Prüfungen der Nachweis verlangt, fachspezifische Perspektiven unterscheiden und einnehmen zu können sowie entsprechende Wissensbestände erworben zu haben. Schon das ist Grund genug, um Fachperspektiven trotz zunehmender Interdisziplinarität ernst zu nehmen und zur orientierenden Klärung beizutragen.

Der Frage, worin sich die Organisationssoziologie eigentlich von anderen fachlichen Zugriffen auf den Gegenstand Organisation unterscheiden lässt, haben wir das Kapitel 2 des vorliegenden Textes gewidmet. Es rückt in den Blick, dass es zwar auch in zahlreichen Nachbarfächern der Soziologie um *Organisation* bzw. *Organisationen* als besondere Phänomene geht, dass die fachlichen Zugriffsweisen auf das Phänomen aber jeweils davon abhängig sind, ob bzw. wie im Einzelfall dann berücksichtigt wird, dass Organisationen in die moderne *Gesellschaft* eingebettet sind. Da die Soziologie als Wissenschaft die fachliche Spezialistin für Gesellschaftsforschung ist, zielt auch die Organisationssoziologie als Subdisziplin und Spezielle Soziologie auf die *gesamtgesellschaftliche* Bedeutung, Verbreitung und Vielschichtigkeit von Organisationen und organisierte Lebensverhältnisse in der modernen Gesellschaft. Es ist dieser Hintergrund, der ihre Begriffe imprägniert und damit letztlich auch ihre Fragen und empirischen Forschungen orientiert. Selbst wenn nicht laufend und explizit die Gesellschaft, sondern eben ihre Organisationen Thema organisationssoziologischer Forschungen und Begriffsbildung sind, läuft dieser *Hintergrundbezug* auf die Gesamtgesellschaft doch in den Bestimmungen und Aufgabenbeschreibungen mindestens implizit mit, so etwa, wenn es bei Richard Scott – im Grundton ein wenig heroisch und überschwänglich – heißt:

„Ich bin nämlich überzeugt, dass die Soziologie am ehesten in der Lage ist, Spezialbeiträge, die aufgrund anderer, ihr fremder Prämissen entstanden sind, zu integrieren und zu transzendieren. Nur Soziologen haben bislang versucht, die verschiedenen

---

2 Wir verwenden weibliche und männliche Formen im Text bewusst uneinheitlich, wechseln also zwischen Geschlechtern und kombinieren beide Formen allenfalls dort, wo es schriftsprachlich unkompliziert bleibt.

1 Einleitung

Organisationsformen und -typen in ihrer ganzen Vielfalt zu untersuchen – traditionelle und moderne, öffentliche und private, große und kleine –, und nur Soziologen haben danach gefragt, wie die je besonderen Strukturen und die einzelnen Variablen sich zu einem funktionierenden Ganzen verbinden. Mehr noch, nur Soziologen denken systematisch über den Charakter dieser Ganzheit nach, darüber, was wir meinen, wenn wir von Organisationen sprechen, welche ihre Wesensmerkmale sind und wie sie sich von anderen sozialen Gebilden unterscheiden" (Scott 1986, S. 17).

Der Umstand, dass die Organisationssoziologie sich einerseits speziell für Organisationen interessiert (also nicht für alles, was in der Gesellschaft sonst noch vorkommt), sie andererseits aber als Teildisziplin der Soziologie nicht davon absehen kann, dass es sich bei Organisationen um ein gesellschaftlich einschlägiges Phänomen handelt (das mit seinen Eigenheiten von der Gesamtgesellschaft allerdings zu unterscheiden ist), ist nicht ganz leicht greifbar.

Gleichwohl hat diese Spannung, die aus dem Verhältnis von Organisation und Gesellschaft resultiert, die Entwicklung der Organisationssoziologie seit ihren Anfängen begleitet und mitgeprägt. Grob vereinfacht kann man zunächst sagen, dass ein *enger* Zusammenhang von Organisation und Gesellschaft, wie ihn Max Weber, der Großmeister unter den Klassikern der Soziologie, unter dem Stichwort der formalen Rationalisierung und Bürokratisierung beschrieben hatte, in der entstehenden Organisationssoziologie zunächst *gelöst* wurde. Erst so wurden Organisationen als eigenständige Sozialgebilde in der Gesellschaft erkennbar – und zum Spezialgegenstand entsprechender Forschungen. Zugunsten der Erforschung der Besonderheiten von Organisationen als Sozialsysteme verschwand der Zusammenhang von Organisation und Gesellschaft zwar dann für einige Zeit nahezu von der Agenda der Organisationssoziologen; seit dem ausgehenden 20. Jahrhundert gehört das Verhältnis von Organisation und Gesellschaft, das mithin nun als ein *lose gekoppeltes* aufgefasst wird, aber zu den prominenten Problemstellungen und theoretischen Perspektiven der Organisationssoziologie.[3]

Schon das zweite Kapitel, das der Differenz fachlicher Perspektiven auf den Gegenstand Organisation gewidmet ist, rückt das jeweilige fachliche Organisationswissen ins Verhältnis zur Gesellschaft bzw. ihrer Teilbereiche – wie der Wirtschaft

---

3 Die Theorie der Gesellschaft informiert zum einen über gesellschaftliche Strukturen, an denen sich Organisationen – als z. B. Wirtschafts- oder Erziehungsorganisationen – typischerweise orientieren. Im Rekurs auf Gesellschaftstheorie wird zum anderen expliziter erkennbar, warum Soziologen Organisationen – allgemein – so beschreiben, wie sie sie beschreiben, etwa (wie im Falle der soziologischen Systemtheorie) als *Sozialsysteme*, die auf *Mitgliedschaft* beruhen und die auf dieser Grundlage *Entscheidungskommunikationen* rekursiv verknüpfen.

oder der Erziehung.[4] Im weiteren Aufbau der vorliegenden Einführung wird der wechselvollen Geschichte der Trennung und Verbindung von Organisation und Gesellschaft mit Blick auf die Organisationssoziologie nachgegangen. Das dritte Kapitel, zur Herausbildung der Organisationssoziologie, unterscheidet zwischen einer „strukturellen Perspektive" (3.2), die noch eng den Bürokratieanalysen Webers und damit auch gesellschaftlich einschlägigen Konzepten – der *Formalität* und *formalen Rationalität der Struktur* – verpflichtet ist, und einer „operativen Perspektive" (3.3), die mit der Thematisierung organisatorischer *Entscheidungen* und der Frage nach den *Grenzen der Rationalität individueller Entscheider (bounded rationality)* einsetzt; letztere steht dabei für die Loslösung und Autonomisierung der Organisation – und ihres Begriffs – im Verhältnis zu gesellschaftstheoretischen Vorgaben. Einleiten werden wir dieses dritte Kapitel jedoch mit einem genuin theoriehistorischen Blick auf den *Take-off* der Organisationssoziologie – an der Harvard University der 1930er Jahre. Wichtig erscheint uns dies zum einen, weil sich dieser *Take-off* im Spannungsfeld bemerkenswert heterogener Fachperspektiven vollzog, die auf ihre Weise die frühen Begriffsbildungen – zu formaler und informaler Organisation und zur Organisation als ‚*social system*' – mitbestimmten, die heute in zum Teil überholter, zum Teil weiterentwickelter Form in der Organisationssoziologie wie ihren Nachbardisziplinen noch nachwirken. Wichtig ist ein Blick auf Ausgangspunkte aber auch, weil Max Webers Analysen zur Bürokratie – anders als häufig angenommen und in Lehrbüchern dargestellt – nicht zu seinen Lebzeiten, sondern erst in Harvard aufgegriffen wurden – und zwar nicht ohne folgenreiche Interpretation.

Erst mit den Kapiteln 4 und 5, mit der Beschreibung der *Organisation als soziales System* und dem nachfolgenden Blick auf das Verhältnis *Organisation und Gesellschaft*, werden wir explizit in den Bereich der Begrifflichkeiten jener Theorie eintreten, deren Perspektive wir für das vorliegende Einführungsbuch insgesamt gewählt haben, um Orientierung im Feld der Soziologie der Organisation zu geben: der Systemtheorie, wie sie insbesondere von Niklas Luhmann ausgearbeitet wurde (vgl. Luhmann 1964a; 2000). Selbstverständlich kann diese Wahl nicht repräsentativ für die Organisationssoziologie stehen oder theoretisch irgendwie ‚neutral' sein. Das Hauptargument für unsere Entscheidung liegt in der umfassenden Perspektive, die die soziologische Systemtheorie gerade auch für die Organisationssoziologie eröffnet. Denn diese Theorie erlaubt es, die drei Hauptaspekte organisationssozio-

---

4 Und auch das Kapitel 2, das die Fachperspektiven in den Blick nimmt, ist Ausdruck der Unterscheidung Organisation und Gesellschaft, wenngleich mit wissenssoziologischer Brille.

1 Einleitung

logischer Forschung des letzten Jahrhunderts, die wir zuvor mit *Struktur, Operation und Gesellschaft* schon angesprochen haben, systematisch aufeinander zu beziehen. *Erstens* liegt im Rahmen der soziologischen Systemtheorie eine heute sehr gut ausgearbeitete *Theorie der Organisation* vor. Sie wird in allgemeiner Form – also noch unter Absehung von Gesellschaftsfragen – zunächst Gegenstand von Kapitel 4 sein. Die Theorie der Organisation als Sozialsystem schließt an die zuvor dargelegten Beschreibungen zu Struktur (Formalität) und Operation (Entscheidung) an, die im Systembegriff dann eine konsistente Verbindung finden. Zumal der Systembegriff gleichwohl für sich gesehen voraussetzungsvoll ist, werden wir vorab einen kurzen Rückblick auf seine Tradition in der Organisationssoziologie werfen, die noch einmal nach Harvard zurückführt. Vergleicht man die Systemtheorie der Organisation, die vor allem dann Luhmann seit den 1960er Jahren und bis in die 1990er Jahre hinein weiterentwickelt hat, mit anderen Theorien der Organisation, dann fällt auf, dass sie Organisationen nicht an einem sehr speziellen Phänomen zum Thema macht (z. B. mikropolitischer Macht, Informalität oder Kultur), sondern dass sie den Organisationsbegriff in einer Weise formuliert, die es erlaubt, die genannten und viele weitere spezielle Phänomene an Organisationen sichtbar zu machen und zu klären. Denn sie beginnt mit der grundlegenden Frage, wie Organisationen eigentlich als besondere *soziale Einheiten* konstituiert sind, wie sie sich *operativ reproduzieren* und wie sie auf dieser Grundlage ihre *Strukturen aufbauen*. Die gewählte Theorie vermag dann auch in besonderer Weise den Bogen zwischen klassischen Fragestellungen und aktuellen Theoriediskussionen der Organisationssoziologie zu spannen.

Niklas Luhmann, als ihr prominentester Vertreter, hat aber nicht nur immer wieder organisationssoziologische Fragestellungen vor dem Hintergrund neuester allgemeiner Theorieentwicklungen rekonstruiert und reformuliert. Vielmehr bringt die Systemtheorie, *zweitens*, den Vorteil mit, nicht nur organisationssoziologisch und als allgemeine Sozialtheorie, sondern zugleich als *Theorie der modernen Gesellschaft* ausformuliert zu sein. Sie ist damit in besonderer Weise in der Lage, Organisationen auch im Verhältnis zur Gesellschaft, also zu gesellschaftlichen Strukturbildungen und Sozialsystemen, in den Blick zu nehmen. Die Umwelt von Organisationen kommt damit nicht lediglich, wie in allerlei anderen Organisationstheorien, in allgemeinen oder hochabstrakten Begriffen (wie Unsicherheit, Dynamik, Komplexität) zum Vorschein. Vielmehr bietet die Theorie die Möglichkeit, Organisationen im Rahmen *gesellschaftlicher* Umwelten je spezifisch zu beschreiben. Dies wird dann im Kapitel 5 relevant werden, in dem wir uns explizit und in verschiedenen Hinsichten dem Verhältnis von Organisation und Gesellschaft zuwenden. Sichtbar werden soll hier, dass und inwiefern gesellschaftliche Strukturen für Organisationen sowohl eine einschränkende wie auch ermöglichende Rolle spielen. Wir werden in diesem

Zusammenhang sehen, dass die Organisationssoziologie zwar die Besonderheit und Eigenständigkeit (Autonomie) von Organisationen gegenüber ihren Umwelten betont und mitvollzieht, sie gleichwohl aber Organisationen in ihrem Verhältnis zur modernen Gesellschaft bestimmt und reflektiert.

Hinter dem harmlosen Wort ‚Verhältnis' verbirgt sich keine kompakte und schnelle Antwort auf entsprechende Fragen, sondern Erläuterungsbedarf. Um Orientierung zu bieten, werden wir auf allgemeine gesellschaftliche Strukturvoraussetzungen der Organisationsbildung eingehen und sodann Typenfragen zum Thema machen, dabei auf Typen der Organisation, samt Fragen der Typologiebildung, sowie auf organisationstypische Probleme und typische Formungen der Organisation eingehen, wie sie mit der Differenzierungsstruktur der modernen Gesellschaft – eben typischerweise – verbunden sind. Auch in diesem Kapitel wollen wir aber – einleitend – den Anschluss an einschlägige theoriehistorische Vorläufer (erneut: Max Weber) halten und überdies verdeutlichen, dass und wie andere Organisationssoziologen gesellschaftsbezogen an Max Weber angeschlossen haben (neoinstitutionalistischer World-Polity-Ansatz). Abschließend werden wir – unter dem Stichwort „Trennungen und Verbindungen" – dagegen noch auf einige allgemeine Komplikationen und „Verkehrungen" im Verhältnis von Organisation und Gesellschaft zu sprechen kommen, die sowohl in den neoinstitutionalistischen wie auch den typologischen, also gewissermaßen in allen ordnungsbezogenen Perspektiven, leicht aus dem Blick geraten.

Soziologie und interdisziplinäre Organisationsforschung 2

In diesem Kapitel geht es um Begriffs-, Gegenstands- und Perspektivenbestimmungen und die Frage, *worüber* wir eigentlich reden und *wie* wir darüber reden, wenn wir *organisationssoziologisch* über Organisationen sprechen, und *wodurch* sich diese Perspektive von anderen wissenschaftlichen Perspektiven unterscheidet. Organisationen kommen in allen gesellschaftlichen Bereichen vor: als Unternehmen in der Wirtschaft, als Verwaltungen, Parteien und Verbände in der Politik, als Gerichte und Anwaltskanzleien im Rechtssystem, als Schulen und andere Bildungseinrichtungen in der Erziehung, als Kirchen in der Religion, als Vereine im Sport. Vor diesem Hintergrund ist es wenig überraschend, dass zur Organisationsforschung nicht nur Soziolog(inn)en, sondern z. B. auch Wirtschafts-, Politik- und Verwaltungswissenschaftler(innen) beitragen und sich mit nur wenig mehr Aufwand auch organisationsbezogene Forschungen von Pädagog(inn)en, Sport-, Religions- oder Gesundheitswissenschaftler(inne)n finden lassen. Man könnte daher auf die Idee kommen, dass sich die Organisationsforschung *arbeitsteilig* auf wissenschaftliche Disziplinen und Fächer verteilt, die dann jeweils die für ‚ihren' gesellschaftlichen Teilbereich spezifischen Organisationstypen untersuchen. Ökonom(inn)en analysieren Unternehmen, Politikwissenschaftler(innen) Parteien, Erziehungswissenschaftler(innen) Schulen, Religionswissenschaftler(innen) Kirchen etc. Gälte aber ein solches Prinzip der gegenstandsbezogenen Arbeitsteilung, dann wäre die Organisations*soziologie* überflüssig. Denn welche Organisationen sollte sie dann eigentlich noch untersuchen?

Tatsächlich unterscheiden sich wissenschaftliche Disziplinen aber nicht entlang ihrer Forschungsgegenstände (was hier dann Typen der Organisation wären), sondern sie differenzieren sich anhand von wissenschaftlichen Problemstellungen. In der Art und Weise, wie sie einen Gegenstand zum Problem machen, unterscheiden sie sich voneinander und entwickeln ihre je spezifischen Zugriffsweisen. So werden Organisationen im Rahmen der *Wirtschaftswissenschaft* unter dem Gesichtspunkt von Kostenkalkülen und Fragen der ökonomischen Effizienz analysiert. Die Plausibilität ökonomischer Theorien der Organisation stützt sich auf die Tatsache, dass es in der modernen Gesellschaft ein Wirtschaftssystem gibt, das sich auf der Grundlage geldförmiger Zahlungskreisläufe reproduziert und die Funktion der Zukunftsvorsorge (Kapitalbildung) unter Bedingungen von Knappheit bearbeitet. Die ökonomische Organisationsforschung analysiert zwar vor allem *Unternehmen*, weil diese sich primär an der gesellschaftlichen Funktion der Ökonomie orientieren. Das ökonomische Bezugsproblem legt die ökonomische Organisationsanalyse jedoch nicht auf Unternehmen fest. Ökonom(inn)en können im Rahmen ihrer Zugriffsweise auch beliebige andere Organisationen untersuchen. Soweit alle Organisationen in der modernen Gesellschaft in irgendeiner Weise auf Geld angewiesen sind, also entsprechende Probleme der Knappheit kennen, hat das eine hohe Plausibilität. Die Ökonomie beobachtet also im Prinzip alle Organisationen – Schulen, Verwaltungen, Kirchen und auch Unternehmen – so, *als ob* sie wirtschaftliche Organisationen seien. Sie werden gleichsam erst durch die ökonomische Beobachtungsweise zu wirtschaftlichen Organisationen gemacht (vgl. Baecker 2003, S. 11).

Die *Politikwissenschaft* befasst sich im Rekurs auf ein spezifisch politisches Bezugsproblem – die Herstellung von kollektiv bindenden Entscheidungen – mit Parteien und Parlamenten. Neben Verbänden und weiteren politischen Organisationen (Hoebel 2012), die unter dem Gesichtspunkt der Berücksichtigung ‚privater Interessen' in den Blick rücken, geraten über Fragen der Wohlfahrtsstaatlichkeit und Fragen des Gemeinwohls aber auch viele weitere Organisationen in den Blick. Die Welt der Organisationen erscheint im Übrigen mithin so, als bestehe sie aus drei ‚Sektoren': dem Staat (öffentliche Organisationen), dem Markt (private Unternehmen) und einem ‚dritten Sektor', in dem eine bunte Vielfalt von Non-Profit- bzw. Nichtregierungsorganisationen Gemeinwohlleistungen erbringt (vgl. Ronge 1988).[5]

Auch die *Verwaltungswissenschaft* befasst sich neben Bundes-, Länder- oder Kommunalverwaltungen auch mit Schulen, Universitäten, Krankenhäusern oder Museen – als Verwaltungen. Eine Beschreibung etwa der Schule als Teil der ‚öffentlichen Verwaltung' findet ihre gesellschaftliche wie wissenschaftsinterne Plausibilität darin, dass Schulen staatlicher Regulierung und Aufsicht unterworfen sind und in vielen Hinsichten rechtlich kodifizierte Verwaltungsbestimmungen berücksichtigen müssen.

In der *Erziehungswissenschaft* wird, um beim Beispiel zu bleiben, die Schule dagegen keineswegs als eine nachgeordnete Verwaltungsbehörde des Staates aufgefasst,

---

5 Und selbstredend hat man in der Politikwissenschaft, im Teilgebiet der „Internationalen Beziehungen", auch „Internationale Organisationen" im Blick, die in politikaffiner Begrifflichkeit definiert werden als „von und zwischen Staaten geschaffene Entscheidungsverflechtungen (...), die mehreren Staaten gemeinsame, teils sie einigende, teils sie entzweiende Probleme einer kollektiven Bearbeitung zugänglich machen sollen". Vgl. Rittberger und Zangl 2003, S. 15.

2 Soziologie und interdisziplinäre Organisationsforschung

die „unidirektionaler Regulation" (Richter 2012, S. 100) unterliegt. In der diesem Fach eigenen Zugriffsweise erscheint die Schule vielmehr als „Ort des Lernens", als „Erziehungsstätte" oder als „pädagogische Handlungseinheit" (Fend 1986). An der Schule rückt in dieser Perspektive vor allem der Unterricht als das erzieherische Kerngeschehen der Organisation ins Zentrum. Es überrascht vor diesem Hintergrund dann nicht, wenn Vertreter(innen) der Pädagogik, aber auch Lehrer(innen), dazu tendieren, die ‚Bevormundung' der Schule durch staatliche ‚Bürokratie' abzulehnen, und im Übrigen irritiert sind, wenn die Schule seit einiger Zeit auch stärker unter ökonomischen Gesichtspunkten thematisiert wird (vgl. Boettcher 2002).

Diese kurze Rekapitulation der spezifischen Beobachtungsweisen der verschiedenen wissenschaftlichen Disziplinen auf ‚ihre Organisationen' leitet uns direkt zu der Frage: Worin besteht nun das Spezifische der *Soziologie der Organisation*? Was zeichnet ihre Zugriffsweise auf Organisationen im Vergleich zur Wirtschafts-, Verwaltungs-, Politik- oder Erziehungswissenschaft aus? Wie macht sie sich als soziologische Beobachtungs- und Beschreibungsweise erkennbar? Die Antwort ist nicht ganz einfach, weil die Organisationssoziologie – anders als die zuvor genannten Fächer – ihre Zugriffsweise nicht über die Anlehnung an die Problemstellung eines ganz bestimmten gesellschaftlichen Teilbereichs (also Wirtschaft, Politik, Erziehung etc.) gewinnt. Wie aber hebt sich dann die Organisationssoziologie von den anderen fachlichen Beobachtungsperspektiven ab? Wir möchten zur Beantwortung dieser Frage *drei mögliche Argumentationslinien* aufgreifen. Deren Durchsicht liefert wichtige Anhaltspunkte und führt am Ende auf eine Antwort hin.

Das *erste* Argument beruht auf der Unterscheidung *präskriptiver* und *deskriptiver* Ansätze in der Organisationsforschung und bezieht sich auf einen Unterschied im wissenschaftlichen Anspruch (vgl. Bonazzi 2008, S. 12). Präskriptive (d. h. vorschreibende) Ansätze beantworten die Frage, was der Fall *sein soll*. Im Sinne von Prinzipien ‚richtiger' Organisation sind sie klassisch vor allem in der Betriebswirtschaftslehre und der Verwaltungswissenschaft zu finden und in sogenannten ‚Organisationslehren' kanonisiert, die der Vorstellung einer ‚rationalen' Gestaltung von Unternehmen und Verwaltungen folgen. Präskriptive Organisationsmodelle und -prinzipien finden sich auch heute noch vielfach, etwa in Managementbestsellern, die sich als Anleitungen zur ‚erfolgreichen' und ‚effizienten' Gestaltung von Organisationen verstehen und sich dem Management als Entscheidungshilfen anbieten. Im Unterschied dazu interessieren sich deskriptive (also beschreibende) Zugriffsweisen für die Frage, was faktisch der Fall *ist*, wie Organisationen tatsächlich funktionieren und welche sozialen Mechanismen dahinterstecken. Beschrieben werden in diesem Sinne in der Organisationssoziologie empirisch beobachtbare Strukturen, Prozesse und Dynamiken. Die deskriptive Organisationsforschung rechnet dabei auch ein, dass das reale Geschehen in Organisationen in mehr oder weniger starker Weise von den vorgegebenen formalen Regeln, Rationalitätserwartungen und Gestaltungsentwürfen abweicht. Sie beobachtet ihren Gegenstand entlang der Unterscheidung von *normativen Vorgaben* und *faktischem Geschehen*. Legt man den Unterschied von präskriptiver und deskriptiver Perspektive zugrunde, steht die Organisationssoziologie also zweifellos für einen deskriptiven Zugang. Denn als empirische Wissenschaft geht es der Soziologie generell nicht um Präskription und entsprechend auch der Organisationssoziologie nicht um den normativen Entwurf von *Best-Practice*-Konzepten des Organisierens.

Hat man nun allerdings das gesamte Feld der Organisationsforschung vor Augen, wird erkennbar, dass die Unterscheidung von Präskription und Deskription nur von begrenztem Aussagewert ist. Zweifellos sind nicht alle Organisationsforschungen jenseits der Soziologie als präskriptiv zu bezeichnen, selbst wenn sie dem Gegenstand bestimmte Einschränkungen – etwa wirtschaftlicher, politikbezogener oder pädagogischer Provenienz – auferlegen und damit mitunter auch einen normativen Einschlag erhalten. Wenngleich ein wichtiger Gesichtspunkt, genügt der Rekurs auf den wissenschaftlichen Anspruch allein nicht für eine zuverlässige Unterscheidung der Organisationssoziologie von anderen Fächerperspektiven.

Ein *zweiter* Vorschlag zur Begründung der spezifischen Analyseperspektive der Organisationssoziologie stammt von Renate Mayntz. Er wurde bereits Anfang der 1960er-Jahre formuliert, zu einer Zeit also, in der es in Deutschland – anders als in den USA – noch keine nennenswerte eigenständige organisationssoziologische Forschung jenseits der Arbeits-, Betriebs- und Industriesoziologie gab. Auch Mayntz (1961, 1963) grenzt die Organisationssoziologie gegen die Tradition der präskriptiven Betriebs- und Verwaltungslehren ab und sieht die Besonderheit der Organisationssoziologie in ihrem *Begriff* der Organisation begründet. Die Herausbildung einer genuin soziologischen Analyseperspektive auf Organisationen beruhte dabei auf der *kognitiven Ablösung* von klassischen Typenlehren (Betriebslehre, Verwaltungslehre) und deren Rationalitätsvorstellungen. Und diese Ablösung konnte Mayntz zufolge dadurch gelingen, dass Organisationen als *soziale Systeme* verstanden und beschrieben wurden. Wurde damit zum einen von Beginn an unterstrichen, dass man es mit mehr oder weniger komplexen, gleichsam sozial ‚lebendigen' Sozialgebilden zu tun hat, wurde damit zum anderen – gegenüber den je spezialisierten Betriebs- oder Verwaltungslehren – ein *allgemeiner Begriff* der Organisation hervorgebracht. Er machte erfass- und begreifbar, dass es sich bei Unternehmen, Verwaltungen, Schulen, Kirchen, Parteien, Wohlfahrtsorganisationen etc. um Sozialgebilde *desselben Typs*, also gleichermaßen *um Organisationen* handelt: „Diesen neuen Ansatz fand man mit dem auf Organisationen angewandten Begriff des sozialen Systems, der der theoretische Schlüssel zur Organisationssoziologie ist" (Mayntz 1961, S. 37).

Zu den wichtigen Erkenntnisgewinnen eines allgemeinen Organisationsbegriffes gehörte, dass er die Strukturen von Organisationen als *Variablen* sichtbar machte. Schon mit dieser Einsicht waren für die Organisationsforschung zahlreiche neue Fragen aufgeworfen, unter anderem die, wovon die Strukturen von Organisationen (und ihre etwaige Rationalität) eigentlich abhängen und aus welchen Gründen und Anlässen sie sich ändern. Dass Organisationen, gleich welchen Typs, grundlegende Gemeinsamkeiten aufweisen, ist eine eminent wichtige Einsicht. Denn damit liegt die Frage nahe, was Organisationen als Sozialsysteme eigentlich grundlegend auszeichnet und wodurch sie sich von anderen Sozialsystemen oder Sozialgebilden, die in der Gesellschaft ebenfalls vorkommen, unterscheiden, etwa von Familien, Gruppen, flüchtigen Interaktionen oder sozialen Netzwerken. Auf Fragen dieser Art werden wir im Zusammenhang der Erläuterung des Begriffs der Organisation zurückkommen.

Zutreffend ist, dass der Systembegriff in der Herausbildung und Etablierung der Organisationssoziologie seit dem Ende der 1930er-Jahre und speziell in den USA eine enorm wichtige Rolle gespielt hat. Davon zu unterscheiden ist aber die Frage, ob und inwieweit es heute noch plausibel ist, die Organisationssoziologie insgesamt und speziell im Rekurs auf einen Systembegriff von ihren Nachbardisziplinen zu unterscheiden. Zwei Gründe sprechen dagegen: Zum einen ist die Organisationssoziologie ebenso wie die Soziologie insgesamt ein theoriepluralistisches Projekt. Es wäre daher verkürzt zu behaupten, dass jegliche Organisationssoziologie auf einem Systembegriff der Organisation gründet. Zum anderen gilt, dass die Verwendung des Systembegriffs in der Analyse von Organisationen heute längst keine speziell soziologische Erscheinung mehr ist. Auch in anderen Fächern wird heute über Organisationen mitunter als Systeme gesprochen und nachgedacht.[6] Die Ausgangsfrage, worin die spezifische Zugriffsweise der *Soziologie* der Organisation zu sehen ist, kann vor diesem doppelten Hintergrund nicht mehr über den Systembegriff der Organisation, so wichtig er faktisch war und so wichtig er hier im Weiteren (im Sinne einer Theorieentscheidung) bleibt, nicht mehr überzeugend beantwortet werden.

Wir kommen damit zum *dritten* Vorschlag, die Besonderheit der Soziologie der Organisation zu bestimmen. Er stammt von Uwe Schimank (1994) und bezieht sich auf die Unterscheidung einer *organisationsbezogenen* und einer *gesellschafts-*

---

6 Der Unterschied zwischen Systemtheorie im engeren Sinne und ‚systemischen Ansätzen' ist hier sehr wichtig, wenngleich (für Einsteiger/innen) nicht leicht zu erkennen. Kurz gesagt: Systemische Ansätze begnügen sich damit, ihren Gegenstand so zu beobachten, *als ob* es sich um ein System handele (das jeweilige System ist lediglich Konstrukt des ‚systemischen' Beobachters), während die Systemtheorie darauf besteht, von Systemen nur dann zu sprechen, wenn sich zeigen lässt, dass ein System *sich selbst* als ein solches erzeugt, reproduziert – und beobachtet. Der Begriff der Beobachtung impliziert dabei auch soziale, d.h. kommunikative Beobachtung.

bezogenen Perspektive auf den Gegenstand. Während das Charakteristische der Organisationsforschungen in den angrenzenden Fächern darin bestehe, so Schimank, dass diese lediglich eine organisationsbezogen eingeschränkte Perspektive einnehmen, in der sie dann je ‚ihre' Organisationen – Unternehmen oder Verwaltungen oder politische Parteien etc. – betrachteten, sei die kognitive Eigenständigkeit der Organisations*soziologie* in ihrer *gesellschaftsbezogenen* Perspektive zu sehen. Ihre Besonderheit ist in ihrer „Verankerung in einer auf die moderne Gesellschaft als Ganze gerichteten Perspektive" (ebd., S. 241) zu finden.

Auch wir werden die Besonderheit und Bedeutung der Organisationssoziologie im Weiteren im Gesellschaftsbezug ihrer Analysen sehen, wollen aber genauer festhalten, was wir damit nicht meinen bzw. was wir damit im Unterschied zu Schimank meinen. Wir haben oben dargelegt, dass die anderen, also neben der Soziologie an der Organisationsforschung beteiligten Fächer Organisationen ja keineswegs strikt organisationsbezogen in den Blick nehmen, wie Schimank unterstreicht; vielmehr werden Organisationen dort gesellschaftsbezogen erfasst – in einem je selektiven Sinne: Mit ihren wirtschafts-, politik- oder erziehungsspezifischen Zugriffsweisen lehnen sich die Fachperspektiven im Verständnis von Organisationen sehr eng an selektiv eingeschränkte Perspektiven gesellschaftlicher Funktionssysteme an: Sie verstehen Organisationen also immer schon z. B. *von der* Wirtschaft, *von der* Politik oder *von der* Erziehung her.[7] Man könnte zugespitzt damit sogar sagen, gerade weil sie Organisationen so stark in (je selektiver) gesellschaftlicher Perspektive zum Thema machen, droht ihnen eine genuin organisationsbezogene Perspektive auf den Gegenstand aus dem Blick zu geraten.

Der Unterschied zum Gesellschaftsbezug der Soziologie ist mit diesem Einwand nicht schon hinfällig. Denn tatsächlich ist für die Soziologie, wie ja auch Schimank unterstreicht, ein „*gesamt*gesellschaftlicher" Bezug der Analysen kennzeichnend, der als solcher dann die teilsystemisch-selektiven – politischen, wirtschaftlichen, rechtlichen usw. – Perspektiven ‚übergreift'. Aber was meint dies, und was kann

---

7 Vergleichbares gilt innerhalb der Soziologie für jene Speziellen Soziologien, die sich mit je einzelnen *gesellschaftlichen Teilsystemen* als ihrem besonderen *Gegenstand* befassen. In der Wirtschafts-, Religions- oder Wissenschaftssoziologie z. B. werden dann etwa Unternehmen, Kirchen oder Forschungseinrichtungen zum Thema, sei es als handlungsfähige Einheiten oder als Teil der Strukturausstattung des entsprechenden Systems. Wo Organisationen in diesen Speziellen Soziologien nicht nur in kompakter Form (z. B. Unternehmen als „Marktteilnehmer") zum Thema werden, sondern auch ihre Strukturen, Strukturformen oder Funktionsweisen besonderen Erklärungswert erhalten, sind diese Speziellen Soziologien dann auf die Organisationssoziologie angewiesen. Vgl. z. B. für die Wissenschaftssoziologie: Whitley 1984, im Überblick: Besio 2009, S. 41 ff., für die Religionssoziologie: Petzke und Tyrell 2012: insb. S. 278 ff.

2 Soziologie und interdisziplinäre Organisationsforschung

das meinen? Für Schimank bedeutet dies, die Aufgabe der Organisationssoziologie in „*Analysen der Organisationsgesellschaft*" zu sehen, also in Analysen einer Gesellschaft, die auf der einen Seite in etwa ein Dutzend gesellschaftliche Teilsysteme differenziert ist (Politik, Recht, Wirtschaft, Wissenschaft, Erziehung, Gesundheit usw.) und die auf der anderen Seite und zugleich sehr weitgehend, wenn auch nicht ausschließlich, durch Organisationen geprägt und geformt wird.[8] Für eine ‚organisationsgesellschaftliche' Organisationssoziologie formuliert Schimank drei programmatische Fragen als Ansatzpunkte, die andeuten, das im Fokus der Analyse nicht eigentlich Organisationen selbst, sondern vor allem die Gesellschaft liegt: Es sind a.) „die Frage nach dem Verhältnis von Individuum und Organisationsgesellschaft", b.) „die Frage nach der Bedeutung formaler Organisationen für gesellschaftliche Differenzierung", c.) „die Frage nach dem gesellschaftlichen Koordinations-, Integrations- und Steuerungspotential formaler Organisationen" (ebd., S. 250). Würde man die Organisationssoziologie aber tatsächlich auf ein organisationsgesellschaftliches Forschungsprogramm einschränken, das letztlich *nur noch* gesellschaftsbezogene Fragen und Themen als facheinschlägig anerkennen würde, hätte das zwei ironische Konsequenzen. Zum einen fände sich dann nirgends – also in keiner der beteiligten sozialwissenschaftlichen Disziplinen – eine Zuständigkeit für *genuin* organisationsbezogene Forschungen, jedenfalls wenn der hier formulierte Einwand zutrifft, dass die Nachbardisziplinen Organisationen immer schon selektiv von einzelnen Teilsystemen der Gesellschaft her begreifen. Und zum anderen würde der ganz überwiegende Teil der bisherigen und der gegenwärtigen organisationssoziologischen Forschung und Theoriebildung, wenn nicht ‚ausgeschlossen', so doch programmatisch marginalisiert. Denn tatsächlich ist die Organisationssoziologie als eine Spezielle Soziologie nicht primär für Gesellschaftsanalyse zuständig, sondern für die Analyse von Organisationen. Sie hat damit organisatorische Strukturen, Prozesse und Funktionsweisen zum Gegenstand.

Wenn seit Mitte der 1990er-Jahre von einigen Forscher(inne)n entlang der Relation von Organisation und Gesellschaft „Die Rückkehr der Gesellschaft" (Ortmann et al. 1997) in die Organisationssoziologie diskutiert wird, mündet dies zwar im Topos einer *Gesellschaftstheorie der Organisation* (vgl. Baecker 1999a; Drepper 2003; Tacke 2001a). Diese Analyserichtung geht aber über die Idee der modernen Gesellschaft als Organisationsgesellschaft hinaus, da sie sich zum Ziel setzt, *gleichzeitig* die Abhängigkeiten und die Unabhängigkeiten der Gesellschafts- und Organisationsebene zu erforschen und zu begreifen. Die Besonderheit und Bedeutung einer so gelagerten Organisationssoziologie besteht im *gleichzeitigen* Gesellschafts- und

---

8 Vgl. auch Schimank (2005, 2009) sowie zu unterschiedlichen Verständnissen der Organisationsgesellschaft im Überblick: Tyrell und Petzke 2008.

Organisationsbezug ihrer Analysen. Zur Unterscheidung fachlicher Perspektiven auf den Gegenstand eignet sich die Unterscheidung ‚organisationsbezogen' und ‚gesellschaftsbezogen' dann, wenn genauer gefragt wird, *wie* organisationsbezogene *und* gesellschaftsbezogene Fragen, Forschungen und Theorien aufeinander bezogen werden können, oder anders ausgedrückt: wie das *Verhältnis* von Organisation und Gesellschaft erfasst wird.

Wir können mithin also festhalten: Das Markenzeichen organisationssoziologischer Analysen kann man in *gesellschaftsbezogenen, deskriptiven Analysen* von Organisationen als Sozialsystemen sehen. Die Organisationssoziologie analysiert Organisationen im Rahmen einer differenzierten Gesellschaft. Als ‚Spezielle Soziologie' analysiert sie dabei ihren Gegenstand zunächst einmal organisationsbezogen. Organisationen sind ihr Gegenstand. Der Gesellschaftsbezug der Organisationssoziologie entfällt deshalb nicht. Direkt sichtbar und thematisch wird er dort, wo die ‚Organisationsgesellschaft' im Sinne der Effekte und Folgen zum Thema wird, die die Durchdringung der Gesellschaft mit Organisationen mit sich bringt. Direkt sichtbar ist der Gesellschaftsbezug soziologischer Organisationsanalysen auch dort, wo die Auseinandersetzung von Organisationen mit differenzierten gesellschaftlichen Umwelten eigens zum Thema wird, wobei die Begriffe der Analyse allerdings nicht von vornherein durch eine einzelne und bestimmte gesellschaftliche Funktion (Wirtschaft, Politik, Recht, Erziehung etc.) so überformt sind, dass die Eigenständigkeit und Eigenwilligkeit des organisatorischen Geschehens ‚übersehen' werden.

So paradox es anmutet: Die *Organisations*soziologie ist als soziologische Teildisziplin speziell für *organisations*bezogene Forschungen zuständig. Sie kann aber als Organisations*soziologie* – also als eine soziologische Teildisziplin – zugleich nicht auf einen *gesellschaftlichen* Bezug verzichten. Sie muss in ihrer Perspektive auf den Gegenstand allerdings in Rechnung stellen, dass weder die Gesellschaft in ihren Organisationen aufgeht noch umgekehrt Organisationen die Gesellschaft sind. Eine gewisse Eigenständigkeit von Organisationen gegenüber der Gesellschaft vorausgesetzt, hat die Organisationssoziologie es mit dem Verhältnis von *Organisation und Gesellschaft* zu tun. Dass die Organisationssoziologie, wie auch ihre Nachbardisziplinen, nicht lediglich für bestimmte Organisationen Zuständigkeit reklamiert, versteht sich von selbst. Zumal die Soziologie die gesellschaftliche Differenzierung im Blick hat (sie also nicht lediglich einzelne gesellschaftliche Funktionsbereiche in Rechnung stellt), eignet sie sich besonders gut für vergleichende Beschreibungen und Analysen. Diese sind dann gesellschaftsbezogen, aber nicht funktionsspezifisch ‚voreingenommen'. Und hier können wir nun noch einmal daran erinnern, wie Richard Scott die ‚Aufgaben der Organisationssoziologie' bestimmte (siehe Kapitel 1), dies nun aber ganz ohne heroischen Unterton, sondern vielmehr mit systematischer Ausrichtung und reichlich Forschungshausaufgaben im Gepäck.

Herausbildung und Entwicklung der Organisationssoziologie: Begriffliche Meilensteine

3

Die Organisationsforschung ist ein gutes Beispiel dafür, wie verschieden über die Anfänge und die Herausbildung von speziellen Forschungsfeldern berichtet werden kann. Je nachdem, welche begrifflichen Unterscheidungen und Autoren man an den Anfang stellt und als zentral erachtet, erzählt sich die Theoriegeschichte dann recht verschieden. In Lehr- und Textbüchern der Organisationstheorie und -soziologie wird in der Regel zunächst über eine ‚Klassik' der Organisationsforschung berichtet. Damit sind vor allem zwei Zeitgenossen angesprochen: der amerikanische Ingenieur Frederick W. Taylor (1856-1915) und der deutsche Soziologe Max Weber (1864-1920). Sie werden in dieser mittlerweile gewohnten Erzählung der organisationswissenschaftlichen Klassik in einem Atemzug als Vertreter der klassischen Vorstellung ‚rationaler Organisation' genannt, in der die Perspektive der Organisation als zweckrationaler Sachzusammenhang überwiegt. Die Organisationswissenschaft beginnt dieser Erzählung nach zwischen Organisationslehre (Taylor) und Herrschaftssoziologie (Weber). Übersehen wird mit dieser Paarung allerdings, dass die Organisationssoziologie, die in den 1930er-Jahren in den USA entsteht, nicht mit der Rezeption der Schriften des deutschen Soziologen Max Weber beginnt, der – vor allem in den USA – noch weithin unbekannt war. Sie beginnt vielmehr in der Auseinandersetzung mit jenen rationalistischen Ingenieursvorstellungen der Organisation, die unter dem Stichwort des ‚Scientific Management' (Taylor) in den USA bereits seit zwei Dekaden populär waren. Und sie beginnt – im Zuge der Rezeption der Soziologie Vilfredo Paretos – mit der Einsicht, dass es sich bei Organisationen nicht um rationale, nach kausalen Gesetzen funktionierende ‚Maschinen' handelt, sondern um *Systeme*, die als solche *Interdependenzen* (im Inneren und mit der Umwelt) aufweisen und damit *Komplexitäten* aufbauen.

Es ist somit der Systembegriff, wie konzeptionell unfertig und unreif zu Beginn auch immer, der den Take-off der *Soziologie* der Organisation markiert, lange bevor Max Weber – in einer recht ‚eigensinnigen' Übersetzung durch Parsons (im Jahre 1947) – die Bühne der amerikanischen Organisationssoziologie vor größerem

Publikum betrat. Webers Werk wurde vielmehr erst im Rahmen eines Diskussionsprozesses bedeutsam, der zugleich die Lesart seiner Analyse der Bürokratie prägen sollte. Dieser Forschungsdiskurs, der an der Universität Harvard stattfand, wird übrigens auch in Lehrbüchern übersehen, die in der Darstellung der „Geschichte des organisatorischen Denkens" (Bonazzi 2008) zwischen der ‚industriellen Frage' der Organisationslehre (Taylor und die Folgen) und der ‚bürokratischen Frage' der Herrschaftssoziologie (Weber und die Folgen) klar unterscheiden. Unterstreicht die Trennung einerseits zwar richtigerweise, dass ein soziologischer Klassiker im Großformat eines Max Weber nur wenig gemein hat mit den Rationalisierungsideen des Ingenieurs und Praktikers Frederick W. Taylor, wird umgekehrt leicht übersehen, dass Weber seine Rolle in der Erzählung der Organisationssoziologie auf der gleichen Bühne zu spielen begann, auf der sie Taylor entzogen wurde: in Harvard.

Wir starten mit einem Blick auf diesen akademischen Diskurszusammenhang, in dem die Organisationssoziologie ihren Take-off nahm (1). Mit der systematischen Unterscheidung zweier Debatten – derjenigen um *Strukturen* resp. ‚bürokratische Ordnungen' (2) und derjenigen um *Entscheidungen* (3) – greifen wir daran anschließend zwei wichtige und je eigenständige Linien in der theoriehistorischen Entwicklung der Organisationssoziologie auf, die – wie wir später sehen werden (Kapitel 4) – in einer elaborierten Systemtheorie der Organisation zusammenfinden.

3.1 Der Take-off in Harvard: ‚System' als konzeptionelles Schema

Wir werden den Take-off der Organisationssoziologie im Folgenden im akademischen Kontext der Universität Harvard lokalisieren. Wir wollen damit darauf aufmerksam machen, dass die äußerst heterogenen Quellen, aus denen die Organisationssoziologie hervorging, hier lokal aufeinandertrafen. Angesprochen ist, soweit es das Thema ‚Organisation' betrifft, die 1924 gegründete Harvard Business School (HBS). Hier werden die klassischen Betriebs- und Verwaltungslehren der Organisation im Geiste der Ingenieure Frederick W. Taylor und Henri Fayol gelehrt und eine auf ‚Prinzipien' beruhende ‚*science of administration*' verbreitet, wie sie deren Nachfolger Lyndall Urwick und Luther Gulick forderten (im Überblick: Gulick und Urwick 1937). Mit der Berufung des Psychologen Elton Mayo zum Professor für Industrieforschung erhielt das Curriculum der HBS ab 1926 allerdings bereits einen konkurrierenden Fokus. Mayo interessierte sich für psychische und auch soziale Aspekte der Arbeitswelt. Das Prinzipiendenken seiner Kollegen lag ihm in mindestens zwei Hinsichten fern: Zum einen war er stark von einem kollektivistischen

3.1 Der Take-off in Harvard

Denken beeinflusst, wie er es in den Schriften von Mary Parker Follett (1941) fand, zum anderen faszinierten ihn Methoden der empirischen Feldforschung, mit denen Sozialanthropologen wie Bronislaw Malinowski arbeiteten, mit dem ihn auch eine persönliche Freundschaft verband. Mit Mayo wird ‚Organisation' auch als sozialer Zusammenhang wahrgenommen und damit die Sozialdimension menschlichen Erlebens und Handelns neben und entgegen die dominante Vorstellung gestellt, Organisation als zweckrationalen Sach- und Leistungszusammenhang zu begreifen, in den Individuen mittels ökonomischer Anreize eingespannt werden.

An der Harvard Business School wurde 1927 dann das ‚Harvard Fatigue Laboratory' (HFL) unter der Leitung des Mediziners und Biochemikers Lawrence Henderson eingerichtet, wobei auch Mayo an dieser Gründung beteiligt war. Das HLF widmete sich der empirisch-experimentellen Erforschung physiologischer Bedingungen von Arbeitstätigkeiten, unter anderem der körperlichen Ermüdung. Zumal als Einrichtung an einer Business School, stand das HFL mit seinen Forschungen ganz in der Linie der Rationalisierungsbewegung des Scientific Management und entsprechenden praktischen Interessen an Fragen der Erhöhung von Arbeitsproduktivität. Mit der Erforschung biophysischer und biochemischer Zusammenhänge und Fragen (wie der Ermüdung) gingen sie bereits einen Schritt über die Zeit- und Bewegungsstudien hinaus, die Ingenieure wie Taylor oder Galbraith als Rationalisierungstechniken im Blick und propagiert hatten.

Mit Mayo und Henderson sind aber auch noch zwei weitere nicht zu unterschätzende Ereignisse bzw. Kontexte verbunden. Dies betrifft zum einen die weltberühmten sogenannten Hawthorne-Experimente, die bereits seit 1924 in den gleichnamigen Betriebsstätten der Western Electric Company, dem Produktionszweig der AT&T, durchgeführt wurden. Elton Mayo wurde – wohl als Mitglied des HFL – Ende der 1920er-Jahre vom Management der AT&T hinzugezogen, um arbeitsphysiologisch angelegte Rationalisierungsexperimente zu begutachten und weiterzuentwickeln. Mit einer Gruppe von Mitarbeitern aus Harvard, zu denen neben Fritz Roethlisberger, einem Schüler Mayos, ab 1930 auch der Anthropologe W. Lloyd Warner gehörte, begannen umfangreiche Studien. In ihren Methoden der Datensammlung nahmen sie den Charakter anthropologischer Feldstudien an, wobei hier erstmals industrielle Arbeitsgruppen wie indigene Völker untersucht wurden. Eine Notiz, die Warner bereits Anfang der 1930er Jahre an Mayo schrieb, nimmt programmatisch vorweg, was nach der Veröffentlichung der Hawthorne-Studie (Roethlisberger und Dickson 1939) als „Entdeckung" der *„informal organization"* bezeichnet wurde: „An important problem before us at the present time in the Western Electric Research is to study and understand the total social organization of each of the test rooms. This includes not only the formal industrial structure, which the company has created, but also the organizations formed by the employees in their conscious or unconscious attempts to form themselves in a group of their own" (Lloyd Warner, zit. nach: Freeman 2004, S. 48). Das revolutionäre Moment, das den Hawthorne-Studien seither immer wieder bescheinigt wird, ist darin zu sehen, dass ihre Ergebnisse die technokratischen Vorstellungen und ökonomischen Anreiztheorien der Tayloristen herausforderten. Hawthorne wurde unter dem Stichwort der ‚Human Relations' zum Ausgangspunkt einer regelrechten Bewegung (Human-Relations-Bewegung) und eröffnete ein sodann rasant wachsendes Betätigungsfeld vor allem von Arbeits-, Betriebs- und Organisationspsycholog(inn)en sowie Industrie- und Betriebssoziolog(inn)en. Als Geburtsstunde der Organisationssoziologie gilt Hawthorne, weil hier erstmals der normative, formale, rationalistische Ansatz hinterfragt und herausgefordert wurde und das empirisch Faktische der Organisation in den Blick geriet.

Die Idee der *Organisation als soziales System*, die in diesem Zusammenhang bereits auftaucht (vgl. Roethlisberger und Dickson 1939, Kapitel XXIV: „An Industrial Organization as a social system") entstammt allerdings einer weiteren akademischen Institution in Harvard, für die wiederum Lawrence Henderson steht. Er war nicht nur Mediziner, sondern ein umtriebiger Wissenschaftler mit fachlich weit gestreuten Interessen, die ihn auch in die Soziologie führten. Im Anschluss an seine Lektüre von Vilfredo Paretos „Trattato di Sociologia Generale" (1916) organisierte er ab 1932 eine Seminarreihe, die als ‚Pareto-Zirkel' bekannt wurde (vgl. Heyl 1968; Keller 1984; Freeman 2004: S. 54 ff.). Zu den Teilnehmern zählten, um hier nur die für unseren Zusammenhang wichtigsten zu nennen, Elton Mayo, Fritz Roethlisberger, W. Lloyd Warner, Chester I. Barnard, Talcott Parsons und Robert K. Merton. Diese Namen stehen nicht nur für je wichtige Einzelbeiträge in der Herausbildung der Organisationssoziologie, sondern vielmehr lieferte die Pareto-Diskussion ihnen einschlägige Ideen und Konzepte, die zur Herausbildung des soziologischen Begriffs der Organisation als soziales System führen sollten. Der Pareto-Zirkel war insofern *das* Inspirationszentrum der Organisationssoziologie.

Pareto steht zum einen für den Anspruch einer erfahrungswissenschaftlichen soziologischen Forschung, in deren Zentrum das sichtbare Handeln von Individuen steht, zum anderen steht er für eine Theorie, die das Prinzip der Rationalität menschlichen Handelns als theoretische Prämisse hinterfragt. Mit seinem Begriff des *nichtlogischen Handelns*, das er in der Abgrenzung zum logischen Handeln durch ‚*sentiments*' (Überzeugungen, Empfindungen und Stimmungen, vgl. Bach 2004) bestimmt sieht und ins Zentrum seiner Soziologie rückt, liefert Pareto zunächst einmal die konzeptionelle Basis für die Entdeckergeneration der ‚*informal organization*'. Ganz im Sinne Paretos wird darunter eine elementare, auf nichtrationalen Mechanismen der Gemeinschaftsbildung beruhende Ordnung verstanden. Den zweckgerichteten, erfolgsorientierten Kalkülen der „logic of efficiency" setzten sie

3.1 Der Take-off in Harvard

die „logic of sentiments" entgegen (Roethlisberger und Dickson 1939, S. 551 ff., insb. S. 563 f.). Vom Handlungstheoretiker Pareto wird darüber hinaus der Begriff des „social system" entlehnt. Er fungiert dort zunächst als ordnender Rahmenbegriff, der für ein Gleichgewicht zahlloser interner und externer Variablen von Einheiten steht. Henderson, der in seinen eigenen Forschungen (u. a. zum Blutkreislauf) bereits mit einem Systemkonzept gearbeitet hatte, dem „physico-chemical system", fand im „social system" bei Pareto ein „similar conceptual scheme" (Henderson 1935, S. 16). Angesprochen ist damit ein disziplinenübergreifendes, allgemeines methodologisches Prinzip. Weil das ‚conceptual scheme' der Kausalanalyse (Ursache/Wirkung) Henderson zufolge nicht in der Lage sei, komplexen – sei es natürlichen oder sozialen – Zusammenhängen gerecht zu werden, sei ein Analyseschema erforderlich, das Interdependenzen – die wechselseitige Abhängigkeit von Variablen bzw. Systemkomponenten – erfassen könne: „The parts and forces of the social system, like those of all analogous systems, are conceived of as in a state of mutual dependence. They interact. Once again this arises from the fact that it is, in general, impossible to explain the phenomena in terms of ordinary cause and effect" (ebd., S. 17 f.).

Zu den zeitweisen Teilnehmern am Pareto-Zirkel gehörte auch eine Person, die den Systembegriff bereits explizit aufgreifen und für die Beschreibung von Organisationen verwenden sollte: Chester I. Barnard (1886-1961), der nicht in der Wissenschaft, sondern im Management von AT&T und der New Jersey Bell Telephone Company Karriere machte. Sein Beitrag zur Entwicklung der soziologischen Organisationstheorie kann nicht hoch genug eingeschätzt werden. Sein Buch „The Functions of the Executive" (Barnard 1938) wurde einerseits zum Managementbestseller, andererseits hatte es enormen Einfluss auf das organisationstheoretische Denken. Dieses sprachlich etwas spröde, aber theoretisch weitsichtige Werk ist ein Amalgam aus Beobachtungen, die der Autor als praktisch tätige Führungskraft machte und vor den Reflexionsspiegel der wissenschaftlichen Debatten um Pareto, den Systembegriff und das nichtlogische Handeln in Organisationen stellte. Trotz dieser sprachlichen Einschränkungen ist Barnard ein Protagonist, der das Systemdenken in der Organisationswelt hoffähig gemacht hat. Sein Erfolg und seine große Wirkung lagen gerade in seiner zu Technizismen und Biologismen neigenden Sprache, die aber wohl aus ebendiesem Grund auch für Ingenieurinnen und Ingenieure anschlussfähig war und diesen somit eine durchaus kreative Mischung aus Management-, Engineering-, biologischen und soziologischen Ideen näherbringen konnte. In diesem Sinne ist Barnards Rolle als Grenzgänger und Übersetzer zwischen Praxis und Theorie zu verstehen. Chester Barnard ist gleichzeitig der Großvater der Führungs- und Motivationstheorie (Anreiz-/Beitrags-Theorie) und hatte unter anderem damit wesentlichen Einfluss auf die Entwicklung der verhaltenswissenschaftlichen Entscheidungstheorie von Simon und March, die wir später aufgreifen werden. Des Weiteren verwendet Barnard auch als Erster im Rahmen der Organisationstheorie einen Kommunikationsbegriff. Dazu sogleich Näheres. Barnard legte erstmals einen soziologisch konzipierten Systembegriff der Organisation vor. Dabei beschreibt er die Organisation als ein kooperatives System (*cooperative system*). Wegweisend ist seine Annahme, dass das System *aus Handlungen* besteht, also nicht etwa aus Individuen, wie Henderson (1935, S. 16 ff., S. 115) es zuvor noch formuliert hatte. Gerade die (rollentheoretische) Annahme, dass Individuen nur mit einzelnen Handlungen am System teilnehmen und insofern als Individuen zur Umwelt des Systems gehören, lässt Barnard erkennen, dass in diesem System-Umwelt-Verhältnis ein für die Erhaltung des Kooperationssystems grundlegendes Problem besteht. In Begriffen von Pareto erfasst er es als ein Gleichgewichtsproblem, das von einer Vielfalt interner und externer Faktoren abhängig ist. Grundlegend besteht es darin, eine hinreichende Zahl von Individuen durch materielle, vor allem aber auch nichtmaterielle Anreize in einer Weise zu *Beiträgen* zu motivieren, dass das System seine Ziele erreichen kann und damit umgekehrt über genügend *Anreize* verfügt, die es ermöglichen, das Kooperationssystem zu erhalten.

Dennoch erscheint es bei oberflächlicher Betrachtung leicht so, als ob das Anreiz-Beitrags-Konzept sich nicht in einer ‚Ökonomie der Anreize' erschöpft, wie man sie bei den Tayloristen findet: Denn nicht nur findet ein ökonomisches Modell bei Barnard lediglich formale Anwendung, sondern vor allem betont seine Theorie gerade die nichtmateriellen Anreize. Und ebenso wie er deutlich auf Abstand zu rein ökonomistischen Prämissen geht (ohne Effektivitäts- und Effizienzfragen zu übergehen), distanziert er sich von Vorstellungen, die die Autorität des Vorgesetzten – wie ebenfalls im Taylorismus – allein im Sinne von Befehl und Gehorsam auslegen. Darin Max Weber ähnlich, auf den wir noch kommen, sieht er, dass ‚authority' (bei Weber: Herrschaft) Zustimmung voraussetzt. Die Legitimitätsgrundlage der Vorgesetzten sieht er allerdings nicht vorrangig in ihren formal zugewiesenen Positionen, sondern in ihren Führungsqualitäten. Die entsprechende Qualifizierung des Managements war ihm ein zentrales Anliegen.

Ein weiteres zentrales Konzept bei Barnard ist die *Indifferenzzone* (*zone of indifference*). Sie bezeichnet einen Akzeptanzbereich, in dem die persönlichen Motive des Individuums dem organisationalen Erwartungszusammenhang untergeordnet werden. Das führt dazu, dass nicht für jede neue Entscheidung oder Entscheidungsgrundlage die notwendige Motivation jeweils neu beschafft und getestet werden muss, da die Kommunikation von Führungsautoritäten als bindend akzeptiert wird. Im folgenden Zitat wird deutlich, wie Barnard sich die Verbindung von Führungsautorität, Kommunikation und Indifferenzzone vorstellt: „A person accepts a communication as authoritative when: he can understand the communi-

3.1 Der Take-off in Harvard

cation; he believes that it is not inconsistent with the purpose of the organization; he believes it to be compatible with his self-interest as a whole; he is able mentally and physically to comply with it; and there exists a *zone of indifference* in each individual, in which orders are acceptable without conscious questioning of it" (Gabor und Mahoney 2010, S. 14; vgl. Barnard 1938, S. 165 ff.).

Kommen wir damit zum Kommunikationsbegriff. Kommunikation ist bei Chester Barnard ein nachrichtentechnischer und informationstheoretischer Begriff, der Kommunikation als Übermittlung und Austausch von Nachrichten und Informationen begreift. Es klingt nach einem kurzschlüssigen Argument, aber es scheint evident, dass die Prominenz von Kommunikations- und Informationsaspekten in Barnards Organisationsverständnis auf seine Tätigkeit bei einem Unternehmen der Telekommunikation zurückgeht. Im wissenssoziologischen Sinne ist es also Barnards „Standortgebundenheit" (Mannheim 1930) in der Rolle als Manager in einem Kommunikationsunternehmen, die seine Perspektive auf soziale Prozesse prägt und die ihn mit sozialstrukturell plausiblen Beschreibungsbegriffen und Semantiken („Kommunikation') versorgt. Dabei ist zu bedenken, dass Kommunikation ein Begriff ist, der zu Beginn des 20. Jahrhunderts seine semantische Karriere als moderner Schlüsselbegriff erst beginnt (vgl. Williams 1976, S. 17) und der neben der Beschreibung technischer Prozesse auch vermehrt auf menschliches Verhalten, soziale Interaktionen und soziale Akte (vgl. Mead 1934) angewendet wird. Und auch bei Barnard können wir die Verbindung von technischer und sozialer Verwendungsweise beobachten. Kommunikation bezeichnet bei ihm den Prozess in Organisationen, durch den die Ziele bei allen Individuen bekannt werden. Damit ist Kommunikation als Zielübermittlungsprozess äußerst wichtig für Organisationen. Es müssen dafür jeweils geeignete Kommunikationstechniken gefunden werden. Der Kommunikations*begriff* wird von Barnard dabei nicht vertieft ausgearbeitet, wohl aber wird die *Funktion* von Kommunikation im Rahmen seiner Führungslehre stark betont. Barnard entwirft eine „Kommunikationstheorie der Autorität und Führung" (Barnard 1970, S. 172 ff.), in der er Autorität als einen kommunikativen Zuschreibungseffekt in einer formalen Organisation begreift. An diesen bei Barnard noch wenig ausgearbeiteten Kommunikationsbegriff schließen später Simon (1981 [1945]) und March und Simon (1976, S. 150 ff.) an und räumen ihm eine *informationstheoretische* Schlüsselstellung in ihrer verhaltenswissenschaftlichen Entscheidungstheorie ein. Auch Luhmann (1964a, S. 190 f.) wird den Handlungs- und den Kommunikationsbegriff in seinen frühen Arbeiten zunächst auf diese Weise kombinieren und begreift Kommunikation als einen *Informationsaustauschprozess*, der wesentlich für die organisierte Informationsverarbeitung ist (vgl. Drepper 2003, S. 95 ff.).

Das Anreiz-Beitrags-Modell, das Konzept der Indifferenzzone und der frühe Gebrauch des Kommunikationsbegriffes stehen für den nachhaltigen Einfluss von Barnard auf die Organisationstheorie. Diese Konzepte wurden vielfach je für sich aufgegriffen, bevor sie schließlich durch Niklas Luhmann (1964a) zusammengeführt, reformuliert und im Konzept der *Mitgliedschaft* zum Schlüsselkonzept für das Verständnis von Organisationen als soziale Systeme wurden. Von dem weitsichtigen organisationstheoretischen Entwurf Barnards führt jedoch kein direkter Weg zur Organisationssoziologie Luhmanns. Zwischen Barnard und Luhmann liegen noch weitere theoretische Meilensteine. Das betrifft zum einen Entwicklungen der Theorie sozialer Systeme durch Talcott Parsons, mit denen wir uns hier allerdings nicht ausführlicher befassen werden[9], zum anderen die verhaltenswissenschaftliche Entscheidungs- und Informationstheorie von Herbert A. Simon und James G. March, mit der wir uns als „operative Perspektive" ausführlicher im übernächsten Abschnitt (3.3) beschäftigen werden. Von Harvard geht aber zunächst noch ein ganz anderer Impuls für die Theorie der Organisation aus: Die Auseinandersetzung mit Max Weber und seinen Analysen der Bürokratie.

---

9 Der Grund ist nicht, dass Parsons keine organisationssoziologisch einschlägigen und einflussreichen Bestimmungen zum Begriff der Organisation vorgenommen und entsprechend einflussreiche Beiträge verfasst hätte (siehe nur Parsons 1959, 1960a, b). Vielmehr wollen wir hier – im Sinne unserer programmatischen Absicht der *Orientierung* im Feld der Organisationssoziologie – unnötige Komplexität vermeiden. Wir verzichten also, was Parsons' Theorie betrifft, auf unvermeidlich umfangreiche und mit Blick auf unseren Gegenstand übermäßig umwegige Erläuterungen und Herleitungen. Im analytischen Rahmen seines AGIL-Schemas schrieb Parsons Organisationen grundsätzlich eine „zielverwirklichende" – in seinem Theorierahmen damit politische – Funktion zu (*goal attainment*). Er hat damit – trotz Systemdenken – zweifellos einstweilen dazu beigetragen, Organisationen im Zweckschema zu denken. Er unterschied Organisationen – auf Ebene seines „Kästchen-in-Kästchen-Schemas" – danach, welcher der vier Funktionen die Ziele der Organisation auf nachfolgender Ebene dienen (*adaptation, goal attainment, integration, latent pattern maintenance*). Die damit verbundene – analytische – Typologie der Organisationen provozierte weitere Typologien (siehe Kap. 5.3). Auch eine weitere Unterscheidung, die in der Organisationssoziologie bis heute präsent ist, obwohl man sich längst nicht mehr auf die Quellen besinnt, geht auf Talcott Parsons zurück: Die Unterscheidung technischer, managerieller und institutioneller Funktionen. Wir kommen auf sie noch in verschiedenen Lesarten zurück – insbesondere in Kap. 4.2.1 (Thompson) und Kap. 5.1 (Neoinstitutionalismus), ohne es dort aber schon aufzuklären auch bereits in Kap. 3.2.2 (Brunsson).

3.2 Strukturelle Perspektiven: Regeln, Routinen und rationale Ordnungen

Wenngleich man das Wirken von Max Weber mit Heidelberg und München verbindet, ging dieser Impuls von Harvard aus, weil es Talcott Parsons war, der Weber einem breiteren Publikum bekannt machte (vgl. Tribe 2007). Parsons hatte mit einem Stipendium in Heidelberg – über Weber und Sombart – promoviert, bevor er 1927 in die USA zurückkehrte, dann nach Harvard kam, wo sich ab den 1930er Jahren sein Einfluss auf die Soziologie – und die Weber-Rezeption – zu entfalten begann. Während Parsons' Übersetzung von Webers „Protestantischer Ethik" (erschienen 1930) zunächst relativ wenig Aufmerksamkeit fand, wurde Max Weber dann allerdings über Parsons' eigenes erstes Hauptwerk „The Structure of Social Action" (1937) einem größeren soziologischen Fachpublikum bekannt, nicht ohne der Rezeption einen starken eigenen Bias zu geben (Tribe 2007; Weiss 1983). Parsons' Übersetzung von Webers „Wirtschaft und Gesellschaft" ist bekannter; sie wurde erst weitere 10 Jahre später veröffentlicht (1947). Und es ist diese Schrift, die „Die Typen der Herrschaft" und in diesem Rahmen die „legale Herrschaft mit bürokratischem Verwaltungsstab" behandelt. Sie enthält die idealtypische Analyse der Bürokratie, um die es hier im Folgenden unter der Überschrift der „strukturellen Perspektive" in knapper Form gehen wird, zunächst mit Weber selbst (hier dann ohne die ‚Theoriebrille', mit der Parsons Weber las, sicher aber nicht ganz ohne Brille) und sodann im kurzen Blick auf organisationssoziologische Argumente, die auf der einen Seite selbst für die Weber-Rezeption in den USA stehen, die auf der anderen Seite aber ohne die übrigen Entwicklungen in Harvard, die wir zuvor behandelt haben, ganz unverständlich bleiben müssten.

3.2.1 Weber: Formalität, Rationalität und bürokratische Funktionen

Max Webers Analyse der modernen Bürokratie, die nur einen Teilbereich seines umfassenden, am Ende seines Lebens (1864-1920) unvollendeten wissenschaftlichen Werkes darstellt, entspringt dem Interesse am *sozialhistorischen Vergleich* mit vormodernen Verwaltungssystemen. Seine entsprechenden Analysen sind Teil seiner Herrschaftssoziologie und stehen zugleich im Kontext der Verwaltungstheorie und der Analyse von Wirtschaftsunternehmen. Die entscheidenden Kategorien zur Verbindung von Gesellschafts- und Organisationsebene sind der *Herrschaftsbegriff* und der Begriff der *Legitimität*. Max Webers Interesse an der „legalen Herrschaft mit bürokratischem Verwaltungsstab" (Weber 1972[1922], S. 124) war demnach kein organisationssoziologisches Interesse im heutigen Sinne. Es ist vielmehr untrennbar verbunden mit seiner ‚verstehenden' Rekonstruktion *gesellschaftlicher Entwicklungen*, insbesondere des Übergangs von feudalen und ständischen Ordnungen in die durch kapitalistische Wirtschaft und einen modernen Rechts- und Verfassungsstaat dominant geprägte moderne, westliche Gesellschaft.

Die Herausbildung einer formal rationalen, durch Stabilität, Verlässlichkeit und Berechenbarkeit ihrer Regeln und Abläufe gekennzeichneten bürokratischen Verwaltung beschreibt Max Weber als Teil eines übergreifenden „okzidentalen" Rationalisierungsprozesses, den er in allen gesellschaftlichen Lebensbereichen am Werk sieht. Im modernen Staat und in den „fortgeschrittenen Gebieten des Kapitalismus" beobachtet Weber, dass die „bürokratische Organisation" zur Entfaltung gelangt und mit ihrer „technischen Überlegenheit" (ebd., S. 561) alle anderen vorrationalen, vor allem patrimonialen Verwaltungsformen zunehmend verdrängt. Im Rahmen der Herrschaftssoziologie geht Weber der Frage nach, wie eine Herrschaft beschaffen sein müsse, um als Ausübung von Herrschaft maximal rational zu sein. Er analysiert dazu die Art und Weise, in der Vorgesetzte und Untergebene in unterschiedlichen Herrschaftsordnungen verbunden sind. Für Herrschaftsbeziehungen gilt bei Weber generell, dass im Unterschied zu Machtbeziehungen mit dem Gehorsam der Untergebenen gerechnet wird, Herrschaft also auf „innerer Anerkennung" (ebd., S. 561) beruht. Die Zustimmung der Gehorchenden stützt sich auf Vorstellungen der *Verbindlichkeit* und *Vorbildlichkeit* der Ordnung, d.h. auf einen *Legitimitätsglauben*, der Herrschaftsordnungen erst ihre Stabilität verleiht. Die Geltungsgründe für die Legitimität der Ordnung können Weber zufolge *traditionalen, charismatischen* oder *rationalen Charakters* sein; sie bilden das Konstruktionsprinzip einer Herrschaftstypologie, in der Weber die „legale Herrschaft mit bürokratischem Verwaltungsstab" den vorrationalen Typen der traditionalen und der charismatischen Herrschaft gegenüberstellt. In diesem Vergleich wird der unpersönliche und formal rationale, d.h. berechenbare Charakter der bürokratischen Herrschaft sichtbar, die sich auf den „Glauben an die Legalität gesatzter Ordnungen und des durch sie zur Ausübung von Herrschaft Berufenen" stützt (ebd., S. 124).

In der Unterscheidung der Herrschaftstypen machte Weber vor allem sichtbar, dass im Rahmen legaler Herrschaft nicht mehr der *Person* des „Herrn" bzw. des „Führers" und damit willkürlichen Anordnungen von durch Tradition bzw. durch Charisma zur Herrschaft Berufenen gehorcht wird, sondern einer *unpersönlichen*, auf „gesatzten Regeln" beruhenden Ordnung, die den „Vorgesetzten" mit seiner „abgegrenzten sachlichen Zuständigkeit" (ebd., S. 125) hervorbringt. In den Grenzen der legalen Ordnung kann der Vorgesetzte, der auch seinerseits den sachlichen Regeln sowie den spezifischen Einschränkungen der Ordnung unterworfen ist, Anweisungen geben und mit Gehorsam rechnen. Die Bürokratie ist für Weber die

3.2 Strukturelle Perspektiven

„formal rationalste" Form der Herrschaftsausübung, weil sie das „Verbandshandeln" berechenbar macht. Die Amtsgeschäfte werden versachlicht, d. h. „ohne Ansehen der Person" (ebd., S. 562) erledigt. Es ist dieser Zusammenhang, die Distanzierung von persönlichen Abhängigkeiten und Willkür und die Erzeugung von sachlicher „Rechenhaftigkeit" und damit auch sozialer Erwartungssicherheit, in dem die *idealtypischen Merkmale* des bürokratischen Verwaltungsstabes ihre Bedeutung haben: Kontinuität der Amtsgeschäfte, klare Kompetenzverteilung und Ämterhierarchie, Regelorientierung und entsprechende Fachschulung der Beamtinnen und Beamten, Aktenmäßigkeit aller Verwaltungsgeschäfte, Trennung von Amt und Person. Mit diesen Merkmalen ist die Bürokratie zugleich in ihrer Stetigkeit, Präzision, Straffheit und Verlässlichkeit allen anderen Verwaltungsformen „rein technisch überlegen" (ebd., S. 561).

Webers Interesse bezieht sich auf die gesellschaftlichen Entwicklungsbedingungen sowie auf die Kulturbedeutung dieses Organisationsphänomens. Zum einen sieht er Bürokratie und Kapitalismus, die ihm zufolge zunächst unterschiedliche Wurzeln im Rationalisierungsprozess haben, ein „wahlverwandtschaftliches" Verhältnis eingehen. Der moderne Kapitalismus ist mit seinem Wirtschaftsverkehr auf eine kalkulierbare Verwaltung angewiesen, und er stellt zugleich erst jene Geldmittel (Steuern) in einem Umfang zur Verfügung, auf die der moderne demokratische Staat mit seinen wohlfahrtsstaatlichen Aufgaben angewiesen ist. Angewiesen ist die „rationale Herrschaft" auf die moderne Geldwirtschaft überdies, weil erst das regelmäßige Gehalt die persönliche Unabhängigkeit der Beamten sichert. Die Bürokratie ist für Weber aber auch direkte Begleiterscheinung der Herausbildung einer auf Rechtsgleichheit der Bürger(innen) beruhenden Demokratie. Ist die Versachlichung der sozialen Beziehungen auf der einen Seite mit dem Zurückdrängen ständischer Privilegien und persönlicher Willkür direkt verbunden, befördert auf der anderen Seite die soziale Nivellierung das Wachstum und die Ausbreitung von Bürokratie. Darin sieht Weber ein für jede Massendemokratie unentrinnbares Phänomen. Die Kulturbedeutung des Organisationsphänomens kulminiert für ihn darin, dass die Bürokratie als „geronnener Geist" eine „leblose Maschine" ist und die formale Rationalität der Bürokratie den Einzelnen in ein, so formuliert Weber an verschiedenen Stellen seines Werkes, ‚stahlhartes Gehäuse der Hörigkeit' zwingt (vgl. ebd., S. 835, S. 569 f.). Der gesellschaftliche Rationalisierungsprozess, der in einer seiner Dimensionen die Selbstbestimmung und Eigenverantwortlichkeit einer individuellen Lebensführung erst hervorgebracht hat, kehrt sich damit in der Dimension der Rationalisierung der Institutionen gegen sich selbst (vgl. Gabriel 1979).[10]

An Webers modernitätsskeptische Diagnose der bürokratischen Deformation des Individuums wurde unter dem Stichwort der „verwalteten Welt" (vgl. Adorno 1971[1954]) in der kritischen Theorie und Sozialphilosophie umfänglich angeschlossen. In der Soziologie lebt sie – mit mehr oder weniger pessimistischem Blick – unter dem Stichwort der „Organisationsgesellschaft" fort (vgl. Gabriel 1979; Bruckmeier 1988; Schimank 2001a, b; Jäger und Schimank 2005). Die Organisationssoziologie ist demgegenüber einen anderen Weg der kritisch-konstruktiven Weiterentwicklung der Weber'schen Analyse gegangen. Sie hat sich weniger in der gesellschaftsbezogenen Tradition ‚kritischer Theorie' entwickelt, sondern vielmehr in der Kritik am Konzept bzw. Idealtypus der Bürokratie. Sie ist damit zunächst zu einer deutlich organisationsbezogenen Perspektive übergegangen und ist zu genuin gesellschaftsbezogenen Perspektiven, die uns im 5. Kapitel noch beschäftigen werden, erst Jahrzehnte später zurückgekommen.

3.2.2 Weberrezeption: Bürokratiekritik, Dysfunktionen und nicht intendierte Folgen

Die Art und Weise, wie innerhalb der Organisationssoziologie an Webers Analysen angeschlossen wurde, ist wiederholt als ein Rezeptionsmissverständnis bezeichnet worden (vgl. Mayntz 1968; Weiss 1983; Clegg und Lounsbury 2009; Chazel 2010). Zum einen reduziert die neue ‚spezielle Soziologie' im Interesse an *organisationsbezogenen* Forschungen die historisch vergleichende, gesellschaftsbezogene Ausrichtung der Weber'schen Analysen. Der Fokus wurde also enger auf den Gegenstand Organisation eingestellt. Zum anderen wurde in der einsetzenden empirischen Erforschung von Bürokratien die idealtypische Methode Webers als eine Art normatives Konzept des Organisationsdesigns verstanden, sodass die Kritik sich nicht auf Weber bezog, sondern auf einer Fehlinterpretation seines Idealtypenkonzeptes beruhte. Allerdings kann man im Rückblick auch von einem produktiven Missverständnis sprechen. Denn diese Beiträge, auf die wir im Weiteren einen kurzen Blick werfen, haben der Organisationssoziologie den Weg geebnet und mit ihren speziell auf Organisationen bezogenen empirischen Forschungen zur Ausdifferenzierung dieser Subdisziplin beigetragen.

---

10 Der Rationalisierungsprozess vollzieht sich gemäß Weber in den drei Dimensionen (1.) der Rationalisierung der individuellen Lebensführung, (2.) der Glaubenssysteme und (3.) der Institutionen. Vgl. Gabriel 1979.

3.2 Strukturelle Perspektiven

Eine erste Linie der Auseinandersetzung mit Weber thematisierte die Strukturen der Bürokratie, die als Mittel rationaler Zwecktätigkeit aufgefasst wurden, unter dem Gesichtspunkt von *bürokratischen Dysfunktionen, ungesehenen Konsequenzen* und *nichtrationalen Abweichungen vom rationalen Typus*. An der Kritik und Weiterentwicklung der Weber'schen Bürokratietheorie waren in der amerikanischen Soziologie vor allen Dingen Robert K. Merton, Alvin Gouldner und Philip Selznick beteiligt. Sie lassen sich als *kritische Funktionalisten* bezeichnen (vgl. Bonazzi 2008, S. 177 ff.). Ein wesentlicher Kritikpunkt, den alle diese Autoren betonen, ist die Fixierung des Bürokratiemodells auf die Binnenstrukturen der Verwaltung. Sie werfen Weber deshalb eine Reduktion auf die Binnensicht der Bürokratie vor, aber auch ein Ausblenden alternativer Organisationsprinzipien jenseits von Amtshierarchien und -regeln. Dass Weber auch Außen- und Umweltbezüge der Bürokratie im Rahmen der Herrschaftsformen (traditionale, charismatische etc.) über den *Legitimitätsbegriff* thematisiert, wird von den genannten Autoren allerdings nicht gewürdigt.

Als Ausgangspunkt dieser Forschungslinie kann Robert K. Mertons Arbeit über „bürokratische Struktur und Persönlichkeit" (Merton 1968[1940]) gelten. Er zeigt, dass genau jene bürokratischen Prinzipien, die dazu dienen sollen, nichtrationale Aspekte – wie personalisierte Beziehungen und affektive Verstrickungen – im Verhalten der Beamten auszuschalten und die fachgerechte Ausführung, Kontinuität und Effizienz der bürokratischen Verwaltung erst möglich machen, nichtrationale Tendenzen befördern und Ineffizienzen zur Folge haben. So unterstützt die Belohnungs- und Karrierestruktur der Bürokratie, die eigentlich die Funktion hat, die „loyale Erledigung offizieller Pflichten ohne Rücksichtnahme auf äußeren Druck" (ebd., S. 269) zu gewährleisten, eine Überkonformität der Beamt(inn)en mit den Regeln. Ursprünglich Mittel der Zwecktätigkeit, wird die Amtsdisziplin so im Verhalten der Beamtin bzw. des Beamten zum Selbstzweck. In ähnlicher Weise reduziert das Laufbahnprinzip mit seiner alters- und erfahrungsbezogenen Beförderung (Senioritätsregeln) zwar die Konkurrenz unter den Beamt(inn)en, befördert damit zugleich aber die Ausbildung eines ‚Korpsgeistes', der sich schließlich auch gegen die Spitze der Bürokratie (etwa die Wahlbeamt(inn)en) und das Publikum wenden kann.

Robert K. Merton ging es weniger um Bürokratiekritik als um eine *funktionale Analyse*, die sich insbesondere für Dysfunktionen sozialer Strukturen und für unintendierte Nebenfolgen des Handelns interessierte. Dabei sieht er in den affektiven Reaktionen der Beamt(inn)en kein Scheitern von Rationalität, sondern vielmehr einen Strukturschutz der rationalen Bürokratie: Gerade die nichtrationalen Tendenzen erfüllen, so Merton, die „latente Funktion, die wesentlichen strukturellen Elemente von Bürokratie zu erhalten, indem sie die Notwendigkeit formalisierter

Sekundärbeziehungen bestätigen und indem sie die Desintegration der bürokratischen Struktur verhindern helfen, zu der es käme, würden diese formalisierten Beziehungen durch persönliche ersetzt" (Merton 1968, S. 273).

Ein weiterer wichtiger Befund der Merton'schen Analysen ist das Konzept der *Zielverschiebungen*, das Zweck-Mittel-Vertauschungen beschreibt. Als Mittel in einem größeren Kausalzusammenhang verstandene Subzwecke werden zu Selbstzwecken und entwickeln eine Eigendynamik. Das von Merton behandelte Problem der Zielverschiebungen ist auch von einer Reihe anderer Autoren aufgegriffen worden. So beobachtete Simon, (1981[1945]), dass Subziele, die die Organisation einzelnen Abteilungen als Mittel zuweist, als Zwecke in sich behandelt werden. Die Abteilungen bilden entsprechend selektive Aufmerksamkeiten und eigene Kontakte aus und verselbstständigen sich. Es kommt zu einer Pluralität „lokaler Rationalitäten" (vgl. Cyert und March 1963), die sich zu keinem übergeordneten Gesamtzweck mehr zusammenfügen.

Philipp Selznick (1949; 1957) schließlich beschrieb Zielverschiebungen als Prozesse der Abweichung der faktisch verfolgten von den erklärten Zielen der Organisation. Er führte sie auf Anpassungsprozesse der Organisation an eine ‚feindliche' Umwelt zurück. Als wichtigen Mechanismus der Zielverschiebung identifizierte er in einer Studie über die ‚Tennessy Valley Authority' (TVA) die *Kooptation*, d. h. die Einbindung externer Funktionsträger(innen) in die Organisation. Kooptationen sichern Organisationen notwendige Unterstützung und Legitimität, die sie allerdings mit dem Einfluss der externen Funktionsträger(innen) auf die ursprünglichen Ziele der Organisation bezahlen. Organisationen ‚verkaufen' in diesem Sinne ihre Ziele, um in einer problematischen Umwelt zu überleben. Wenngleich Selznick die organisationalen Regeln auf der einen Seite noch als Mittel rationaler Zwecktätigkeit auffasst, also davon ausgeht, dass sie technischen Erfordernissen dienen, hebt er auf der anderen Seite hervor, dass es tatsächlich zu nichtrationalen Veränderungen kommt. Organisationen unterliegen institutionellen Verselbstständigungen; sie werden mit Werten aufgeladen (*infused with value*) und entwickeln ein Eigenleben jenseits der technischen Erfordernisse.

Eine andere Sicht auf die Bürokratie und ihre Dysfunktionen stammt von dem Franzosen Michel Crozier (1964). Anders als Merton und Selznick sieht er in der Bürokratie nicht mehr ein dem Zweck nach rationales Gebilde, sondern einen schwerfälligen und komplizierten Apparat, der mit der ihm typischen Zentralisierung und Regelorientierung wenig effizient und nicht fähig ist, seine eigenen Dysfunktionen zu beheben. Crozier beschrieb dies als bürokratischen Teufelskreis (*circulus vitiosus*). Dieser beruht auf einer wechselseitigen Verstärkung von zentral eingesetzten formalen Regeln und ihrer machtbezogenen Ausbeutung durch Einzelne und Gruppen in Organisationen. Sie nutzen zunächst die aus der

3.2 Strukturelle Perspektiven

Rigidität formaler Regeln resultierenden Schwierigkeiten und Gelegenheiten, um ihre Positionen im organisationalen Machtkampf zu verbessern. Die Organisation reagiert auf das Problem persönlicher Privilegien mit neuen formalen Regeln, weil Unpersönlichkeit und Zentralisierung die „einzige Lösung des Problems" sind, setzt damit den Teufelskreis aber erneut in Gang (vgl. Crozier 1968, S. 283 f.). Während Merton die Dysfunktionen der Bürokratie lediglich als Begleiterscheinungen eines dem Zweck nach rationalen Gebildes sah, sind sie in Croziers Sicht zum grundlegenden Kennzeichen (illegitim) vermachteter Bürokratien geworden. Die Verknüpfung von Macht und Organisation liegt für Crozier damit gerade nicht mehr in der auf Legitimitätsglauben begründeten Chance, für Befehle bestimmten Inhalts Gehorsam zu finden (wie Herrschaft bei Weber). Vielmehr wird die Macht in Organisationen von Crozier im Verhalten strategisch handelnder Akteure gesehen, die ihre individuellen Handlungsfreiheiten zu erhalten suchen und daher im Verhältnis zu anderen Akteuren Zonen der Ungewissheit kontrollieren. Das Verständnis von Organisation streift hier erkennbar die Bedeutung von legitimer Herrschaft und zweckbezogen-formaler Rationalität ab. Es droht damit allerdings auch die begrifflichen Konturen eines spezifischen *sozialen Gebildes* zu verlieren, die Weber dem Organisationsphänomen mit dem Gattungsbegriff der Bürokratie immerhin bereits gegeben hatte.

Eine andere Linie der Auseinandersetzung mit Weber thematisiert *die kontextbezogene Relativierung der Bürokratie*. Sie rückt die im Idealtypus zusammengestellten Merkmale der Bürokratie ins Zentrum und fragt danach, wie Bürokratien empirisch beschaffen sind. Im Interesse, eine bessere und genauere Kenntnis über diejenigen Strukturen zu erlangen, in denen das moderne Leben ablaufe, werden die Merkmale des Idealtypus zu *Variablen* umformuliert. Es wird betont, dass die „Bürokratie im allgemeinen eher als eine Sache des Grades denn als eine Sache der Gattung" anzusehen sei (Hall 1968, S. 74). Bürokratien können demnach mehr oder weniger bürokratisch sein. Abgesehen davon, dass sie empirische Verfahren der Strukturanalyse ausprobierten, sind diese anfänglichen Forschungen im Einzelnen heute kaum noch von großem Interesse. Bevor wir aber auf entsprechende Weiterentwicklungen eingehen, die mehr oder weniger von Weber wegführen, bleibt ein Merkmal der Bürokratie besonders zu erwähnen, das für die soziologische – und nicht allein organisationssoziologische – ‚Weber-Forschung' von besonderem Interesse war. Gemeint ist das Merkmal ‚Fachwissen', das für Weber (1972[1922], S. 129) ein wesentliches Kennzeichen der Bürokratie war („Herrschaft kraft Wissen").

Im Anschluss an Parsons hebt Gouldner (1954, S. 22) hervor, dass Weber zwei unterschiedliche Sozialstrukturen in einem Typ zusammenfasse: „administration based on discipline" und „administration based on expertise". Diese „Janusköpfigkeit" (ebd.) der Bürokratie stellt die Weberrezeption in der Soziologie vor neue Fragen:

Ist die Legitimation der bürokratischen Herrschaft tatsächlich ‚nur' formal, oder ist sie mit der Sachverständigkeit der Beamt(inn)en von zusätzlichen Umständen und Gesichtspunkten abhängig? Begründet das Fachwissen eine eigenständige Form der Macht, und schlägt die Sachverständigkeit vom rationalen Mittel zum Legitimitätsgrund um (vgl. Hartmann 1964)? Die eigentliche Organisationsforschung geht in dieser Frage aber einen anderen Weg. Einmal mehr differenziert sie Typen der Bürokratie; bei Gouldner, wie gesagt, die auf Expertise gestützte repräsentative Bürokratie im Unterschied zur auf Disziplin gestützten disziplinären Bürokratie. Andererseits werden die strukturell bedingten Konflikte zwischen Spezialist(inn)en und bürokratischen Strukturen (vgl. Scott 1968) sowie die Rolleneigenarten und unterschiedlichen Formen der Loyalität von Bürokrat(inn)en und Professionals zum Gegenstand der Forschung (vgl. Gouldner und Newcomb 1956).

Die strukturelle Perspektive auf Organisationen, die wir in der Sache ausgehend von Weber und der Auseinandersetzung mit seinem Idealtypus zum Thema gemacht haben, führte die Organisationssoziologie in eine verzweigte Forschung, die auf der einen Seite von der Entdeckung der Variabilität organisationaler Strukturen lebte und sich an Erklärungen dieser Variabilität versuchte, und die zum anderen – angesichts der steigenden Diversität der Organisationsformen – immer wieder Versuche unternahm, Typen der Organisation zu begründen. Der Diversität der Formen und der Frage der Typenbildung werden wir an dieser Stelle nicht weiter nachgehen, darauf vielmehr erst in gesellschaftsbezogener Perspektive (Kap. 5.3) zurückkommen. Auf die Einsicht in die Variabilität organisationaler Strukturen hingegen kommen wir auch im folgenden Kapitel zurück, soweit es nicht nur Entscheidungen zum Thema macht, sondern auch die Entscheidbarkeit organisationaler Strukturen unterstreichen wird. Zumal das folgende Kapitel dies nicht laufend betont, wollen wir hier auch noch festhalten, dass der Organisationssoziologie vor und mit der Auseinandersetzung mit Weber bereits mit auf den Weg gegeben war, dass die formal rationalisierten Strukturen von Organisationen in nicht hintergehbarer Weise durch – im formalen Blick – nichtrationale, „informale" Strukturelemente begleitet sind, die auch dysfunktional sein können. Wir kommen auch darauf noch zurück. Zunächst aber befassen wir uns mit der „operativen Perspektive" auf Organisationen, für die hier vor allem die Befassung mit Entscheidungen in Organisationen steht.

3.3 Operative Perspektiven: Entscheidungsprozesse in Organisationen

Eine zweite wichtige Linie einer soziologischen Organisationstheorie entwickelt sich ebenfalls in kritischer Auseinandersetzung mit dem Rationalmodell der Organisation. Sie arbeitet sich allerdings nicht – jedenfalls nicht primär – an organisatorischen Ordnungs- und Strukturfragen ab, sondern nimmt eine *operative* Perspektive ein, in der *Entscheidungen und Entscheidungsprozesse* im Vordergrund stehen. Erst von diesem Ausgangspunkt her werden dann auch Annahmen über organisatorische Strukturen formuliert.

Die Relation von Organisation und Entscheidung wurde dabei in der Organisationstheorie anhand desselben Grundbegriffes – dem der Entscheidung – in verschiedenen Richtungen angegangen: einmal in Richtung einer auf Individuen bezogenen und einmal in Richtung einer auf soziale Systeme bezogenen Entscheidungstheorie. Die erste Perspektive, mit der wir uns hier zunächst befassen wollen, findet sich prominent in der verhaltenswissenschaftlichen Entscheidungstheorie; sie betrachtet *Entscheidungen als Verhalten von Individuen in Organisationskontexten*, wobei die Organisationskontexte bestimmte Einflüsse auf die Entscheidungen und Entscheidungsprämissen der individuellen Entscheider ausüben. Im Vordergrund steht also das Individuum als Entscheidungsanfertiger(in), thematisch und auch methodologisch (methodologischer Individualismus). Die zweite Perspektive ist auf die Organisation als System bezogen und thematisiert die *Entscheidungsförmigkeit von Organisationen*. Sie findet sich ausgearbeitet im Werk von Niklas Luhmann, der Entscheidungen als Organisationen konstituierende und fundierende *Systemelemente* betrachtet.

Bevor wir uns aber mit Organisationen als „Systeme(n) entscheidungsmäßiger Selbststeuerung" (Geser 1982, S. 114) befassen, widmen wir uns im Folgenden ausführlich der individualistischen Perspektive, die theoriehistorisch nicht nur eher einsetzte, sondern die auch wichtige Vorarbeiten für die systemtheoretische Perspektive lieferte.

3.3.1 Organisationen als Verhaltenskontexte begrenzter Entscheidungsrationalität

Die entscheidungstheoretische Tradition begann sich seit Mitte der 1940er Jahre als Forschungs- und Theoriefeld an der Carnegie Mellon University in Pittsburgh zu entwickeln. Namentlich ist sie allen voran mit den Arbeiten von Herbert A. Simon und James G. March, seinem Schüler, verbunden (vgl. Simon 1981[1945]; March und Simon 1976[1958] March 1990; im Überblick: Berger und Bernhard-Mehlich 2006). Die Forschungsinteressen von Herbert Simon (1916-2001), der als Gründerfigur dieser Theorie gelten kann, lagen ursprünglich in der Verbindung einer mathematischen Entscheidungstheorie mit sozialwissenschaftlichen Fragestellungen. Entscheidungsfindungsprozesse in Organisationen sollten seines Erachtens mithilfe von Computersimulationen angemessener abgebildet werden können. Die Hoffnung auf die positiven Effekte der Computerunterstützung von Entscheidungsprozessen wurde gespeist durch die Prominenz der mathematischen Informations- und Kommunikationstheorie (Shannon und Weaver 1949). Diese erklärt einerseits die Relevanz und Plausibilität des Informationsbegriffes in der verhaltenswissenschaftlichen Entscheidungstheorie, der als erkenntnistheoretischer Leitbegriff fungierte. In der Übertragung auf Organisationen lautete die Leitthese dann: *Die Organisation ist ein informationsverarbeitendes System.* Anderseits imprägnierte das Interesse des Computerwissenschaftlers auch Aspekte der Theorieentwicklung, wie man zum einen im gemeinsamen Werk von March und Simon „Organizations" (March und Simon 1958[1976]) an den formalen Modellierungen theoretischer Zusammenhänge erkennen kann, die den Text begleiten, zum anderen aber auch an Begriffen wie dem des Entscheidungs*programms,* der bis heute auch in der systemtheoretischen Organisationssoziologie gebräuchlich ist, selbst wenn die Vorstellung einer Programmierung von Entscheidungen durch Computer fernliegt (vgl. Kap. 4.3.2). Die ursprüngliche Rationalisierungshoffnung verflüchtigte sich zusehends im Zuge der empirischen Forschungen – und dies mag ein Grund dafür sein, dass es zunehmend James G. March war, der die organisationssoziologischen Arbeiten über Entscheidungen (sodann an der Stanford University und mit eigenen Schülern) weiterverfolgte, während Simon sich stärker anderen seiner zahlreichen Forschungsfelder widmete.[11]

Noch ein Hinweis zur Kontextuierung, bevor wir auf ausgewählte Konzepte und Einsichten der verhaltenswissenschaftlichen Theorie zu sprechen kommen. Herbert

---

11 In der offiziellen Stellungnahme der Königlich Schwedischen Akademie der Wissenschaften, die Simon 1978 den Nobelpreis für Wirtschaftswissenschaften verlieh, wird sein Leistungsprofil wie folgt beschrieben: „Herbert A. Simon's scientific output goes far beyond the disciplines in which he has held professorships: political science, administration, psychology and information sciences. He has made contributions in the fields of science theory, applied mathematics, statistics, operations research, economics and business and public administration (and), in all areas in which he has conducted research, Simon has had something of importance to say." Entnommen der Internetseite „A Tribute To Herbert Simon" an seiner „Heimatuniversität", der Carnegie Mellon University: www.cs.cmu.edu (zuletzt abgerufen 10.10.2016).

3.3 Operative Perspektiven

Simon führte seine Forschungen zunächst noch überwiegend in Verwaltungsorganisationen durch (vgl. Simon 1981[1945]), dabei annehmend, dass sie – als Kern sowohl ihrer Selbstbeschreibung wie ihres politischen Auftrags – Entscheidungen als Produkte für entsprechende Umwelten anfertigen. Das Interesse dieses Ansatzes für Entscheidungen entspringt also, anders gesagt, dem Interesse für Verwaltungen als Entscheidungen produzierende Organisationen.[12] Aber diese Einschränkung überzeugte wohl weder die Vertreter dieses Ansatzes, die schrittweise begannen, sich mit Entscheidungen in auch anderen Typen der Organisation zu befassen, noch auch die Beobachter dieser Theorieentwicklung. Als Herbert A. Simon 1978 der Nobelpreis für Wirtschaftswissenschaften verliehen wurde, lautete die Begründung: *„for his pioneering research into the decision-making process within economic organizations"*.

Das ist bemerkenswert, denn im Kern setzen sich die Arbeiten dieser Schule von Beginn an kritisch mit der in der Ökonomie kanonisierten, aber auch darüber hinaus bis in den Alltag verbreiteten Idee von Entscheidungen als rationaler Alternativenwahl (*rational choice*) auseinander. Im Fokus der Kritik stehen damit Vorstellungen wie die, dass Entscheidungen strikt individuell getroffen werden, dass Entscheider(inn)en über wohlgeordnete Präferenzen verfügen, die ihre Entscheidungen anleiten, dass ihnen die sachlichen Entscheidungsalternativen zusammen mit ihren jeweiligen Konsequenzen und Nebenfolgen klar vor Augen stehen, Entscheidungsprozesse entsprechend intentional, folgerichtig, optimierend ausfallen. Rationale Wahl bedeutet entsprechend, dass die – gemäß individueller Präferenzfunktion – bestmögliche Handlungsalternative gewählt wird, gewählt werden kann und gewählt werden soll.

Da sie sich von normativen, präskriptiven Entscheidungsmodellen distanzieren und im deskriptiven Sinne das *tatsächliche Entscheidungsverhalten* in Organisationen untersuchen, werden diese Forschungen auch als ‚verhaltenswissenschaftlich' bezeichnet. Der Ansatz richtet sich damit gegen die Dominanz eines rein ökonomischen Verhaltens- und Entscheidungsbegriffs, die Überbetonung der Rational-Actor-Sicht und die instrumentalistische Perspektive auf die Organisation als durchgestaltbares Mittel für rationale Zwecke. Die verhaltenswissenschaftliche Entscheidungstheorie schließt damit an die Kritik der überrationalisierten Sicht der Organisation als Sachzusammenhang an und begreift das mit Entscheidungen verbundene tatsächliche Interaktionsgeschehen in Organisationen als *soziales* Ge-

---

12 Vergleichbares kann man übrigens für die erste, noch auf eine „Verwaltungswissenschaft" zielende Werkphase von Niklas Luhmann sagen. Auch er nahm zunächst an, dass Verwaltungen – im Unterschied zu Unternehmen – Entscheidungen als ihren Output anfertigen. Vgl. Luhmann 1958, 1966.

schehen. Dabei handelt es sich allerdings um ein anderes Verständnis von „*sozial*", als es die Human-Relations-Bewegung mit dem Wertpostulat verbunden hatte, den Menschen in der Organisation ernster zu nehmen und wertzuschätzen. Wenn die verhaltenswissenschaftliche Entscheidungstheorie also von Organisation als einem sozialen Kontext spricht, dann geht es nicht um den Menschen an und für sich, sondern um das *faktische Verhalten der Entscheider in Organisationen* – im Gegensatz zur kontrafaktischen Modellvorstellung perfekt rationaler Wahlhandlung, wie es sich die normative Entscheidungstheorie vorstellt.

Die Dekonstruktion der Prämissen des ‚herorischen' Rationalmodells der Entscheidung vollzog sich Schritt um Schritt. Sie betraf zunächst die Prämisse des vollständigen Wissens in der Wahltheorie und führte über die Einführung der realistischeren Annahme eines stets begrenzten Wissens der Entscheider zum Konzept der ‚*bounded rationality*', der begrenzten Rationalität (vgl. March und Simon 1976[1958]: Kap. 6). Weil die kognitiven Kapazitäten jeder Entscheiderin bzw. jedes Entscheiders begrenzt sind, können ihr bzw. ihm weder alle Entscheidungsalternativen ‚gegeben' sein noch kann ihr bzw. sein Wissen über die Konsequenzen der Alternativen vollständig sein. Realistisch gesehen, können Entscheidungen dann nur als *Suchprozesse* verstanden werden, die Zeit in Anspruch nehmen. Da man aber zu keinem Zeitpunkt wissen kann, ob man bereits alle Alternativen kennt, und nicht sicher einschätzen kann, ob eine weitere Suche zu besseren Lösungen führen wird, ob es sich also ‚lohnen' wird, weiterzusuchen, stellt sich die Frage, wann die Alternativensuche eigentlich abgebrochen werden sollte. Sicher ist, dass es – bei begrenztem Wissen – darauf keine im strikten Sinne ‚rationale' Antwort geben kann. Die realistische Einsicht, die March und Simon den unrealistischen Annahmen des *maximizing* oder *optimizing* entgegengestellt haben, lautet, dass Suchprozesse abgebrochen werden, wenn sich ‚befriedigende Lösungen' (*satisficing*) einstellen.

Vergleichbar einem Dominoeffekt, fielen dann, im Gefolge dieser ersten, kognitiven Einschränkung des Rationalmodells der Entscheidung, weitere Prämissen der Theorie rationaler Wahl (vgl. erneut die ‚Chronik' in March 1990). Denn wenn gilt, dass das Wissen beschränkt ist, betrifft das nicht nur *sachliche* und *zeitliche* Gesichtspunkte der Alternativen und ihrer Konsequenzen, sondern Entscheider(inne)n ist dann eben auch keineswegs immer bekannt, wie sich andere verhalten und auf Entscheidungen reagieren werden. Die Annahme vollständigen Wissens übersieht also auch die *soziale Dimension* des Entscheidens und mithin dann das Problem von Konflikten (vgl. Cyert und March 1963).

Die Einsicht in die begrenzte Rationalität des Entscheidens hat bei March und Simon eine wichtige Konsequenz für das Verständnis von Organisationen. Organisationen dienen, indem sie einen ‚Rahmen' bereitstellen, der Vereinfachung der Entscheidungssituation für Entscheider(innen). Indem die Informationsverarbeitung organisiert – also arbeitsteilig verteilt und hierarchisch geordnet – wird, werden die individuellen Entscheider(innen) in eine überschaubare Entscheidungssituation versetzt. Ihre Entscheidungen werden ‚programmiert', ihnen werden also *sachliche Bedingungen für richtiges Entscheiden* an die Hand gegeben. Entscheidungen werden auf diese Weise so weit von Unsicherheiten und möglichen Konflikten entlastet, dass ein koordiniertes Entscheiden möglich wird. Organisationen geben ihren Mitgliedern also nicht nur je spezielle Aufgaben zur Erledigung, sondern ermöglichen ihnen auch „die Bildung genauer Erwartungen hinsichtlich dessen, was die anderen tun werden" (Simon 1981[1945], S. 50). March und Simon zogen den Schluss, dass Organisationen die kognitiven Grenzen der Rationalität zwar nicht aufheben können, aber Rationalitätsgrenzen hinauszuschieben vermögen: Im Vergleich zur individuellen Entscheiderin bzw. zum individuellen Entscheider erscheinen Organisationen in *höherem* Maße zu Rationalität befähigt (vgl. Geser 1990). Eine Überschätzung der Rationalität von Organisationen ist damit aber nicht verbunden. Weder sind damit Unsicherheiten der Information noch soziale Konflikte ausgeschlossen. So sind selektive Information und Gezänk zwischen Abteilungen, die sich wichtiger nehmen als das Ganze, typisch in Organisationen. Sie sind die zwangsläufige Folge der arbeitsteiligen Zerlegung von Zielen und der Zuweisung von je begrenzten Subzielen, wie bereits Simon gesehen hatte: „Die Mitglieder der Organisation identifizieren sich mit ihrem Sonderbüro anstatt mit der umfassenden Organisation. Sie halten im Konfliktfall den Vorteil ihres Büros für wichtiger als die günstige Entwicklung des Ganzen" (Simon 1981[1945], S. 10).

Provokativ bezeichnete March die normative Wahltheorie einmal als eine Religion bzw. als etablierte Kirche der Sozialwissenschaften (vgl. ebd., S. 2). Selbst beschreibt er sich und seine Mitstreiter(inn)en als „Häretiker" gegenüber den „Bischöfen der Wahltheorie" (ebd., S. 3). Die verhaltenswissenschaftlichen Überlegungen über die faktische Anfertigung von Entscheidungen in Organisationen widersprechen einer einseitig fokussierten optimistischen Entscheidungstheorie. March bezeichnet dieses Verhältnis jedoch nicht als Schisma, vielmehr als ein Verhältnis von Spannung und Verständigung (vgl. ebd., S. 3).

3.3.2 Weiterentwicklungen der Rationalitätskritik des Entscheidens

Ein etwas anders akzentuierter Einwand gegen das heroische Modell rationaler Entscheidung stammt von dem schwedischen Organisationsforscher Nils Brunsson. Er interessiert sich in seinen frühen Arbeiten (Brunsson 1982, 1985) nicht primär für den Zusammenhang von Entscheidung und begrenztem Wissen, sondern für den Zusammenhang von Entscheidung und begrenzter Motivation. Eine seiner zentralen Beobachtungen ist, dass der Versuch von Entscheider(inne)n, sich tatsächlich an Ansprüchen des Modells rationaler Alternativenwahl zu orientieren (‚rationalistischer Entscheidungsstil'), Motive kostet, es also einen negativen Zusammenhang zwischen rationalem Entscheiden und Motivation gibt. Denn in dem Maße, wie – z. B. in einem Entscheidungsgremium – mehr und mehr Alternativen auf den Tisch kommen und hinsichtlich ihrer möglichen Konsequenzen miteinander verglichen und ausführlich erörtert werden, nimmt die Unsicherheit in der Entscheidungssituation zu: Erfolgserwartungen werden zunehmend problematisch, das Einverständnis (*commitment*) unter den beteiligten Entscheider(inne)n nimmt ab und damit auch ihre Motivation zum Handeln (*action*). Um eine Entscheidung (decision) nicht nur zu treffen, sondern sie auch bis zu ihrer Umsetzung (*action*) durchzuhalten, bedarf es eines ganz anderen, von Brunsson (1985, S. 48 ff.) als ‚impressionistisch' bezeichneten Entscheidungsstils, der auf die heroischen Vergleichs- und Kalkulationsansprüche des ‚rationalistischen' Stils verzichtet. Denn nur wenn die verunsichernden Effekte des Rationalmodells vermieden werden, können die nötigen Erfolgserwartungen, Einverständnisse und Motivationen der Entscheider(innen) erhalten und es kann gar Enthusiasmus erzeugt werden. Während ein solcher ‚impressionistischer' Entscheidungsstil in der Perspektive des normativen Entscheidungskalküls schlicht als ‚irrational' gelten muss, erscheint er im Lichte des Problems einer hinreichenden Motivation zum Handeln (*action*) durchaus rational. Die motivschwache *decision rationality* konfrontiert Brunsson mit einer motivstarken *action rationality*. Diese stützt sich auf Konzepte, die die unsichere Welt für die Entscheider(innen) vereinfachen (*ideologies*), indem sie selektiv beschreiben „how things are (have been or will be) and how they should be" (ebd., S. 104). Beispiele für solche organisationalen Ideologien sind etwa Managementkonzepte oder kulturelle Selbstbeschreibungen von Organisationen, soweit sie Vorstellungen und Bewertungen beinhalten, welche Ziele zu verfolgen, welche Handlungsalternativen vielversprechend und welche Ergebnisse zu erwarten sind (vgl. Brunsson 2007, S. 42). Nils Brunsson hat mit diesem Argument, das er in späteren Arbeiten weitergehend ausgearbeitet hat (vgl. Tacke 2003), nicht nur die organisationstheoretische Rationalitätskritik bereichert. Er hat auch eine weitverbreitete Annahme infrage gestellt, die da lautet, dass ‚Partizipation', also die Teilnahme vieler, in Organisationen zu umsichtigeren Lösungen führe und die ‚Motivation von Mitarbeiter(inne)n' fördere. Mehr Teilnehmer(innen) vermögen zweifellos mehr Alternativen und Lösungen zu sehen, aber sofern damit auch die Unsicherheit über die möglichen Folgen zunimmt, kostet dies Motive und reduziert die Wahrscheinlichkeiten zum Handeln. Als Quintessenz kann man den bis hierher dargelegten Varianten der „Revisionen der Rationalität" (Becker, Küpper,

Ortmann 1992) entnehmen, dass es nicht von (externen) Sachlagen und ‚gegebenen' Alternativen abhängt, wie in Organisationen entschieden wird. Vielmehr hängen Entscheidungen in Organisationen – samt der mit ihnen verbundenen Alternativen und Fragen der Umsetzung – von sozialen Kontexten und der Kommunikation mit anderen ab.

Zweifel an der Ordnung von Entscheidungsprozessen wurden allerdings auch in radikalerer Weise angemeldet. Denn mithin scheint nur der Zufall das Zustandekommen einer Entscheidung erklären zu können. Nimmt man in den Blick, dass in Organisationen Entscheidungen laufend parallel getroffen werden, verliert sich einmal mehr der Eindruck von Rationalität und Ordnung. Denn was gleichzeitig geschieht, kann sich nicht wechselseitig informieren und kontrollieren. Geben wir ein kurzes Beispiel aus einer Universität: Der Fachbereichsrat kommt nach mehreren Sitzungen zur Entscheidung über eine neue Promotionsordnung; zeitgleich beschließt der Senat der Universität die Schließung des Fachbereichs.[13] March und seine Kollegen (Cohen, March, Olson 1972; March und Olsen 1976) sprechen von *organisierter Anarchie*. Sie meinen damit aber nicht Chaos, sondern eine für ‚Normalbeobachter(innen)' kaum noch nachvollziehbare *zeitliche* Ordnung von Entscheidungen. In der Analogie des Mülleimers (*garbage can*) wird erfasst, dass Entscheidungen davon abhängen, ob und wann wichtige Elemente des Entscheidens – wie Teilnehmer(innen), Lösungen und Probleme – in eine Entscheidungsarena ‚geworfen' werden, also mehr oder weniger zufällig aufeinandertreffen bzw. sich dort verpassen, weil sie sich jeweils in anderen Arenen aufhalten. Nicht alle Probleme fallen dabei zwangsläufig mit Lösungen zusammen, und nicht alle verfügbaren Lösungen finden passende Probleme. In Computersimulationen konnte gezeigt werden, dass der organisatorische Kontext, insbesondere *Hierarchie* und *Spezialisierung*, den Zugang zu den Entscheidungsarenen der Organisation regulieren. Angesichts des ‚Wanderns' von Teilnehmer(inne)n, Lösungen und Problemen durch die Entscheidungsarenen kann aber auch eine wohlersonnene Organisationsstruktur nicht für Rationalität sorgen. March und seine Kollegen haben solche Entscheidungen am Fall von Universitäten beobachtet, also Organisationen, die – mit Lehre und Forschung – in besonderer Weise durch „unklare Technologien" auffallen (vgl. March 1976). *Garbage-Can*-Prozesse wurden aber auch am Fall von Unternehmen beobachtet und beschrieben (vgl. Kreuter 1996; Bücherl 2013), also solchen Organisationen, denen vor allem Ökonom(inn)en ein hohes Maß an Entscheidungsrationalität zuschreiben.

---

13 Das Beispiel ist nicht erfunden, sondern wurde vor vielen Jahren von einem Kollegen aus seiner Universität in Süddeutschland berichtet.

Wir können festhalten: Die Vorstellung, dass die *Herstellung* von Entscheidungen durch umfassende Sachrationalität bestimmt wird, ist durch die referierten Forschungsergebnisse empirisch gesehen schwer gestört. Ein wichtiger Zusatz ist aber zu machen. Denn nichtsdestotrotz werden in der *Darstellung* von Entscheidungen in Organisationen regelmäßig Gesichtspunkte der Entscheidungsrationalität mit ihren semantischen Elementen (Effektivität, Effizienz, Produktivität, Nachhaltigkeit) in Anspruch genommen. Wie auch immer Entscheidungen tatsächlich zustande gekommen sind, irgendwann werden Begründungen erwartet, müssen z. B. Erklärungen abgegeben, Berichte über die Arbeit von Ausschüssen geschrieben oder Entscheidungen öffentlich so dargestellt werden, als seien sie nach sachlich sorgfältiger und umsichtiger Prüfung von Alternativen und ihren Konsequenzen rational zustande gekommen. Häufig wird Entscheidungsrationalität aber auch in Anspruch genommen, um *nicht* vollzogenes Entscheiden zu rechtfertigen, etwa wenn eine Entscheidung angesichts von Problemen unvollständiger Information, riskant hoher Einsätze oder widersprüchlicher Erwartungen gescheut wird, beziehungsweise die Implementation getroffener Entscheidungen an ungesehenen Nebenbedingungen oder fehlender Zustimmung scheitert (*non-action*). Man denke beispielsweise an die Regierungsvertreterin oder den Regierungsvertreter, die oder der angesichts politisch versprochener Reformen z. B. in der Energie-, Sozial- oder Bildungspolitik öffentlich erklärt, die Vorschläge lägen bereits auf dem Tisch, man müsse sie aber ‚sorgfältig prüfen' bzw. die Bewertung durch Expert(inn)en abwarten. Und häufig wird als Versprechen hinzugefügt: ‚Die Umsetzung soll noch in dieser Legislaturperiode erfolgen.'

Wer Nichthandeln rechtfertigt bzw. zukünftige Entscheidungen und Handlungen ankündigt, ‚redet' nur. Organisationen erzeugen, so hat es Nils Brunsson (1989) formuliert, nicht nur *Decision* und *Action* als Output, sondern auch *Talk*. Sie müssen dies offenbar, denn sie haben es nicht nur mit Abnehmer(inne)n von Leistungen (*action-output*), sondern mit einem überaus heterogenen Publikum aus Interessent(inn)en und Zuschauer(inne)n zu tun, die sie mit widersprüchlichen Erwartungen konfrontieren. Die Wertbezüge, auf deren Grundlage dieses Publikum Erwartungen stellt, z. B. ökonomische Einsparungen, Arbeitsplatzsicherheit, Generationengerechtigkeit, ökologische Rücksichten, lassen sich innerhalb einer Organisation jedoch nicht immer gleichzeitig und widerspruchsfrei umsetzen und in die Abläufe integrieren. Kurz: In einer Welt inkonsistenter Erwartungen können Organisationen Legitimität nur dann sichern, wenn sie Heuchelei betreiben: „to talk in a way that satisfies one demand, to decide in a way that satisfies another, and to supply products in a way that satisfies a third" (Brunsson 1989, S. 27).

Mit seiner „Organization of Hypocrisy" (1989) hat Nils Brunsson ein Argument aufgegriffen und modifiziert, das zunächst von John W. Meyer und Brian Rowan

3.3 Operative Perspektiven

(1977) in einem Artikel prominent formuliert wurde.[14] Ihre These besagt, dass Organisationen, um ihrer externen Anerkennung und Unterstützung willen, die ‚rationalen Mythen' ihrer Umwelten aufgreifen und diese in ihre Formalstrukturen einfügen. Gemäß Meyer und Rowan handelt es sich bei Formalstrukturen lediglich um dekorative Oberflächenstrukturen, denn Organisationen entkoppeln (*decoupling*) diese von ihren Aktivitätsstrukturen, sodass diese – die eigentlichen operativen Tiefenstrukturen – von den Rationalitätserwartungen unberührt bleiben. Ein Defizit dieses Ansatzes kann man darin sehen, dass die operativen Strukturen (*activity structures*), also das, was Organisationssoziolog(inn)en im Kern interessieren müsste, nicht weiter beachtet werden. Brunsson dagegen hat, das ist wichtig festzuhalten, mit der Differenzierung von Talk, Decision und Action diesen ‚klassischen' Beitrag so reformuliert, dass der Zusammenhang zu Entscheidungen sichtbar bleibt. Anders gesagt: Talk und Action gewinnen ihren Sinn erst in Bezug auf Probleme des Entscheidens (Decision) – und sie sind erst dadurch Formen organisatorischer Kommunikation. Damit wird der Kommunikationsbegriff wieder aufgegriffen, der in der organisationstheoretischen Tradition der Entscheidungstheorie seit Chester Barnard (siehe Kap. 3.1) so explizit nicht mehr verwendet wurde. Im Übrigen stehen die Brunsson'schen Analysen für einen wichtigen konzeptionellen Schwenk der Entscheidungstheorie der Organisation hin zu konstruktivistisch-kulturalistischen Ansätzen.

Tatsächlich hat sich die ‚verhaltenswissenschaftliche' Theorie der Entscheidung im Verlaufe von mehreren Jahrzehnten immer stärker zu einer ‚konstruktivistischen' Theorie entwickelt, dabei zugleich zu einer Variante des sogenannten Neoinstitutionalismus (vgl. Tacke 2001c). Den Grund kann man darin finden, dass die immer stärkere Betonung von Unsicherheiten und Mehrdeutigkeiten die Einsicht geradezu ‚erzwingt', dass Entscheidungssituationen sinnhaft-selektiv interpretiert – und damit dann konstruiert – werden müssen. Entscheidungen erscheinen nun nicht mehr als individuelle, instrumentell kalkulierte, ‚konsequenzenorientierte' Handlungen, sondern stattdessen als interpretative Aktivitäten, die zugleich in einen komplexen sozialen Zusammenhang (*interactive ecology*) eingebettet sind und durch Regeln der Angemessenheit (*rules of appropriateness*) orientiert werden. Weil die Welt nicht rational kalkuliert werden kann, müssen Individuen sie im Lichte von Identitätsfragen und kontextspezifischen Rollen interpretieren: „What does a person like me (identity) do (rules) in a situation like this (recognition)?"

---

14 Dieser Text gilt auch als *Take-off* des Neoinstitutionalismus in der Organisationsforschung. Wir kommen darauf ausführlich im Zusammenhang der Thematisierung des Verhältnisses von Organisation und Gesellschaft zurück. Siehe Kap. 5.1.

(March 1994, S. 57). Auf den Neoinstitutionalismus kommen wir – allerdings in einer anderen Spielart – noch zurück (siehe Kap. 5.1).

Halten wir fest: Der verhaltenswissenschaftliche Ansatz hat sich seit seinen Anfängen unter vielen Gesichtspunkten mit Entscheidungen befasst – und zwar mit Entscheidungen in Organisationen. So sicher es dabei stets war, dass es um organisiertes – sowohl organisatorisch motiviertes wie organisatorisch ermöglichtes – Entscheiden geht, so wenig wichtig war es seinen Vertreter(inne)n gleichwohl, den Organisationsbegriff theoretisch präzise zu bestimmen. Nicht ganz zu Unrecht unterstellen die Autoren ein weitverbreitetes Wissen, gewissermaßen ein *folk knowledge* darüber, was ‚Organisationen' sind, wie man sie als solche identifiziert und worin sie sich von anderen möglichen Sozialgebilden in der Gesellschaft unterscheiden. So wie wir üblicherweise zwischen einer flüchtigen Partyinteraktion, einer Familie und einem Freundeskreis gut zu unterscheiden wissen und unser Verhalten auf die Besonderheiten dieser Kontexte einstellen, ist uns vertraut, Organisationen als solche zu identifizieren und uns auf die besonderen Erwartungen und Kommunikationsformen einzustellen, die in diesen Sozialzusammenhängen für die Mitglieder und das Publikum typischerweise gelten. Von einer wissenschaftlichen Theorie darf aber erwartet werden, dass sie ihre zentralen Begriffe expliziert und ihr Verhältnis auch untereinander nicht im Impliziten hält. Weitgehend implizit gehalten ist in der verhaltenswissenschaftlichen Theorie allerdings noch die enge Verbindung, die zwischen „*Entscheidung und Organisation*" (so der Titel von March 1990) besteht.

Die soziologische Systemtheorie und namentlich Niklas Luhmann wird hier einen Schritt weitergehen, indem er die Einsichten der Entscheidungstheoretiker(innen) in den Rahmen einer allgemeinen Theorie sozialer Systeme systematisch einbaut und auf dieser Grundlage konsequent zu einer soziologischen Theorie der Organisation ausbaut. Auf den Begriff bringt diese Theorie den *konstitutiven* Zusammenhang, der zwischen – man beachte die geänderte Reihenfolge – „*Organisation und Entscheidung*" (so die Titel von Luhmann 1981 und Luhmann 2000) besteht. Hier wird dann die Idee theoretisch entwickelt, dass Organisationen sich auf Entscheidungen über Mitgliedschaften stützen und diese Entscheidungen so weiterverwenden, dass daraus soziale Systeme hervorgehen, die sich durch Entscheidungen reproduzieren und mittels ihrer Entscheidungen von ihrer Umwelt abgrenzen. Ein Verständnis dieser Theorie und Zugriffsweise auf den Gegenstand Organisation setzt allerdings voraus, sich zunächst etwas mit dem „Systemdenken" in der Organisationssoziologie zu befassen, also auch hier einige wichtige Ausgangspunkte und Vorläufer zur Kenntnis zu nehmen. Dies geschieht im folgenden Kapitel.

Die Organisation als soziales System 4

Wir haben oben hervorgehoben, dass die Organisationssoziologie ihren Take-off in Harvard nahm. Grundlegende Ausgangspunkte für das, was sich von hier aus entwickeln sollte, fanden sich bei Pareto. Seine Unterscheidung von logischem und nichtlogischem Handeln ging in die Interpretation der Hawthorne-Experimente der Mayo-Schule ein und führte zur Entgegensetzung der ‚*logic of efficiency*' (Logik der formalen Organisation) und der ‚*logic of sentiments*' (Logik der informalen Gruppe). Zur wichtigen Inspirationsquelle wurde zugleich Paretos Systemkonzept. Bei Pareto noch in der Funktion eines ‚*conceptual scheme*', verwendete Chester I. Barnard den Systembegriff in seiner frühen Theorie der Organisation als soziales Handlungssystem bereits als Gegenstandsbegriff. Will man von hier aus die Weiterentwicklungen der soziologischen Theorie der Organisation als Sozialsystem verfolgen, muss man ‚Umwege' gehen. Denn zum einen wird die Auseinandersetzung mit Paretos Konzepten auch zur Grundlage wichtiger Theorieentwicklungen in der allgemeinen Soziologie und der soziologischen Theorie. Dafür stehen Talcott Parsons und Robert K. Merton, wobei es vor allem dann deren Schüler waren, die umfangreichere Beiträge zur Organisationssoziologie beisteuerten. Zum anderen sind parallele Denkströmungen in der allgemeinen Systemtheorie und der Kybernetik zu berücksichtigen, die auch in der Soziologie und spezieller dann auch in der Organisationssoziologie ihren Einfluss entfalten. Diese Entwicklungen des Systembegriffs wollen wir im Folgenden kurz skizzieren, bevor wir auf zwei – recht unterschiedlich ausfallende – organisationssoziologische ‚Leuchttürme' der 1960er-Jahre genauer zu sprechen kommen. Namentlich sind damit James D. Thompson (1920-1973) und Niklas Luhmann (1927-1998) angesprochen.

4.1 Zur Entwicklung des Systembegriffs: Vom ‚conceptual scheme' zum Gegenstandsbegriff

Die Diskussionen um Pareto haben in Harvard zu bedeutenden Entwicklungen in der allgemeinen Soziologie beigetragen. So rückte Talcott Parsons schon in den 1930er-Jahren Paretos Konzept des nicht logischen Handelns in den Fokus der Ausarbeitung seiner voluntaristischen Handlungstheorie. Lange bevor Parsons seine strukturfunktionalistische Theorie sozialer Systeme explizit entwickelt, wird der Systembegriff bei ihm bereits im Sinne eines „Bezugsrahmens" (Parsons 1994[1939], S. 60) bedeutsam. Dabei entnimmt Parsons zum einen der Biologie die „Denkfigur" der „Anpassung des Organismus an seine Umwelt" und nutzt dieses „grundlegende Schema" in seiner „logischen Ähnlichkeit" als Ausgangspunkt für seine soziologische Analyse der „Orientierung des Aktors an seiner Situation" (ebd., S. 60 ff.). Zum anderen und darüber hinaus findet der Systembegriff bereits auf einer zweiten Ebene Verwendung, um „zumindest gewisse Aspekte des Problems der funktionalen Erfordernisse aufzugreifen, wie es sich für ein soziales System als Ganzes im Unterschied zum individuellen Aktor stellt. (…) Im gewissen Sinne neigt ein soziales System zu einem ‚stabilen Gleichgewicht' [Pareto], zu einer dauerhaften Erhaltung seiner selbst als System und zur Bewahrung eines bestimmten, entweder statischen oder dynamischen strukturellen Musters" (Parsons 1994[1939], S. 160). Und auch bei Merton, der mit der Frage nach den „unanticipated consequences of purposive action" (Merton 1936, S. 894) an die Pareto-Diskussion anschließt und diese Frage, wie oben gesehen, dann auch mit Blick auf bürokratische Regeln stellt (Merton 1968[1940]), erhält der Systembegriff zwar keine begrifflich herausgehobene Stellung, er ist als *conceptual scheme* gleichwohl präsent: „In the first place this paper", so Merton (1936, S. 895), „deals with isolated acts rather than with their integration into a coherent system of action (though some reference will be made to the latter). This limitation is prescribed by expediency, for a treatment of systems of action would introduce further complications". Auch dort, wo der Systembegriff noch nicht im Sinne eines gegenstandsbezogenen Begriffes eingesetzt wird, bildet er also bereits den *methodologischen Bezugsrahmen* soziologischer Theoriebildung, die bei Parsons wie bei Merton zunächst die Analyse des Handelns betrifft.

Die Entwicklung der Soziologie ist in den USA insgesamt sehr eng mit dem Paradigma des Strukturfunktionalismus verbunden, das bis in die 1960er-Jahre zu einem nahezu konkurrenzlosen, dominanten Paradigma in der amerikanischen Soziologie wird. Genereller Referenzpunkt ist die Frage nach dem Beitrag, den Strukturen bzw. Strukturelemente zur Erhaltung eines Systems und – im Falle von Organisationen – zur Erreichung seiner Ziele beitragen. Im *starken Funktionalismus* (Parsons) wird die Funktionalität einer Struktur in der Übereinstimmung

4.1 Zur Entwicklung des Systembegriffs

mit einem ‚Systembedürfnis' gesehen und damit als unentbehrliches ‚Erfordernis' verstanden. Strukturen werden als funktional für das Gesamtsystem aufgefasst und dann letztlich mit ihrer Funktion für das Gesamtsystem ‚erklärt'. Der gemäßigte Funktionalismus (Merton) sieht, dass Strukturen auch lediglich für Teilbereiche funktional sein können und es zur Erfüllung auch Strukturalternativen geben könne („funktionale Äquivalente"). Er bezieht überdies auch Dysfunktionen mit ein. Organisationssoziologisch bedeutete der Einbezug dysfunktionaler Effekte, Abweichungen des Verhaltens von formalen Regeln zu berücksichtigen, für die das klassische Prinzipienschema formaler Organisation keinen Platz vorsah.

Ein ganz anderer Zweig, der das ‚Systemdenken' in der Soziologie beeinflusste und dann auch auf die Organisationssoziologie ausstrahlte, betrifft seit den 1950er-Jahren Entwicklungen in der ‚*General Systems Theory*' und der ‚*Kybernetik*' (einführend: Luhmann 2002, S. 41 ff.). Erste Formulierungen einer solchen allgemeinen Systemtheorie gehen auf den Biologen Ludwig von Bertalanffy (1901-1972) zurück. An die Stelle einer linearen Logik kausaler Ursache-Wirkungs-Beziehungen setzt er die Vorstellung von Systemen als Ganzheiten, die durch eine Menge von Elementen und deren Relationen definiert sind. In der Abgrenzung zur Thermodynamik, die in ihrem zweiten Hauptsatz für thermisch von der Umgebung isolierte Körper eine Tendenz zur Entropie (Wärmetod, Unordnung) voraussagt, sieht die Systemtheorie in Systembildung den zentralen Mechanismus des Aufbaus von Ordnung aus Unordnung. Das heißt: Durch die selektive Verknüpfung ihrer Elemente und Komponenten bauen Systeme geordnete, organisierte Komplexität auf. Auf diese Weise negieren sie die Tendenz zur Entropie, beruhen also auf Negentropie. Systeme stehen im Austausch mit ihrer Umwelt (Energie-, Materie- oder – wie im Falle sozialer Systeme – Informationsaustausch), sind in diesem Sinne *umweltoffen* und erhalten sich in einer veränderlichen Umwelt durch die Stabilisierung einer Innen-Außen-Differenz (Grenze). Im Unterschied zu geschlossenen, statischen Systemen, die dadurch gekennzeichnet werden, dass sie in ein konstantes Gleichgewicht einmünden, werden offene Systeme in Bezug auf ihre Durchlaufprozesse sowie auch den internen Austausch ihrer Elemente und Komponenten als dynamisch aufgefasst.

Ein weiterer interdisziplinärer Impuls geht bereits ab dem Ende der 1940er-Jahre von der neu entstehenden Kybernetik (vgl. Wiener 1948) aus. Die Kybernetik steht mit ihrem Interesse an Rückkopplungen und informationsgestützten Regelungsprozessen, die ‚Rechenmaschinen' auszeichnen, für eine ‚mechanistische' Variante des Systemdenkens. Paradigmatisch für solche Rückkopplungen ist die Funktionsweise eines Thermostaten, der die Heizung in Abhängigkeit von der gemessenen Raumtemperatur reguliert und sie so konstant hält. Für die Entwicklung der Systemtheorie ist diese kybernetische „theory of machines" bedeutsam, weil sie von Anfang an nicht lediglich fragt, „what is this thing?", Systeme also wie Objekte behandelt, sondern fragt. „what does it do?" (Ashby 1956, S. 1), sich also dafür interessiert, wie das System welche Zustände produziert. Dabei interessiert sich die Kybernetik keineswegs nur für technische Systeme, sondern auch für lebende Organismen und für soziale Systeme. Im Anschluss an die prominent gewordenen ‚Macy-Konferenzen' zum Thema ‚Circular causal, and feedback mechanisms in biological and social systems' (1946 bis 1953), die Wissenschaftler aus zahlreichen Disziplinen – Biologie, Psychologie, Soziologie, Anthropologie, Mathematik, Informationswissenschaft usw. – zusammenführten, geht aus der Kybernetik im Weiteren eine interdisziplinäre *Kognitionswissenschaft* hervor, maßgeblich vorangetrieben durch den österreichischen Physiker Heinz von Foerster (1911-2002) an der Universität Illinois. Analog zu den Generalisierungen, die die Allgemeine Systemtheorie vor Augen hatte, fasst sie Kognition nicht lediglich als Besonderheit eines bestimmten Systemtyps, der Psyche, auf, sondern versteht Kognition als eine Operation, zu der (verschiedenste) Systeme fähig sind, darunter Computersysteme (Stichwort ‚Künstliche Intelligenz' – hier ist Herbert A. Simon erneut zu nennen), biologische Systeme (Humberto Maturana und Francisco Varela, vgl. Varela 1990) sowie eben auch soziale Systeme. Dafür steht – allerdings erst in seiner späten Werkphase – Niklas Luhmann.

Für unseren Themenzusammenhang – Organisationen – sind hier einstweilen aber die frühen Entwicklungen in der Kybernetik in den 1950er- und 1960er-Jahren relevant. Denn sie machen verständlich, dass auch in der Soziologie in diesen Jahren *Input-Output-Modelle von Systemen* verbreitet sind. Diese gehen von der Grundvorstellung einer für den Systemanalytiker bzw. die Systemanalytikerin durchschaubaren, im kybernetischen Sinne kontrollierbaren Transformationsfunktion von Inputs in Outputs aus. In den Sozialwissenschaften finden sie Verwendung mit Bezug auf das politische System (vgl. Easton 1957, 1965) und die Wirtschaft (vgl. Parsons und Smelser 1956) sowie dann auch, wie wir sogleich sehen werden, auf Organisationen (vgl. Thompson 1967).

4.2 Organisation und System: Die Leuchttürme der 1960er-Jahre

Alle der zuvor genannten Linien der Entwicklung des Systembegriffs finden auf die eine oder andere Weise Niederschlag in der heranreifenden Organisationssoziologie, mithin dann auch in Kombination. Unübersehbar ist in der Organisationssoziologie der 1960er-Jahre der durchgreifende Einfluss, den der Strukturfunktionalismus auf

4.2 Organisation und System

die Soziologie insgesamt nahm. Und neben dem Aufgreifen kybernetischer Elemente in die Analyse und Beschreibung von Organisationssystemen findet man auch der Biologie entlehnte Analogien, die sich auf die Unterscheidung von Organismus vs. Mechanismus stützen und Organisationen als „organische" Ganzheiten beschreiben (vgl. Türk, Lemke, Bruch 2002, S. 95 ff.; Luhmann 1984b). Regelmäßig bezieht man sich überdies auf Chester Barnards Theorie der Organisation als soziales Kooperationssystem, die – wie oben (3.1) gesehen – dem Systembegriff schon früh als einem Gegenstandsbegriff zum Durchbruch verhalf. Zwei prominente organisationssoziologische Werke der 1960er-Jahre werden wir im Folgenden hervorheben. Beide stammen von Parsons-Schülern – James D. Thompson einerseits und Niklas Luhmann andererseits.[15] Während das eine Werk sich an Parsons' Strukturfunktionalismus sowie an den Input-Output-Modellen der Kybernetik orientierte, die später in der Soziologie an Bedeutung verloren, griff das andere eher die frühen organisationstheoretischen Vorarbeiten von Chester Barnard auf und setzte in der kritischen Weiterführung der Vorgaben von Parsons und Weber Meilensteine für die weitere Entwicklung nicht nur der Organisationssoziologie, sondern auch der soziologischen Systemtheorie.

4.2.1 Technische Rationalität und Organisationsrationalität (James D. Thompson)

Unter dem Titel „Organizations in Action" legte James D. Thompson (1920-1973) im Jahre 1967 ein ebenso schmales wie ungewöhnlich einflussstarkes Werk zur Theorie der Organisation vor. Auf rund 160 Seiten geht es der Frage nach, wie Organisationen Unsicherheiten bewältigen (*coping with uncertainties*), d. h. die dynamischen Fluktuationen und strukturellen Einschränkungen (constraints) handhaben, die von ihren Umwelten und den Technologien, die sie betreiben, ausgehen.

Organisationssoziologisch reagierte Thompson kritisch auf Alvin Gouldner (1959), der dafür plädiert hatte, das *„rational model"* (unter das er auch Weber subsumierte) zugunsten eines *„natural-system model"* (für das Barnard wie auch die Human-Relations-Schule stand) auszumustern. Thompson teilt zwar die Auffassung, dass die Annahmen des „natural-system model" realistischer seien als das

---

15 Für Niklas Luhmann, der sich von 1960 bis 1961 als Stipendiat in Harvard aufhielt und dort Arbeitskontakte zu Talcott Parsons unterhielt, gilt das zweifellos nur eingeschränkt, zumal er sich zum einen theoretisch sehr viel deutlicher von Parsons' Strukturfunktionalismus absetzt als Thompson, seine Theorie zum anderen durch zahlreiche weitere Einflüsse, darunter insbesondere auch die Phänomenologie Edmund Husserls, geprägt ist. Vgl. dazu in Form eines biografischen Interviews mit Luhmann: Horster 1997.

"rational model", weil es Unsicherheiten der Umwelt und spontane Formen der Anpassungen in Rechnung zu stellen vermag. Unrealistisch sei es aber, anzunehmen, dass Organisationen ihr Gleichgewicht allein auf der Grundlage von spontanen Anpassungsprozessen erhalten könnten. Vielmehr müsse man sehen, dass es sich bei Organisationen um eine besondere Klasse von natürlichen Systemen handele, da sie über das Überleben in problematischen Umwelten hinaus auch etwas leisten und mittels ihrer jeweiligen Technologien erreichen müssten; sie seien – im Sinne von Parsons – Systeme der Zielerreichung und daher „natural systems *subjected to rationality*" (Thompson 1967, S. 4).

Methodologisch gesehen legte Thompson einen Ansatz der Organisationsanalyse vor, der Organisationen zwar im gegenstandsbezogen-empirischen Sinne als Systeme versteht, dabei aber zugleich mit Parsons einem „analytisch realistischen" Theorieprogramm folgt. Das *conceptual scheme* des Systems wird von ihm also als eine theoretische Abstraktion verwendet, die der wissenschaftliche Beobachter erzeugt, um das Phänomen (die Organisation) „analytisch" in seine Komponenten zu zerlegen und Gesetzmäßigkeiten zu identifizieren. Von diesen Gesetzmäßigkeiten wird angenommen, dass sie weder bloß logisch-deduktiv gelten noch allein empirisch-induktiv zu gewinnen wären. Ein „realistischer" Anspruch (Realitätsbezug) besteht aber in der Plausibilisierung der Zusammenhänge mittels anschaulicher Erfahrung.

Im Rahmen seiner strukturfunktionalistischen Analyse identifiziert Thompson basale organisatorische Strukturen und Strukturmuster, die als Lösungen funktional auf das doppelte Grundproblem der Organisation bezogen sind: Ziele zu erreichen (*goal attainment*) und den Systembestand zu erhalten (*self-maintenance*). Die auf diese Probleme grundlegend bezogene Strukturlösung besteht Thompson zufolge darin, dass Organisationen die Logik des Rationalmodells (*closed system*) im Rahmen der Logik des Naturalmodells (*open system*) verwirklichen. Das heißt: Sie richten einen auf Zwecke ausgelegten Kernbereich ein, den ‚*technological core*' (sei es die Produktion im Unternehmen, den Unterricht in der Schule oder die medizinische Behandlung im Krankenhaus), den sie mit verschiedensten organisatorischen Strukturkomponenten ummanteln (*boundary spanning units*). Diese Strukturkomponenten schützen den Kern vor Unsicherheiten und Störungen aus der Umwelt.

Der Vorstellung eines umweltoffenen Systems folgend, beschreibt Thompon die Interdependenz mit der Umwelt als *Input-Output*-Problem: Die „boundary spanning units" sind entsprechend mit der Akquise und internen Allokation von Inputs (seien es Rohstoffe oder zu behandelnde Kranke) und der Abgabe von entsprechenden Outputs (Güterabsatz, Entlassung geheilter Patienten) befasst und mit den entsprechenden Fluktuationen und Constraints konfrontiert. Inkorporieren (*incorporating*), Lagern (*stockpiling*), Puffern (*buffering*), Glätten (*smoothing*),

4.2 Organisation und System

Prognostizieren (*forecasting*), Planen (*planning*) sind nur einige der Formen, die für dieses Management von Unsicherheiten im analytisch-realistischen Sinne beschrieben werden. Thompson fasst all diese Strukturmuster und Aufgaben, die mit den Unsicherheiten an den Input-Output-Grenzen des Systems zu tun haben und diese in ausreichende Sicherheit für den technologischen Kern verwandeln, als ‚*managerial component*' zusammen – im Unterschied zur ‚*technological component*' des Systems, also dem Kernbereich der Basis der Organisation, der für die technisch-instrumentelle, zweckbezogene Transformation der Inputs in Outputs sorgt.

Hinzu kommt noch eine dritte Struktur, die ‚*institutional component*'. Sie ist Thompson zufolge funktional auf die Bearbeitung gesellschaftlicher Constraints bezogen, also speziell jener Unsicherheiten, über die die Organisation nicht im instrumentellen oder manageriellen Sinne verfügen kann. Denn sie betreffen – im Parsons'schen Sinne – die übergreifenden gesellschaftlichen Normen und Wertmuster: „In terms of ‚formal' controls, an organization may be relatively independent; but in terms of the meaning of the functions performed by the organization and hence its ‚rights' to command resources and to subject its customers to discipline, it is never wholly independent" (Thompson 1967, S. 11).

Thompson folgt Parsons (1956/1957) auch darin, die drei strukturellen Komponenten des Organisationssystems, trotz ihrer Funktionsdifferenz (technisch/manageriell/institutionell), als eine Hierarchie aufzufassen, mit der technischen Komponente an der Basis, der institutionellen Komponente an der Spitze und der manageriellen Komponente als ‚vermittelnder' Funktion zwischen diesen. Weil die Ebenen der Hierarchie unterschiedliche Funktionen für das System erfüllen müssen, kann die Hierarchie der Organisation dabei nicht so verstanden werden, wie es weit über die Klassik hinaus verbreitet ist – als auf allen ihren Ebenen der Sache nach gleichsinnig. Als organisationssoziologisch starke Einsicht der analytisch-realistischen Systemperspektive auf Organisationen ist vielmehr festzuhalten, dass Hierarchien *sachliche Brüche* enthalten, weil die Ebenen verschiedenen Funktionen dienen.

Das zuvor dargestellte Argument reichert Thompson mit weiteren Strukturmustern an, wobei sich diese Analysen alle als weitere Komplikationen und Differenzierungen des Grundmodells verstehen lassen. Dies betrifft vor allem die Frage nach den Technologien, die Organisationen – ihren jeweiligen Zielen entsprechend – im Kernbereich betreiben, sei es die Produktion von Gütern, die Vermittlung von Krediten oder die Behandlung von Kranken. Thompson hebt mit dem Konzept der Technologie darauf ab, dass man es nicht mit perfekt ineinandergreifenden technischen Kausalitäten zu tun hat, sondern mit – nur mehr oder weniger sicherem – Kausalwissen über Ursache-Wirkungs-Zusammenhänge. Unsicherheiten können neben der Umwelt auch aus Grenzen der ‚technischen Kontrolle' resultieren, etwa wenn komplexe technische Prozesse (man denke an Chemieanlagen) oder Objekte (man denke an ‚Klienten' als Personen) in unvorhersehbarer Weise auf Interventionen reagieren (*feedback*). Die typischen Anforderungen an die Koordination von Interdependenzen und die funktionalen Strukturmuster der Problemlösung analysiert er dann im Rahmen einer *Technologietypologie* (vgl. Thompson 1967, S. 15 ff.; Tacke 1997a, S. 73 ff.). Sie unterscheidet drei Typen, die auf der einen Seite zwar in aufsteigendem Maße Grenzen der technischen Kontrolle von Interdependenzen reflektieren, die auf der anderen Seite aber eben (wie schon im Falle der Hierarchie gesehen) keiner einheitlichen Ordnungslogik folgen, sondern stattdessen eben Typen beschreiben. Denn auch in diesem Falle sind die Interdependenzprobleme heterogen und treten überdies in der Organisation an unterschiedlicher Stelle auf.

Namentlich unterscheidet Thompson, erstens, *long-linked technologies*, die auf *sequenziellen* Interdependenzen beruhen (paradigmatisch ist hier das mechanische Fließband der industriellen Massenproduktion), zweitens *mediating technologies*, die darauf beruhen, in der Umwelt Verstreutes und Isoliertes zusammenzubringen und in ‚zusammengelegten' Interdependenzen (*pooling*) zu bearbeiten und kalkulierbar zu machen (z. B. Kredite im Falle von Banken, Risiken im Falle von Versicherungen) sowie schließlich, drittens, *intensive technologies*, die mit *reziproken* Interdependenzen verbunden sind, welche vom bearbeiteten ‚Objekt' ausgehen (zu denken ist prominent an soziale Technologien wie Erziehung oder therapeutische Krankenbehandlung (vgl. Hasenfeld 1983), aber auch an hochkomplexe technische Systeme, vgl. ebd., Perrow 1986).

Festhalten wollen wir, dass Thompson die Organisationen grundlegend durch *zwei Teilrationalitäten* beschrieb (closed system, open system), die aber qua *Organisationssystem* kombiniert werden können, auch wenn sie in ihrer operativen Logik unvereinbar sind: Weil die Rationalisierung von Zwecken den Ausschluss von Unsicherheit voraussetzt (*closed system*), wird sie, so Thompson, durch Gewährleistungsfunktionen umgeben, die in der Auseinandersetzung mit Umwelten Interdependenzen bewältigen und für Stabilität für den Kern sorgen. Die Organisation ermöglicht eine ‚technische Rationalität' qua ‚organisatorischer Rationalität'.

Mit der Ausarbeitung der Annahme, dass Organisationssysteme trotz Unsicherheiten der Technologie und der Umwelt in möglichst rationaler Weise Inputs in Outputs transformieren, kombinierte Thompson das klassische *Zweck/Mittel-Schema* mit dem *System/Umwelt-Schema*, wobei es das *Input/Output*-Schema der Systemtheorie ist, das die Vermittlung erlaubt. Denn reinterpretiert man den Zweck als Output des Systems, also als Leistung an einen besonderen Ausschnitt der Umwelt, und die Mittel als erforderliche Leistungen seitens eines anderen Ausschnitts der Umwelt (Input), dann ist damit auf nicht weniger als auf verschiedene Umwelt-

4.2 Organisation und System

grenzen und entsprechend mehrere Umweltpartner hingewiesen. Zunächst einmal sieht man damit, dass die Input-Grenzen und die Output-Grenzen des Systems je eigene Probleme aufwerfen und entsprechend je eigene Lösungen und Entscheidungen erforderlich machen. Und weitergehend wird sichtbar, dass das System nicht einfach ‚mechanisch' Inputs in Outputs transformiert, sondern dass das System beide Gesichtspunkte im wechselseitigen Bezug aufeinander rationalisiert: „Im Wechsel dieser Perspektiven kann es [das System, TD/VT] sich von unbestimmten zu bestimmten Situationen durchmanövrieren, Komplexität absorbieren. Es kann sich auf diese Weise von dem Dominieren bestimmter Grenzen, also bestimmter Umwelten, befreien, indem es einmal der einen Grenze, dann wieder der anderen Grenze die Bestimmung der Problemstellung, die Fixierung des Auswahlgesichtspunktes überlässt und sich die Freiheit nimmt, diese Orientierung zu wechseln" (Luhmann 1973[1968], S. 250 f.).

Thompsons ‚Organizations in Action' hat innerhalb der Organisationsforschung erhebliche Resonanz erfahren, vor allem wohl in den USA.[16] Dabei fand nicht zuletzt die bei Parsons entliehene Unterscheidung technischer, managerieller und institutioneller Funktionen vielfache Anschlüsse. Beobachten lässt sich dabei die Tendenz, dass sich die Managementforschung und das Organizational Design eher für die Differenz technischer und managerieller Logiken interessiert haben, unter Auslassung der institutionellen Komponente; in der Soziologie stieß dagegen eher die Differenz technisch/institutionell auf Interesse, dies (ausgehend von Meyer und Rowan 1977) allerdings mithin ohne Rücksicht auf managerielle Funktionen. Angesprochen ist damit insbesondere der Neoinstitutionalismus, auf den wir erst im Rahmen der gesellschaftsbezogenen Perspektive zurückkommen (5.1), zumal sich das Interesse dort von der Organisation mit ihren auch technischen und manageriellen *Systemproblemen* auf die institutionellen *Umwelten* von Organisationen und die dort gehegten Rationalitätsmythen verschoben hat.[17] Einen Autor, der auf

---

16 In Deutschland wurde das Werk Anfang der 1980er Jahre in Bielefeld zur Grundlage einer Serie von Studien, die sich mit Problemen der Rationalisierung von Dienstleistungsarbeit befassten. Siehe allgemein: Berger und Offe 1980 sowie (als Auswahl) für die Industrieverwaltung: Berger 1984; für psychosoziale Dienste: Japp 1986. In den 1990er Jahren wurde der Ansatz auch auf komplexe Fälle industrieller Technologie bezogen. Vgl. zur Druckindustrie: Kerst 1997; zur Chemieindustrie: Tacke 1997a.

17 Mit der Unterscheidung technischer und institutioneller *Umwelten* ging dabei anfangs bei Meyer und Rowan (1977) noch die Überlegung von Organisationstypen einher; auf der einen Seite einem an Marktbeziehungen orientierten technisch-instrumentellen Typ (Produktionsbetriebe) und auf der anderen Seite einem an generalisierten Vorstellungen rationaler Praxis orientierten institutionellen Typ (Schulen). Schrittweise hat sich daraus aber ein Paradigma entwickelt, das nicht mehr nur, wie andere zuvor, mit instrumentellen und manageriellen Verkürzungen der Organisationstheorie bricht, sondern das

alle drei Funktionen zurückkommt, haben wir oben allerdings schon eingeführt, auch wenn er der strukturfunktionalistischen Tradition wohl so fernsteht, dass er weder Parsons noch Thompon dafür zitiert. Gemeint ist Nils Brunsson (1989) mit seiner die „Organisation der Heuchelei" begründenden Unterscheidung von Talk (institutionelle Funktion), Decision (managerielle Funktion) und Action (technologische Funktion).

Während man in den zuvor genannten Entwicklungen Verschiebungen in Interessen von Forscher(inne)n erkennen mag, gehören zu den genuinen Herausforderungen der Thompson'schen Systemtheorie der Organisation vor allem solche, die den Ansatz im Kern treffen. Dies betrifft zunächst einmal die empirische Plausibilität der dualen Grundstruktur (technische Rationalität/Organisationsrationalität), die diesem analytisch-realistischen Systemansatz zugrunde liegt. Muss man zwar auf der einen Seite nicht bestreiten, dass sich mit dieser Heuristik auch weiterhin produktive Analysen von Organisationen durchführen lassen, wurde auf der anderen Seite spätestens in den 1980er Jahren mindestens fraglich, ob diese duale Funktionslogik des organisatorischen Systems – mit ihrer dominant auf *Stabilität* hin ausgelegten Organisationsrationalität – noch als universale Theorie der Organisation gelten kann. Denn mindestens – und immerhin – für den Fall von Unternehmen schien im empirischen Zusammenhang des tief greifenden Wandels von Märkten nunmehr eine *durchgreifende Flexibilisierung* von Strukturen der Unternehmensorganisation gefordert und angezeigt. Als durchgreifend kann sie dabei eben auch im analytischen Sinne gelten, denn die Flexibilitätsansprüche machten offenkundig nun auch vor dem ‚technologischen Kern' nicht mehr halt (Stichwort: Ende des Fordismus). Einerseits entwickelte sich der flexible Umgang mit Umweltanforderungen und die Handhabung von entsprechenden Unsicherheiten auch im Kern der Organisation zu einer zunehmend alltäglichen Anforderung; dabei kann man spätestens seit den 1990er Jahren erkennen, dass der Umgang mit Überraschungen, Störungen, Irritationen und Fehlern zum positiv konnotierten Bezugspunkt weitverbreiteter Managementkonzepte geworden ist – womit Thompson's Prämisse der Stabilität paradigmatisch auf den Kopf gestellt wird.[18] Andererseits und zugleich verlor mit der Steigerung von marktbedingten Änderungsraten auch die organisatorische *Internalisierungs- und Wachstumsstrategie* an Plausibilität, das das Stabilisierungs-

---

sich auch noch von der Vorstellung verabschiedet hat, dass Organisationen überhaupt sinnvoll als problemlösende Sozialsysteme aufgefasst werden können.

18 „Wenn die Organisation einer Behörde, eines Krankenhauses, einer Schule oder eines Unternehmens nicht von außen gestört wird, muss sie sich also selbst stören, um auf alle Eventualitäten vorbereitet zu sein", heißt es in der Verlagsankündigung zu Dirk Baeckers Aufsatzsammlung „Organisation und Störung" (Baecker 2011).

paradigma Rationalität zusprach; programmatisch trat diesbezüglich an die Stelle von organisatorischem Wachstum (z. B. durch ‚vertikale Integration' vorgelagerter Produktionsstufen) die Devise der Externalisierung von produktiven Vorstufen und auch zahlreichen weiteren Gewährleistungsfunktionen (Stichwort: Outsourcing), die man zuvor vielfach selbstverständlich unternehmensintern vorhielt.

Wo solche durchgreifenden Flexibilisierungen und Externalisierungen vor Augen stehen, kann die Thompson'sche Beschreibung nicht mehr überzeugen, jedenfalls, wie gesagt, nicht mehr als universale Organisationstheorie (vgl. Tacke 1997b). Historisch geworden ist Thompsons Ansatz aber vor allem auch aufgrund von theoretischen Entwicklungen und methodologischen Herausforderungen, die den Systembegriff betreffen. Angesprochen sind damit die Kritik und der Einflussverlust des Strukturfunktionalismus und Weiterentwicklungen in der soziologischen Systemtheorie, die wir an dieser Stelle aber schon deshalb nicht allgemein und abstrakt behandeln wollen (vgl. im Überblick: Luhmann 2002), weil wir ihrer im Weiteren anhand der Organisationstheorie von Niklas Luhmann ansichtig werden: Zunächst anhand seines organisationssoziologischen „Frühwerks", seiner Habilitation „Funktionen und Folgen formaler Organisation" von 1964, das wir hier als zweiten Leuchtturm jenes Jahrzehnts betrachten – als einen Leuchtturm übrigens, der, wie wir meinen, bis heute kaum etwas von seiner Strahlkraft verloren hat, trotz theoretischer Weiterentwicklungen, auf die wir noch zu sprechen kommen, sowohl organisationsbezogen (4.3.) wie dann auch gesellschaftsbezogen (5).

4.2.2 Die Organisation als strukturiertes Handlungssystem (Niklas Luhmann I)

Zu den wichtigen Fragen einer soziologisch-systemtheoretischen Herangehensweise an das Thema ‚Organisation als soziales System' gehört die Frage der Bestimmung der Systemelemente. Aus welchen sozialen Elementen bestehen eigentlich Organisationen? Woraus sind sie sozial gebaut? Das Alltagsverständnis, aber sicher auch zahlreiche Organisationsforscher(innen), würden wohl ohne zu zögern antworten: Sie bestehen aus ihren Mitgliedern. Wie oben (unter 3.1) gesehen, hatte aber schon Chester Barnard (1938) im Rahmen seines wegweisenden ‚*social system concept of organization*' unterstrichen, dass Individuen stets nur mit einzelnen sozialen Akten – Handlungen – an Organisationen teilnehmen, Personen bzw. Mitglieder als Ganze also nicht plausibel als die Elemente begriffen werden können, aus denen Organisationssysteme ‚gebaut' sind. Organisationen bestehen aus Handlungen und sind in diesem Sinne Handlungssysteme! Luhmann folgt dieser dem Alltagsdenken „inkongruenten Perspektive"[19]. Noch deutlicher als Barnard unterstreicht Luhmann als Soziologe dabei die sinnförmige Verknüpfung von Handlungen zu Systemzusammenhängen, verknüpft also den Sinnbegriff der Soziologie mit der System- und Handlungstheorie (vgl. Drepper 2003, S. 62 ff.).

Sind soziale Systeme Luhmann zufolge also stets durch sinnhaft aufeinander verweisende Handlungen gebildet, lassen sie sich dennoch nicht schon auf dieser Ebene genauer bestimmen und unterscheiden. Dies wird vielmehr erst auf der Ebene ihrer *Strukturen* möglich, d. h. auf der Ebene von *Verhaltenserwartungen*. Über Erwartungen wird die Einheit eines sozialen Systems hergestellt, und durch Erwartungsstrukturen definieren soziale Systeme auch ihre Grenzen gegenüber der Umwelt und sichern so ihren Bestand im Verhältnis zur Umwelt: „Handlungszusammenhänge werden zu Systemen dadurch, daß sich Verhaltenserwartungen konsolidieren, mit deren Hilfe Handlungen sich einander zuordnen, eingrenzen und abgrenzen lassen" (Luhmann 1964a, S. 59). Auch alle Typenunterschiede sozialer Systeme (z. B. Interaktionen, Gruppen, Organisationen usw.) ergeben sich folglich aus Unterschieden in den Erwartungen, etwa daraus, dass Erwartungen mehr oder weniger generalisiert und mehr oder weniger differenzierungsfähig sein können. Stets aber ist es die sinnhafte *Ordnung der Erwartungsstrukturen*, die einen sozialen Systemzusammenhang definiert, die die *Identität des Systems* ausmacht und die das „ordnende Element in jedem Handlungssystem" bildet (ebd., S. 26).

Formalisierte Erwartungen, und damit kommen wir zum speziellen Fall *organisierter Sozialsysteme*, bezeichnen damit eine „besondere Gruppe von Erwartungen", und zwar solche, für die bei Mitgliedern der Organisation – und nur bei Mitgliedern – „unverbrüchliche formale Geltung beansprucht wird" (ebd., S. 27). [20]

---

19 Für Luhmann (1964a, S. 19) ist die „inkongruente Perspektive" eine Erkenntnistechnik, die „das naive, direkte, unreflektierte Erleben der Alltagsorientierung in der Welt durch ihm fremde Perspektiven erläutert". Er bezieht sich in seinen Schriften immer wieder auf diese Formulierung von Kenneth Burke (1935), die für ihn besagt, dass der Soziologe/die Soziologin sich nicht darauf beschränken kann, nur nachzuzeichnen, wie ein System sich und seine Umwelt ohnehin erlebt und zu beschreiben gewohnt ist. Die Soziologie muss, das ist in knappster Form gesagt auch das Programm „Soziologischer Aufklärung", *andere Möglichkeiten* sichtbar machen.

20 ‚Unverbrüchlich' meint hier nicht, dass Organisationen Erwartungen ‚bis in alle Ewigkeit' mit Geltung ausstatten (gerade das ist, wie wir mit Bezug auf Entscheidungen über formale Strukturen noch sehen werden, *nicht* typisch für Organisationen), wohl aber ist mit Unverbrüchlichkeit gemeint, dass die formalen Strukturen in Organisationen *normative* Qualität haben, d. h., dass sie auch dann weiterhin gelten, wenn sie durch Handeln enttäuscht werden, Mitglieder also gewissermaßen gegen das geltende ‚Organisationsrecht' verstoßen. – Von normativen Erwartungen, die ‚lernunwillig' sind, hat Luhmann *kognitive* Erwartungen unterschieden, die als ‚lernwillig' bezeichnet werden, weil sie

4.2 Organisation und System

Luhmann verbindet hier, und das ist neu an seiner Theorie, die Begriffe Formalität und Mitgliedschaft in einer *Theorie der formalen Organisation sozialer Systeme*. Im Vergleich von *elementaren menschlichen Kontakten* und *formal organisierten Sozialsystemen* macht er deutlich, dass im *Prozess der Formalisierung* Verhaltenserwartungen für Mitglieder verbindlich gemacht und erwartungssicher dadurch stabilisiert werden, dass ihre Beachtung zur *Bedingung* für Mitgliedschaft im System wird.

Schauen wir zunächst vom Individuum her, was es besagt, Mitglied in Organisationen zu werden. Man wird es nicht qua Geburt, qua ‚Gesellung' oder qua Statusgewährung, sondern qua *Entscheidung*. Anders als im Falle der Zugehörigkeit zu einer Familie (Verwandtschaft/Kinship), einem Staat (Bürgerschaft/Citizenship), einer persönlichen Beziehung (Partnerschaft/Relationship; Freundschaft/Friendship) oder der Teilnahme an einer flüchtigen Interaktion ist die Übernahme einer Rolle in Organisationen (Mitgliedschaft/Membership) ein *explizit* erklärter kommunikativer Akt. Er beruht auf Freiwilligkeit, aber er bindet zugleich, weil und soweit er an explizite Bedingungen gebunden ist. Mitglied kann nur werden und bleiben, wer sich mit dem *Eintritt* in die Organisation *generell*, also im Modus einer Pauschalakzeptanz, bereit erklärt, jenen Erwartungen zu entsprechen, die für Mitglieder gelten – oder anderenfalls nicht weiter Mitglied bleiben zu können, also auszutreten.

Niemand muss an einer Organisation, jedenfalls nicht an einer bestimmten, als Mitglied teilnehmen; aber *sofern* man erklärt, Mitglied sein zu wollen, muss man die an Mitglieder *formal gestellten Erwartungen* akzeptieren. Wird gegen diese verstoßen oder wird von einem Mitglied offen erklärt, dass diese Bereitschaft nicht mehr besteht, muss man austreten, wenn nicht gezwungenermaßen, dann im Interesse einer konsistenten Selbstdarstellung der eigenen Person. Mitgliedschaft koppelt die Teilnahme am System in diesem Sinne explizit an die Anerkennung formaler Erwartungen.

Luhmann stellt hier weniger auf die Tatsache ab, dass Individuen sich Organisationen ‚unterwerfen' und was es für sie bedeutet, als vielmehr auf die bemerkens-

---

im Enttäuschungsfalle geändert werden. Auch an diesem Unterschied des Erwartens hat Luhmann Typenunterschiede sozialer Systeme beschrieben, insbesondere zwischen Rechtssystem (normative Erwartungen) und Wissenschaft (kognitive Erwartungen). Die Lektüre der frühen Rechtssoziologie Luhmanns (1972) macht überdies erkennbar, wie stark die Beschreibung der Qualität und Typik formaler Erwartungen in Organisationen sich seinen rechtssoziologischen Kenntnissen, Einsichten und Theoriebemühungen verdankt. Das betrifft neben der Frage, wie man sich das Verhältnis von Normen und ihrer Befolgung/Nichtbefolgung vorstellt, auch die Frage der Änderbarkeit normativer Strukturen (‚positives Recht' als normativ geltendes, aber änderbares Recht).

werte Folge dieses Mechanismus für die Organisation als System: Denn solange Mitglieder sich nicht, aus welchen Gründen auch immer, erklärtermaßen gegen die weitere Mitgliedschaft entscheiden und auch keine Abweichungen ihrer Handlungen von geltenden Erwartungen formal festgestellt werden, kann und wird in der Organisation *unterstellt*, dass die vorhandenen Mitglieder ihre Beiträge im Sinne der Organisation erbringen. Mitgliedschaft ist in diesem Sinne ein Mechanismus der „Generalisierung der Motivation" (Luhmann 1964, S. 93 ff.). Damit ist nichts über tatsächliche Motive von tatsächlichen Individuen gesagt, wohl aber eben über Organisationen als Systeme und ihren Mechanismus der Systembildung qua Mitgliedschaft. Denn die Konditionierung der Mitgliedschaft (Anerkennung der Erwartungen *oder* Austritt) entlastet die Organisation von der laufenden Rücksicht auf individuelle Motivfragen und Personen.

Nur und erst in dem Maße, wie Organisationen sich qua formaler Konditionierung der Mitgliedschaft und qua erwartungsbezogener Abstraktion der Mitgliedschaftsrolle von persönlichen Motiven wie auch von den Rollen, die Personen außerhalb der Organisation einnehmen, distanzieren, können organisierte Sozialsysteme entstehen, die sich systematisch Problemen zuwenden, die nicht primär die Probleme der Mitglieder, sondern die von *Nichtmitgliedern* sind.[21]

Die Kopplung von *Teilnahmefreiwilligkeit* und *Erwartungsakzeptanz* erlaubt zum einen, organisationseigene Kriterien für den Umgang mit Umwelten zu etablieren und Strukturen aufzubauen, die aus den individuellen Motiven der Mitglieder heraus nicht zu erklären wären. Zum anderen ermöglicht diese Kopplung, dass diese Strukturen bei Bedarf – etwa in Reaktion auf Entwicklungen in der Umwelt – geändert werden können, und zwar ohne jeweils die Zustimmung der einzelnen Mitglieder einholen oder auch nur „die persönlichen Gründe für die Rollenübernahme jeweils erneut prüfen zu müssen" (Luhmann 1964a, S. 42). So wenig wie die ‚Generalisierung der Motivation' etwas über konkrete Motive von Mitgliedern sagt, sondern vielmehr darüber, welche Möglichkeiten dies

---

21 Zweifellos denkt man, weil Mitgliedschaft in Organisationen sich auf die Teilnahme von Individuen bezieht, auch bei Nichtmitgliedern zunächst und sogleich an individuelle Personen. Zu den Nichtmitgliedern von Organisationen zählen aber nicht zuletzt und in gewissem Sinne auch vorzugsweise andere Organisationen. Auch im Blick auf die Gewohnheiten des Gebrauchs der Semantik des „Kunden" im wirtschaftlichen Kontext kann man sich leicht klarmachen, dass da nicht nur individuelle Rollen, sondern ganze Firmen im Spiel sind. – Erwähnt sei an dieser Stelle aber auch, dass Organisationen nicht nur besonders bedeutsame Nichtmitglieder von anderen Organisationen sind, sondern sie mithin auch Mitglieder von Organisationen werden können. Zu denken ist an Spitzenverbände, in denen sich z. B. Gewerkschaften zusammenschließen, oder an internationale Organisationen. Göran Ahrne und Nils Brunsson (2008) haben hierfür den Begriff der Metaorganisation geprägt.

4.2 Organisation und System

Organisationen eröffnet, so wenig besagt die ‚Generalisierung der Akzeptanz', dass Mitglieder den an sie gerichteten formalen Erwartungen tatsächlich laufend entsprechen würden oder im funktionsnotwendigen Sinne entsprechen müssten. Der Clou der Mitgliedschaftsform besteht vielmehr darin, dass die *Formalisierung* von Verhaltenserwartungen die grundlegende Voraussetzung für den Aufbau eines Systems von hoher Komplexität schafft, und zwar grundlegend dadurch, dass sie qua *Generalisierung* von Erwartungen *Erwartungssicherheit* schafft.

Fassen wir hier zusammen: Formalisiert ist ein mitgliedschaftsbasiertes soziales System genau dann, wenn dessen „Mitglieder gewissen ausdrücklich herausgehobenen Erwartungen die Anerkennung nicht verweigern können, ohne ihre Mitgliedschaft zu riskieren. Das gilt namentlich für diejenigen Erwartungen, die mit dem Organisationszweck verbunden sind. Wer den Zweck des Zusammenschlusses nicht bejaht, handelt inkonsequent" (ebd., S. 36). Die Mitgliedsrolle ist die *entschiedene* und *entscheidende Rolle* in formalisierten Systemen. Sie ist zwar nicht die einzige vorkommende Rolle, es gibt auch spezifische Arbeitsrollen, die in Verbindung mit der Mitgliedsrolle übernommen werden; aber im Sinne der Formalisierung von Erwartungen bezeichnet die Mitgliedsrolle jenes Bündel an relevanten Verhaltenserwartungen, das „als Prämisse für Eintritts- und Austrittsentscheidungen fungiert. Darin liegt ihre Einheit als Rolle begründet. Sie definiert die Bedingungen des Zugangs zu allen anderen Rollen des Systems. Andere Rollen können nur in Kombination mit der Mitgliedsrolle übernommen werden" (ebd., S. 39). Kurzum: Die Mitgliedsrolle ist nicht alles, aber ohne sie ist alles nichts in formal organisierten Sozialsystemen. Sie ist die fundamentale Inklusionsrolle. Das ‚nicht alles' führt uns nun zurück zur *Informalität* – aus systemtheoretischer Sicht.

Die formale Struktur erfasst nicht alle orientierungsnotwendigen Erwartungen, und sie erfasst entsprechend auch nicht jedes Handeln in Organisationen. Sie beschreibt vielmehr eine Teilstruktur, allerdings eine, die mit ihrem Monopolanspruch auf Geltung und Legitimität zur *Orientierungsgrundlage* für das gesamte Verhalten im System wird, für formales ebenso wie für informales. Klassisch wurde die ‚informale Organisation' kompakt der formalen Organisation gegenübergestellt, und zwar als eine Art natürliches, gefühlsgebundenes Sozial- bzw. Gruppengefüge, das neben der eigentlichen, der formalen Organisation und ihrer rationalen Ordnung entsteht. Diese Konzeption greift allerdings viel zu kurz. Auf der einen Seite denkt sie die Organisation als *zweckbestimmte Ordnung* und stattet diese mit einer überlegenen Rationalität aus, auf der anderen Seite verkürzt sie die informale Ordnung auf emotionale Bedürfnisse von Individuen und darauf bezogene Gruppenprozesse.

Niklas Luhmann entfaltet in seinem bereits mehrfach zitierten frühen Werk „Funktionen und Folgen formaler Organisation" (1964a) eine anders ansetzende Konzeption von Informalität. Denn er geht nicht von einer durchformalisierten

Ordnung aus, sondern – im Gegenteil – zunächst von einem „natürlichen" oder „elementaren" System sinnverbundener Handlungen. Organisationen sind dann Systeme, in denen nur ein Teil der Erwartungen formalisiert, also durch Mitgliedschaftsregeln gebunden ist. Nur dieser Teil der Erwartungen besitzt „unverbrüchliche formale Geltung" (ebd., S. 27) in dem Sinne, dass Mitglieder ihre Mitgliedschaft riskieren, wenn sie diese Erwartungen nicht befolgen. Für die vielen übrigen, nicht formalisierten Erwartungen gilt das nicht. Zur Erwartung an ‚Kolleg(inn)en' gehört, dass sie einen nicht wegen jeder Misslichkeit bei der Chefin bzw. beim Chef verpetzen; wenn sie es doch tun, riskieren sie aber sicher nicht ihre Mitgliedschaft. In diesem Sinne behalten einerseits diese ‚übrigen' Erwartungen ihre elementare Erwartungsqualität, andererseits nehmen sie aber in einem Sozialsystem, das sich auf Formalisierung stützt, ihrerseits eine besondere Qualität an. Sie werden zu informalen Erwartungen, weil und solange der sinnhafte Verweis auf die formalen Erwartungen nicht abreißt, auch dann nicht, wenn formale und informale Situationen und Rollen voneinander getrennt werden. In der Mittagspause mag man Gesprächspartner(innen) in der Kantine nach Sympathiegesichtspunkten wählen, aber die Wahl bleibt eingeschränkt auf Personen, die die Organisation als Mitglieder nach ganz anderen Kriterien rekrutiert hat. Auch ist die Organisation als Anlass und Zeitrahmen des Zusammentreffens präsent – und entweder wird die Gelegenheit dann gleich für dienstliche Fragen genutzt, oder dies wird mit gewissem Aufwand – also durch die Negation formaler Erwartungen (vgl. ebd., S. 285) – vermieden: „Und selbst wenn jemand seinen Chef zum Abendessen nach Hause einlädt, zeigt sich dessen Rang noch an der Mühe, die alle sich geben, ihn nicht in Erscheinung treten zu lassen" (ebd., S. 172). An Betriebsfeiern kann man besonders gut studieren (und am Alkoholkonsum ablesen), wie es wirkt, wenn die Organisation sich zwar ‚offiziell' zurückzieht, alle Beteiligten aber wissen, dass sie sich morgen wieder in dienstlichen Rollen, einschließlich Über- und Unterordnungsverhältnissen, begegnen.[22] Die formalen Rollen strahlen auf alle Bereiche der Organisation aus, auch wenn nicht alle Bereiche der Organisation durchformalisiert sind.

Informalität ist aber weder ein Merkmal bestimmter organisatorischer Interaktionstypen (Pause, Betriebsfest, Betriebsausflug etc.) noch unmittelbar an den Themen ablesbar. Vielmehr geht es um einen *Erwartungstyp*, der im Prinzip in jeder kommunikativen Situation in Organisationen relevant werden kann, in der sich Mitglieder begegnen. Nicht nur fangen formal anberaumte Sitzungen häufig informal an, bevor die oder der organisatorisch Zuständige das Wort ergreift, sondern auch kann in zufällig zustande kommenden Flurgesprächen oder in dienstlich

---

22 Zur Veranschaulichung dieses Beispiels lohnt sich trotz des geraumen filmhistorischen Alters immer noch der Film „Kehraus" (1983) von und mit Gerhard Polt.

4.2 Organisation und System

anberaumten Telefonaten zwischen informalen und formalen Situationsauffassungen gewechselt werden – wobei die- bzw. derjenige im Vorteil ist, die bzw. der auf einen formalen Stil umschaltet (vgl. ebd., S. 293). Hat man formale und informale Erwartungstypen so zunächst auf den Nenner *eines* Sozialsystems gebracht, welches eben Organisation heißt, kann man dazu übergehen, zu fragen, für welche Probleme der Organisation Formalität eine Lösung ist – statt der Formalstruktur einfach Rationalität zu unterstellen. Und man kann sich zugleich – und das ist hier Thema – dafür interessieren, welche Probleme Informalität für das im Übrigen formalisierte System lösen kann – statt anzunehmen, informale Ordnungen dienten lediglich den Bedürfnissen von Individuen (Roethlisberger und Dickson 1939) und ihrer „Selbstdarstellung" und „Identitätsbehauptung" (Goffman 1959, 1971).

Die Fülle der orientierungsnotwendigen Erwartungen, die für die Lösung von Systemproblemen und die Aufrechterhaltung von Organisationen notwendig ist, lässt sich nicht formalisieren: „Je verwickelter die Aufgaben und die Umweltbedingungen formalisierter Systeme werden, desto schwieriger wird es, richtiges Verhalten genau vorzuzeichnen. Komplexe Systeme können nicht mit rituellen Handlungsprogrammen arbeiten, die festlegen, welche Worte und welche Körperbewegungen bei bestimmten Anlässen angebracht sind" (Luhmann 1964a, S. 282). Das beginnt damit, dass man faktisch von niemandem erwarten kann, „pflichtgemäß spontan zu handeln" (ebd., S. 299). Und auch Freundlichkeit im Umgang mit Kund(inn)en oder Kolleg(inn)en ist nur allgemein erwartbar, aber nicht effektiv formalisierbar. Gerade in durchformalisierten Systemen (die man alltagsweltlich dann Bürokratien nennt) entsteht im Übrigen ein Bedarf für ausgleichende Informalität und taktvolle Formen des Kompensierens der Grenzen der Formalität. Generell kann man die Normalität der Informalität daran ablesen, dass das buchstabengetreue Ausführen von Regeln eine effektive Form ist, Organisationen lahmzulegen (vgl. ebd., S. 301). Aber auch die Offenlegung der Ausdrucksschranken der Formalität – bekannt geworden ist vor einiger Zeit ein Schweizer Bundesrat, der beim Verlesen einer Zollverordnung mit seinem Lachanfall ein ganzes Parlament ansteckte – muss eine Ausnahme bleiben. Vergleichbares gilt mit Bezug auf den Bedarf des Mitwirkens am Verdecken von Strukturproblemen, die auf der Grundlage von Formalisierungen erst entstehen. Wenn und soweit in Organisationen das Peter-Prinzip gilt – demgemäß in Hierarchien eine Tendenz besteht, so lange aufzusteigen, bis der Grad der Unfähigkeit erreicht ist –, bedarf es auch kooperativer Anstrengungen zur Aufrechterhaltung einer bekannten Fiktion: ‚Wem Gott ein Amt gibt, dem gibt er auch Verstand.'

Im Zuge der Bearbeitung der zahlreichen Anforderungen und mitunter widersprüchlichen Systemprobleme ergeben sich in Organisationen immer auch „Strecken problematischer Legalität" (ebd., S. 304), also der Bedarf für Lösungen, die formale Erwartungen verletzen. Angesprochen ist damit der besondere Fall einer „Unvermeidbarkeit nicht legitimierbaren Handelns" (ebd., S. 305), der darauf beruht, dass in jeder einigermaßen komplexen Organisation Situationen entstehen, in denen Schwierigkeiten im Umgang mit Umwelterwartungen zwar im Sinne des Systems gelöst werden können, diese Lösungen aber im Widerspruch zu formalen Erwartungen des Systems stehen: „In dem Maße, als dieses Problem Schärfe gewinnt, werden Handlungen notwendig, die nicht im Einklang mit den eigenen Normen stehen, aber der Anpassung des Systems an Umwelterwartungen dienen" (ebd.). Niklas Luhmann hat für diesen Fall den Terminus der „brauchbaren Illegalität" eingeführt, wobei es in funktionaler Perspektive um die Beschreibung eines organisatorischen Strukturproblems und nicht um moralische oder rechtliche Fragen geht – mithin dabei offenbleibt, „ob einiges davon möglicherweise durch gute Juristen zu retten wäre" (ebd., S. 304).

4.3 Die Organisation als Entscheidungssystem (Niklas Luhmann II)

Schon das Frühwerk von Luhmann hatte angenommen, dass Organisationen auf Entscheidungen beruhen. Denn die strukturgebende Wirkung der Formalisierung für das Organisationssystem beruht – das war Luhmanns zentrales Argument – auf unter Konditionen gestellte und entscheidbare Mitgliedschaft (Eintritt/Austritt). Das haben wir zuvor mit dem Zusammenhang von Formalisierung und Mitgliedschaft dargestellt. Dennoch wurde der Entscheidungsbegriff in der Frühschrift noch nicht als systemtragendes Element begriffen. Das sollte sich in der Folgezeit ändern.[23] In der Weiterentwicklung der Luhmann'schen Organisationstheorie wird der Entscheidungsbegriff sodann aber immer zentraler und erhält schließlich eine organisationssoziologisch dominante, nahezu exklusive Relevanz. Zugleich erfolgt der Übergang von einem strukturbezogenen zu einem operativen, ereignisbezogenen Organisationsbegriff. Damit haben wir hier nun den Punkt erreicht, an dem die Systemtheorie ihrerseits[24] von einem strukturellen zu einem operativen Organisationsbegriff wechselt. Wir können und wollen hier auf die theoretischen

---

23 Wer allerdings die frühen Schriften Luhmanns zur Verwaltungswissenschaft liest (siehe nur Luhmann 1966a, S. 47 ff., S. 67 ff.), wird entdecken, dass die entscheidungstheoretische Fundierung seiner Organisationstheorie dort – gewissermaßen mit und parallel zur allgemeinen Theorie der Formalisierung sozialer Systeme (Luhmann 1964a) – heranreift.

24 Wir hatten oben, bevor wir uns der Organisation als Sozialsystem zuwandten, zwischen einer strukturellen Perspektive (in der Nachfolge von Weber) und einer operativen Per-

4.3 Die Organisation als Entscheidungssystem

Umstellungen und ihre auch erkenntnistheoretischen Hintergründe und Implikationen nicht ausführlich eingehen (vgl. ausführlich: Drepper 2003, S. 112 ff.), wollen aber orientierende Stichworte nennen.

4.3.1 Systemische Selbstreferenz, Operativität und Selbstbezüglichkeit des Entscheidens

Seit den 1970er-Jahren begann Luhmann im Zuge der Weiterentwicklung seiner Theorie damit, die Ereignishaftigkeit der Elemente sozialer Systeme zu betonen und im Rahmen des Konzeptes selbstreferenziell strukturierter Sozialsysteme zu behandeln.[25] Im Blick stehen dabei zunächst noch *Handlungen* als die ereignisförmigen Elemente sozialer Systeme, und im Falle des Organisationssystems geht es dann um eine bestimmte Form von Handlung, die *Entscheidung*. In der Abarbeitung an der Frage, wie eigentlich der Sinn in die Handlung kommt, beginnt Luhmann allerdings ab Ende der 1970er Jahre auch, seine Theorie vom Begriff der Handlung auf den der *Kommunikation* umzustellen, also Kommunikationen als die nicht weiter auflösbaren Letztelemente sozialer Systeme aufzufassen. Es sind kommunikative Ereignisse, die das System im sinnhaften Vor- und Rückverweis konstituieren und reproduzieren.[26]

---

spektive (der verhaltenswissenschaftlichen Entscheidungstheorie) in der Entwicklung der Organisationssoziologie unterschieden.

25 Hintergrund dieser Betonung der Ereignishaftigkeit ist auch hier die Auseinandersetzung mit Parsons – und zwar mit seiner Lösung des Problems der doppelten Kontingenz (dass kein Handeln zustande kommen kann, wenn Alter sein Handeln davon abhängig macht, wie Ego handelt und Ego sein Verhalten davon abhängig macht, wie Alter handelt). Auch Luhmann (1984a, S. 149) hält fest, dass dieses Problem „zu den Bedingungen der Möglichkeit von Handlungen gehört und daß daher die Elemente von Handlungssystemen, nämlich Handlungen, nur in diesen Systemen und nur durch Lösung des Problems der doppelten Kontingenz konstituiert werden können". Während Parsons die Lösung des Problems in einer übereinstimmenden normativen Orientierung (dem Wertkonsens einer *vorausgesetzten* Kultur) gesehen hatte, sieht Luhmann die Lösung darin, dass in einer Situation doppelter Kontingenz überhaupt irgendetwas geschehe, irgendein Ereignis – auch ein unwillkürliches – die Situation mindestens minimal verändert, dass weitere Ereignisse (Anschlusshandlungen) erreichbar werden und so ein selbstlaufendes Handlungssystem ermöglicht wird (vgl. ebd., S. 148 ff.).

26 Über den Begriff der Zurechnung, den Luhmann aus der Sozialpsychologie übernimmt (*attribution*), der ihm aber auch als ausgebildeter Jurist bekannt und plausibel war, wird der Handlungsbegriff in die Kommunikationstheorie eingebaut. Handlungen (einschließlich des spezielleren Falls der Entscheidung!) sind demnach vereinfachende

Schon in seinem Frühwerk hatte Luhmann durchaus gesehen, dass Entscheidungen kommuniziert werden – zumal er sich zunächst für Verwaltungen interessiert hatte, die er von produzierenden Unternehmen dadurch unterschied, dass sie keine materiellen Produkte an ihre Umwelt abgeben, sondern Entscheidungen anfertigen und diese nach außen kommunizieren. Aber während er einerseits seinerzeit neben der Entscheidung auch noch Weisung, Entwurf oder Mitzeichnung als andere Kommunikationstypen der Organisation genannt hatte, wird Entscheidung in der neueren Theorie zum Ereignistyp organisierter Sozialsysteme schlechthin: Sie bestehen aus Entscheidungen und nichts als Entscheidungen. Und während die frühe Theorie trotz so verstandener Entscheidungskommunikation eben doch von einem System der Handlungsverknüpfung ausging, wird der Entscheidungsbegriff nun in die Kommunikationstheorie eingebettet: Zwar handelt es sich bei Entscheidungen insoweit um Handlungen, als sie qua Zurechnung im System „lokalisiert" werden, aber eine Entscheidung ist ein kommunikatives Ereignis. Es wird eine Festlegung kommuniziert, die allerdings nicht als *Entscheidung* verständlich wäre, wenn sie nicht auch mitkommunizieren würde, dass es Alternativen gab, sie also auch anders möglich gewesen wäre (Kontingenz).

Kommen wir noch zum Konzept der *Selbstreferenzialität* in der Theorie sozialer Systeme (vgl. Luhmann 2002, S. 41 ff.). Mit diesem Konzept greift Luhmann eine erkenntnistheoretisch wichtige Diskussion der 1970er-Jahre auf. Er reagiert damit auf eine Herausforderung, die sich der allgemeinen Systemtheorie und der Kybernetik mit Bezug auf das Input-Output-Modell von Systemen gestellt hatte. Sie betrifft die Beobachtung, dass Systeme sich auch unter gleichen Input-Bedingungen nicht identisch verhalten. Das aber bedeutete, dass der Output des Systems nicht durch den Input bestimmt sein konnte, sondern nur durch das System selbst (vgl. Foerster 1985). Ein System ist keine Trivialmaschine (gleicher Input, gleicher Output), sondern vielmehr eine nicht triviale Maschine, die neben einer Transformationsfunktion, die einen Input in einen Output übersetzt, auch noch über eine Zustandsfunktion verfügt, mit der jeder Input ‚verrechnet' wird, sodass mit dem nächsten Input ein anderer Output entsteht, sich die Transformationsfunktion also stets verändert (Foerster 1993, S. 244 ff.). Wenn es aber nicht möglich ist, das Verhalten eines Systems anhand von Inputs und Outputs zu erschließen, weil die nicht triviale Maschine intern (durch die Zustandsfunktion) determiniert ist, muss es für einen externen Beobachter eine Blackbox bleiben. Die kybernetische Forschung zog die Schlussfolgerung, dass die Input/Output-Unterscheidung eine willkürliche Vereinfachung der System/Umwelt-Relationen des Systems durch

---

Zurechnungen der Kommunikation. Durch Zurechnung wird eine Handlung als Ereignis zum Element eines spezifischen Systems (vgl. Drepper 2003, S. 114 f.).

4.3 Die Organisation als Entscheidungssystem

die Systemanalytikerin als Beobachterin ist. In der Konsequenz war damit die Frage aufgeworfen, welche Einschränkungen und Unterscheidungen das System selbst einsetzt, um seine Umwelt zu beobachten (Selbstbeobachtung). Diese Frage markierte den Übergang von einer ‚nur analytischen' zu einer ‚empirischen' Systemtheorie. Denn fortan genügt es nicht mehr, ein System lediglich als Produkt einer Systemanalytikerin, also einer vermeintlich überlegenen Beobachterin, vorzuführen (System/Umwelt-Analyse), sondern es muss, um von einem System sprechen zu können, gezeigt werden, dass dieses als Produkt *seiner eigenen* System/Umwelt-Unterscheidungen entsteht und sich reproduziert. Demgemäß setzt die Theorie nunmehr dann an die Stelle der System/Umwelt-Unterscheidung die Unterscheidung Selbstreferenz/Fremdreferenz.

Die Verknüpfung von systemischer Selbstreferenz und Entscheidungen besteht also darin, dass Organisationen Entscheidungen zu Entscheidungsprozessen verknüpfen. Die selektive Verknüpfung zu Prozessen ist dabei nicht als lineare Sequenz zu denken, sondern mit sinnhaften Verzweigungen sowie mit vor- und rückgreifenden Bezugnahmen verbunden, die die Rede von einem ‚Netzwerk' aus Entscheidungen plausibilisieren.

„Die Reduktion von Komplexität, die mit jeder Kommunikation einer Entscheidung vollzogen wird, dient zugleich dem Eröffnen eines Spielraums für weitere Entscheidungen. Das System pulsiert ständig zwischen Einschränkung und Ausdehnung von Entscheidungsmöglichkeiten und sichert sich auf diese Weise die eigene Autopoiesis.[27] Zielformeln können darübergelegt werden und der Selbstbeschreibung des Systems dienen. Aber sie führen nie dazu, dass das System trichterförmig durch immer enger werdende Entscheidungsspielräume auf ein natürliches Ende (telos) zustrebt" (Luhmann 1993, S. 298).

Entscheidungen sind dieser Theorie zufolge keine Produkte von individuellen Entscheidern, sondern Produkte des Systems. Am anschaulichsten wird diese unanschauliche Annahme dort, wo die Entscheidung überhaupt erst nachträglich entsteht oder lange eine Stelle im Netzwerk gesucht wird, wo die Entscheidung angedockt werden, d. h., zugerechnet werden kann. Nicht untypisch ist dies, wenn im Routineablauf unvorhergesehene Umweltereignisse passieren (der Chemietank explodiert, ein Markt bricht weg) und nach einem Verantwortlichen gesucht wird, dem – angesichts anderer Möglichkeiten, die es in Organisationen im Prinzip immer gibt – *zugerechnet* werden kann, dass die Technik nicht häufiger gewartet oder der

---

27 Das heißt die Produktion der Elemente, aus denen es besteht, aus den Elementen, aus denen es besteht.

Markt nicht genauer analysiert wurde, also keine entsprechende Entscheidung getroffen wurde. Aus einer faktischen Nichtentscheidung wird dann eine Entscheidung. Stets sind es *eigene andere* Entscheidungen der Organisation, die weitere Entscheidungen im System orientieren und, das hatten March und Simon (1976[1958]) bereits formuliert, von Unsicherheit entlasten. Arbeitsteilige Informationsverarbeitung und die Kommunikation von Entscheidungen von einer Entscheiderin bzw. einem Entscheider an die bzw. den nächsten machten überhaupt keinen Sinn, wenn an jeder Stelle der gesamte Entscheidungssachverhalt von Neuem geprüft würde. Und tatsächlich werden, so die Einsicht, nur Entscheidungsergebnisse (*inferences*) durch andere Entscheider(innen) übernommen und weiterverarbeitet, ohne dass die Grundlagen vorhergehender Entscheidungen (*evidences*) jeweils erneut überprüft würden. March und Simon hatten dies als *Unsicherheitsabsorption* bezeichnet: „Uncertainty absorption takes place when inferences are drawn from a body of evidence and the inferences, instead of the evidence itself, are then communicated" (March und Simon 1958, S. 165). Die Bedeutung dieser Einsicht ist kaum hoch genug einzuschätzen: Organisationen entlasten ihre Entscheidungen von Unsicherheiten, indem sie eine Entscheidung als Prämisse weiterer Entscheidungen verwenden. Zugleich entsteht über die wechselseitigen Bindungseffekte der Entscheidungen, also ihre besondere Relevanz füreinander, ein rekursiver Entscheidungszusammenhang. Operative Selbstbezüglichkeit konstituiert damit ein System aus Entscheidungen, das sich von der Umwelt abgrenzt. Denn wie jeweils entschieden wird, hängt nicht von ‚externen' Vorgaben und Umweltinformationen ab, sondern davon, wie im System zuvor entschieden wurde (Selbstreferenz). Die Geschlossenheit des Entscheidungszusammenhangs bedeutet nicht, dass Organisationen sich nur mit sich selbst beschäftigen. Denn es wird stets über etwas entschieden, die Umwelt wird also laufend zum Thema von Entscheidungen (Fremdreferenz). *Wie* aber entschieden wird, ist von der systemeigenen Vernetzung von Entscheidungen abhängig. Die Frage des *Wie* führt uns nun von den Entscheidungsoperationen zu den Entscheidungsstrukturen.

4.3.2 Entscheidungsstrukturen

Die neuere Systemtheorie unterstreicht, das haben wir angedeutet, die Ereignishaftigkeit und Operativität von Entscheidungen. Sie verabschiedet sich damit einerseits vom strukturellen Primat, der das systemtheoretische Frühwerk Luhmanns kennzeichnete; sie nimmt andererseits mit dem operativen Primat nicht an, dass Organisationen die Verknüpfung ihrer Entscheidungen dem bloßen Zufall überlassen. Eine sinnförmige interne Ordnung und Orientierung für Entscheidungen

4.3 Die Organisation als Entscheidungssystem

gewinnen Organisationen durch *Strukturen*. Das Verhältnis von Ereignis und Struktur wird dabei als ein rekursives und zirkuläres bestimmt, es wird also nicht mehr davon ausgegangen, dass eine der beiden Sinnformen der jeweils anderen vorgängig ist.[28] Nur, was bedeutet das konkret für soziale Phänomene, und in unserem Fall für Organisationen?

Klassisch wurden Organisationen ausgehend von zwei Strukturmerkmalen – Zwecken und/oder Hierarchien – beschrieben, die mitunter auch heute noch zum definierenden Merkmal von Organisationen gemacht werden. Soziologisch gesehen ist das aber eine erhebliche Simplifikation, wenngleich keine überraschende. Denn in einer Gesellschaft, die mit einer Reihe nebeneinanderwirkender Funktionssysteme (Wirtschaft, Politik, Erziehung, Wissenschaft, Kunst etc.) derart komplex ausdifferenziert ist, dass sie insgesamt nicht mehr plausibel durch Zwecke (Telos) oder Hierarchie (Stratifikation) beschrieben werden kann, fällt dann gerade an Organisationen die Besonderheit auf, dass sie Zwecke formulieren und ausgefeilte Hierarchien mit vielen Rängen bilden können. Aber das bedeutet auch für Organisationen eben nicht, dass die Konzepte Zweck und/oder Hierarchie begrifflich noch als Ausgangspunkte gelten können (vgl. Kieserling 2005). Würden Organisationen sich nur an einem einzigen Zweck ausrichten und alle anderen Orientierungsaspekte ignorieren, würden sie, das hat die Systemtheorie stets gesehen, nicht lange existieren. Sie haben es mit mehreren Umwelten und Partnern zu tun, wie man bereits in Input-/Output-Modellen erkannte, und sie brauchen immer auch Strukturen und Handlungen, die sich nicht als Mittel zu einem Zweck beschreiben lassen (*boundary spanning units*). Und würde man von der Hierarchie als zentraler Struktur ausgehen, übersähe man nicht nur die quer zu diesem ‚Skelett' verlaufenden Kommunikationsbedarfe und Kommunikationen, sondern übersähe auch, dass Hierarchien Brüche enthalten, weil die Ebenen unterschiedliche Umweltbezüge aufweisen. In beiden klassischen Fällen, dem (ökonomischen) Zweckmodell ebenso wie dem (politischen) Hierarchiemodell der Organisation, handelt es sich um Ordnungsfiktionen, die aus einer ganzen Reihe von Gründen heute als soziologisch überholt gelten können (vgl. im Überblick: Luhmann 1968a; Simon 1981[1945], S. 15 ff.).

Die Kritik an der Einschränkung der Perspektive auf Zwecke und Hierarchien hat zu einem erweiterten Konzept von Organisationsstrukturen geführt, in dessen Rahmen diese dann wiederum integriert werden können. Luhmann schließt dabei an das Konzept der Entscheidungsprämissen (*decision premises*) von Simon (1981[1945], S. 37) an, entwickelt es weiter und präzisiert es. Allgemein sind mit

---

28 Rekursivität und Zirkularität sind in der neueren Erkenntnistheorie mittlerweile gängige Konzepte zum Begreifen und Beschreiben von Sinnkonstitution und Wirklichkeitskonstruktion (vgl. Bardmann 1997).

Strukturen in der Luhmann'schen Systemtheorie Erwartungen bzw. Erwartungserwartungen angesprochen (vgl. Luhmann 1964, S. 26; 1984a, S. 411 ff.); im Falle von Organisationen betrifft dies Erwartungen in Bezug auf Entscheidungen (Entscheidungsprämissen). Einerseits wird in Organisationen, wie gesehen, schon jede einzelne Entscheidung im prozessualen Sinne zur Prämisse der je nachfolgenden Entscheidung, hat also Erwartungsqualität und damit Strukturwert; andererseits gibt es in Organisationen Strukturentscheidungen, also solche Entscheidungen, die als Prämisse für eine unbestimmte Zahl von weiteren Entscheidungen fungieren. Können schon einzelne Entscheidungen, wie oben gesehen, zur Unsicherheitsabsorption beitragen, ermöglichen Entscheidungen über Strukturen eine sachlich generalisierte und zeitlich vorgezogene Form der Unsicherheitsabsorption.

Wir kommen damit zu den drei Typen von Entscheidungsprämissen, die Luhmann unterscheidet: *Entscheidungsprogramme, Kommunikationswege* und *Personal* (vgl. Luhmann 1964b; 2000, S. 222 ff.).

(1) Mit *Entscheidungsprogrammen* sind in bekannter Terminologie ‚Aufgaben' angesprochen, hier aber Regulative für richtiges Entscheiden bezeichnet. Denn es geht nicht um Festlegungen, die Entscheidungen dann ja vollkommen überflüssig machen würden, sondern um sachlich orientierende Prämissen, also um Einschränkung. Da sie von Unsicherheit entlasten und Komplexität reduzieren, eröffnen sie zugleich Möglichkeiten und Spielräume *für* Entscheidungen. Ebenfalls auf March und Simon (1976[1958]) geht dabei die Unterscheidung von zwei Programmtypen zurück, die Luhmann aufgegriffen und ausgearbeitet hat (vgl. Luhmann 1964b; 1973[1968], S. 55 ff.). *Konditionalprogramme* regeln die Anlässe des Entscheidens, setzen also beim Input an. Es handelt sich um Routinen, die aber mit ihrer Wenn-dann-Struktur eine zeitliche Flexibilität einräumen: Immer *wenn* – aber nur wenn – ein bestimmter Auslöseanlass oder Fall eintritt, *dann* sind Entscheidungen im Sinne der Regulative des Programms zu treffen. *Zweckprogramme* definieren demgegenüber Outputs, auf die hin Entscheidungen über angemessene Mittel zu treffen sind. Zwar sind Entscheider(innen) in der Mittelwahl flexibel, aber Zwecke müssen – das unterscheidet sie von abstrakten Werten – mit einem klaren Zeitindex ausgestattet sein, um operativ brauchbar zu sein.

Über die Kombination dieser beiden Programmtypen erreichen Organisationen interne Strukturkomplexität. Zweck- und Konditionalprogramme werden in Organisationen nicht nur je für sich und nebeneinander relevant, sondern sie werden ineinander verschachtelt und miteinander verbunden. Im Rahmen von Zweckprogrammen können Konditionalprogramme vorgesehen werden, um Entscheidungslasten zu senken, und in Konditionalprogrammen können Elemente des Zweckentscheidens als mehr oder weniger große Ermessensspielräume eingeplant werden. Beide Programmformen sichern der Organisation im Übrigen Flexibilität des Entscheidens, und zwar auf je ihre Weise. Für Zweckprogramme ist evident, dass sie hinsichtlich wählbarer Mittel Potenziale *sachlicher* Flexibilität implizieren. Konditionalprogramme erscheinen zwar nicht zufällig als ‚Routineprogramme', ermöglichen es der Organisation aber, *zeitlich* offenzuhalten, *wann* und *wie* oft ein bestimmtes Ereignis eintritt, ohne deshalb auf Strukturierung des Entscheidens verzichten zu müssen. Sofern es überhaupt um Fragen der Rationalität geht, finden Organisationen sie angesichts verschiedenartiger Umwelten jedenfalls nicht in einem einzigen Programmtyp, sondern allenfalls in deren intelligenter Kombination.

(2) Bei *Kommunikationswegen* handelt es sich um all jene Strukturen in Organisationen, die regulieren, wer mit *wem warum wie* über *was* kommuniziert. Angesprochen sind damit auch ‚Dienstwege', ein Stichwort, das klassisch exklusiv auf hierarchische Verhältnisse der Über- und Unterordnung hinwies. Unter dem Gesichtspunkt von Entscheidungen und Entscheidungsprämissen ist nicht vorrangig relevant, wie stark oder schwach die Dienstwege hierarchisiert oder dezentralisiert sind, sondern vor allem, dass sich mit den geltenden Dienstwegen einerseits Erwartungen verbinden, an welchen ‚Stellen' worüber zu entscheiden ist, und andererseits Entscheidungen nur dann als organisatorische Entscheidungen erkannt und anerkannt werden, wenn sie ‚auf dem Dienstweg' kommuniziert werden. Fraglich schien in der Hierarchie- und Führungsdiskussion lange etwa die sinnvolle Zahl der Untergebenen pro Vorgesetztem (Leitungsspanne). Längst gilt allerdings jede Art von ‚Befehlsmodell' als viel zu einfach, um die Kommunikationsbedarfe von Organisationen zu regulieren (vgl. bereits Luhmann 1973[1968]). Faktisch ist die Hierarchie im Alltag vieler Organisationen nur eine Art ‚Notstandskompetenz': Die Chefin bzw. der Chef wird eingeschaltet, wenn es anders nicht weitergeht, etwa wegen Konflikten, oder wenn eine Außendarstellung des Systems gefordert wird.

Mit Blick auf veränderliche Umwelten der Organisation wurden schon früh stärker dezentrale Organisationsnetze als brauchbar entdeckt, weil sie mit höheren Potenzialen für Kontakte, Informationen und Anpassungsfähigkeit nach außen verbunden sind (Burns und Stalker 1961). Dezentrale Kommunikationswege können in diesem Sinne zwar für Neuerungen sorgen, ihnen fehlt aber zugleich der Vorteil der Hierarchie, erkannte Anpassungsbedarfe bzw. Neuerungen auch schnell und verbindlich in der Organisation durchzusetzen. Anders herum formuliert: Hierarchien vermögen es zwar besser, Anpassungsbedarfe über entsprechende Dienstwege durchzusetzen, aber um den Preis, dass ‚oben' anpassungsrelevante Informationen fehlen, die ‚unten' zwar vorliegen mögen, aber nicht nach oben gegeben werden. Dieses Innovationsparadox (vgl. Wilson 1966) mag erklären, warum Organisationen dazu tendieren, nach Maßnahmen der Dezentralisierung wieder zu solchen der Rezentralisierung zu greifen (vgl. Kühl 2001). Die Vorstellung, es könnte für Organisationen einen *one best way* geben, kann auch hinsichtlich der Kommunikationswege als hinfällig gelten.

(3) Als dritte Entscheidungsprämisse wird bei Luhmann das *Personal* der Organisation erfasst. Von einer Entscheidungsprämisse und damit Struktur der Organisation ist deshalb die Rede, weil und soweit in Organisationen mit Personalentscheidungen auch relativ stabile Erwartungen und Prämissen darüber verbunden sind, wie im Einzelnen entschieden wird. Das betrifft zunächst einmal das Wissen und Können des Personals, also Ausbildungen und Karrieren, die erwartbar machen, was erwartet werden kann. Die Entscheidung für eine Betriebswirtin anstelle eines Juristen, oder umgekehrt, ist in diesem Sinne eine Entscheidung über Entscheidungsprämissen für weitere organisatorische Entscheidungen. Darüber hinaus geht es aber auch um *Personen*, also individuelle Erwartungsbündel. Nicht nur entscheiden sich Organisationen in der Personalauswahl im Hinblick auf zukünftige Entscheidungen z. B. für die eine und gegen die andere Bewerberin für das Amt der Justiziarin, sondern man rechnet in Organisationen – Personalentscheidungen und Personenkenntnis vorausgesetzt – auch damit, dass es einen Unterschied macht, ob man es in der Bearbeitung eines Falles im Justiziariat dann mit Frau Müller oder Herrn Meier zu tun bekommt. Aber auch Organisationen wissen um den Unterschied von Rolle und Person, und sie stellen sich darauf ein. Das erkennt man schon daran, dass sie von Bewerber(inne)n nicht nur schriftliche Lebensläufe zur Kenntnis nehmen, an denen sie bisherige Karrieren ablesen und diese dann in die Zukunft projizieren, sondern dass sie auch Vorstellungsgespräche durchführen, um Bewerber(innen) als Personen ansichtig zu machen.[29]

Bringen wir nun die drei Strukturtypen zusammen. So wie oben für den Fall der zwei Typen von Entscheidungsprogrammen gesehen, so gilt auch für die drei dargelegten Prämissen, dass sie in Organisationen in Kombination auftreten: Programme, Kommunikationswege und Personal. Schon auf der Ebene einzelner „Stellen" (Luhmann 1975), den gewissermaßen kleinsten Struktureinheiten der Organisation, sind stets alle drei Prämissen im Spiel: Jede Stelle ist mit einer Person

---

29 Trotz allem auch psychologisch geschulten Bemühen, in sogenannten Assessment-Centern Evidenzen für organisatorisch richtige Personalentscheidungen zutage zu fördern, stehen in solchen und anderen Kommunikationen nur *Personen* zur Verfügung. Und „von der Person (führen) keine sicheren Erkenntniswege in die Tiefe des psychischen Systems" (Luhmann 1984a, S. 430). Die Kommunikation aktualisiert gerade deshalb personale Stereotypisierungen (vgl. Drepper 2008), die dann z. B. zu erklären vermögen, weshalb Organisationen, die als Systeme geschlechtsneutral operieren, geschlechtlich differenziert sind. Vgl. dazu Weinbach 2003.

4.3 Die Organisation als Entscheidungssystem

besetzt, jede Stelle sieht „Aufgaben", also die Ausführung eines Programms vor, und jede Stelle ist in definierter Weise in das formale Kommunikationsnetz der Organisation eingegliedert (vgl. Luhmann 1975, S. 41 f.). Qua Kombination der Entscheidungsprämissen entstehen aber auch strukturelle Muster und ‚Konfigurationen' (Mintzberg 1991) auf der Ebene des Gesamtsystems. Die Kombinierbarkeit von programmatischen, personalen und Kommunikationswege regelnden Entscheidungsprämissen lässt dabei eine enorme Vielfalt der organisatorischen Strukturformen entstehen. Diese Vielfalt hat Organisationssoziologen immer wieder zu Versuchen angeregt, Organisationen in Typologien zu ordnen. Während Managementforscher sich dabei tatsächlich im engeren Sinne für Strukturkonfigurationen interessierten (vgl. ebd.), bezog sich das soziologische Interesse an Organisationstypen auch auf gesellschaftsbezogen begründete Unterschiede zwischen Organisationen. Wir kommen insofern auf Typologiefragen erst in Kapitel 5 zurück.

Festhalten wollen wir hier im Blick auf die strukturelle ‚Kombinatorik' und die daraus hervorgehende Vielfalt zum einen, dass sich das definierende Merkmal von Organisationen als Systemen nicht auf der Ebene ihrer Strukturen finden lässt, ob man dabei nun ganz klassisch an Organisationszwecke oder an Hierarchien denkt oder ob man auf die ‚Konfiguration' verschiedener Strukturelemente abhebt. Dass es sich bei so verschiedenen Gebilden wie einem Automobilunternehmen, einem konfessionellen Kindergarten, Greenpeace, einem chirurgischen Akutkrankenhaus, einer Privatuniversität oder der Bundesanstalt für Arbeit ebenso wie beim Bundesverfassungsgericht ausnahmslos um Organisationssysteme handelt, wird nicht im Rekurs auf ihre Strukturen verständlich.[30] Gerade weil auf der strukturellen Ebene hochspezifische Formen der Organisation entstehen, die wenig miteinander gemeinsam haben, kann das Phänomen Organisation *allgemein* nur in der Verwendung von Entscheidungen, also auf operativer Ebene, gefunden werden: *in der* Verwendung von Entscheidungen zur Mitgliederrekrutierung, zur Grenzziehung, zur Unsicherheitsabsorption und zum internen Strukturaufbau.

Festhalten wollen wir mit Blick auf die ‚Prämissenkombinatorik' zum anderen einen Punkt, der noch einmal an das Kapitel 2 anschließt. Denn die Tatsache, dass Organisationen stets alle drei Typen der Struktur kombinieren, ist auch insofern zu unterstreichen, als es mit Blick auf die verschiedenen Fächer, die sich an der Organisationsforschung beteiligen, Tendenzen gibt, jeweils bestimmte Strukturtypen im Verständnis von Organisationen für generell vorrangig wichtig zu halten, während andere, wenn nicht ignoriert, so doch untergeordnet werden. Zwar korreliert solch

---

30 Das hätte die frühe Systemtheorie, in der der Strukturbegriff noch stärker dominierte, so wohl nicht formuliert.

ein Bias zweifellos auch mit der Strukturtypik der Organisationen, die fachlich jeweils vorrangig im Blick stehen (Verwaltungen unterscheiden sich mit ihren rechtsförmig programmierten Sachentscheidungen eben von Schulen, in denen Unterricht organisiert wird und das professionelle Personal – die nach Fachwissen differenzierten Lehrer – als dominante Struktur auffallen); aber der selektive Blick durch die ‚Brille' nur einer Erwartungsstruktur kann täuschen und auch für Organisationen selbst folgenreich sein, etwa wenn es um Strukturprobleme und die Frage ihrer möglichen Lösungen geht. Hat man vorrangig das Personal im Blick, entdeckt man allzu leicht auch die Probleme vorrangig beim Personal. Und umgekehrt sind es häufig die jeweils vorhandenen und selektiv gesehenen Lösungen (z. B. Konzepte der Personalentwicklung), die dann darüber bestimmen, wo Strukturprobleme in Organisationen überhaupt entdeckt werden (etwa dann beim Personal). Die Frage, wo in Organisationen Strukturprobleme bestehen, ist pauschal allerdings nicht zu beantworten. Personalentwicklung kann für Organisationen Probleme lösen, aber möglicherweise liegen die Gründe für wahrgenommene Koordinations- oder Motivationsdefizite ganz woanders, etwa in der Regelung der Kommunikationswege, die z. B. verhindern, dass Informationen einschlägig wichtige Stellen erreichen, oder in den Entscheidungsprogrammen, die möglicherweise unklar formuliert sind. Wenn hohe Krankenstände auffallen, ist damit nicht schon gesagt, dass Abhilfe in der Dimension Personal zu finden ist. Immer sind drei Strukturelemente im Spiel. Und diese hängen voneinander ab, auch dann, wenn es darum geht, Lösungen nicht nur zu ersinnen, sondern qua Entscheidung umzusetzen. So können Organisationen Entscheidungen über neue Programme treffen, die ohne die Möglichkeit, entsprechend qualifiziertes Personal zu rekrutieren, ‚für die Katz' sein können, also im operativen Sinne keine Entscheidungen im antizipierten Sinne hervorbringen; überdies werden Programme vom vorhandenen Personal formuliert, und schon damit ist eingeschränkt, welche Möglichkeiten programmatisch infrage kommen und möglich werden. Vergleichbares gilt für Kommunikationswege, für die sich (z. B. im Falle von Teamarbeit) nicht jedes Personal gleichermaßen eignet. Auch entscheidet sich häufig an der Form der Kommunikationswege, was aus neuen Programmentwürfen der Organisation wird.

Diese nur knappen Überlegungen zur ‚Kombinatorik' und wechselseitigen Einschränkung und Ermöglichung von Strukturelementen mögen verdeutlicht haben, dass das mit den drei Entscheidungsprämissen gelieferte Instrumentarium zur Beschreibung und Analyse organisationaler Entscheidungsstrukturen weitaus reichhaltiger und komplexer ist, als es auf den ersten Blick – im Blick auf die Trias der Prämissen – erscheinen mag.

Insgesamt haben wir damit in Grundzügen auch die späte Fassung der Luhmann'schen Theorie der Organisation dargelegt. Wir haben uns darauf beschränkt,

4.3 Die Organisation als Entscheidungssystem   69

Organisationen als Systeme der ‚Selbststeuerung durch Entscheidungen' (Geser 1982) plausibel zu machen und auch das Strukturinventar der Theorie (Entscheidungsprämissen) vorzustellen, das für jede anschauliche Analyse von Organisationen erforderlich ist. Ganz im Sinne unserer Absicht, Orientierung im Feld zu geben, haben wir hingegen darauf verzichtet, auch noch abstrakteste Theoriefiguren und Argumente der letzten Werkphase des Autors – zur „Paradoxie des Entscheidens" (Luhmann 1993) – darzulegen. Eine letzte Frage wollen wir im organisationsbezogenen Teil aber gleichwohl noch behandeln, obwohl auch sie intrikat ist. Sie betrifft die Frage, wie es um die Informalität steht.

4.3.3 Jenseits der Entscheidung: von Informalität zur Organisationskultur?

Blickt man zurück auf das organisationstheoretische Gesamtwerk von Niklas Luhmann, liegt die Frage nahe, inwiefern nun Organisationen nur aus Entscheidungen, einschließlich Entscheidungen über Entscheidungsstrukturen, bestehen. Immerhin war es Luhmann selbst, der in seinem ersten Hauptwerk – „Funktionen und Folgen formaler Organisation" – im Kern die These einer nur begrenzten Bedeutung und Reichweite von formalisierten Strukturen plausibilisiert hatte und darin den Grund sah, dass in Organisationen stets und unvermeidlich informale Erwartungen entstehen und entsprechendes Verhalten vorkommt, ja Individuen zugemutet wird. Kann man dennoch plausibel sagen, Organisationen bestehen nur aus Entscheidungen? Kommt in Organisationen nicht doch noch ganz anderes vor als Entscheidungen? Ohne einen Widerspruch zu erzeugen, können beide Fragen mit Ja beantwortet werden. Denn die Antwort auf die erste Frage lautet, dass alles Verhalten, das organisatorisch, also für das System selbst relevant wird, die Form einer Entscheidung annimmt.

Organisationen kennen, das hatten wir oben beschrieben, nur Entscheidungen, sie ‚totalisieren' also die Kommunikationsform, durch die sie sich selbst ermöglichen, selbstbezüglich reproduzieren und von der Umwelt abgrenzen. Auch Verhalten, das ursprünglich gar nicht als Entscheidung gemeint war oder aufgefasst wurde, kann plötzlich nachträglich die Form der Entscheidung annehmen. So kommt zwar Routine im Kontext von Organisationen alltäglich und vielfach vor, aber sie vermag ein System nicht zu beeindrucken, dessen Besonderheit es ist, sich qua Entscheidung zu reproduzieren und damit nach eigenen Kriterien darüber zu befinden (eben: entscheiden!), was relevant wird und was nicht relevant wird.[31] Vieles bleibt damit in der Latenz der organisatorischen Entscheidungsprozesse, das heißt, man weiß zwar in der Organisation, dass es als Beitrag vorkommt und auch, dass es ohne diese Beiträge gar nicht ginge, aber deshalb wird nicht alles ins Licht der Entscheidungen gerückt (Luhmann 2000). Relevant wird für Organisationen nur, was Entscheidungsform annimmt und auf diese Weise in das eigene Netzwerk aus Entscheidungen sinnhaft einbezogen wird.

Die Totalisierung der Entscheidung, und das ist die Antwort auf die zweite Frage, schließt nicht aus, dass – mit beobachtender Distanz zu dieser Form der Selbstbeobachtung des Systems – Dinge oder Aspekte an Organisationen bemerkt werden können, die keine Entscheidungsqualität haben oder annehmen. Insofern kann man auch diese Frage durchaus bejahen.[32]

Schon die erwähnte Möglichkeit einer nachträglichen Zurechnung von Verhalten als Entscheidung, aber auch die evidente Tatsache, dass Entscheidungen nicht nur durch Entscheidungen vorbereitet werden, besagen, dass im Kontext von Organisationen auch Verhalten vorkommt, das nicht den Charakter einer Entscheidung annimmt. Und es gibt, wie gesagt, viele Dinge in und an Organisationen, um die mehr oder weniger viele Teilnehmerinnen wissen, die als Besonderheiten im Klatsch auf den Fluren präsent sind, die aber nicht in den Entscheidungsprozessen der Organisation aufgegriffen werden (z. B. die Tricks der Umgehung von Mitgliedschaftsregeln, das Wissen um Korruptionspraktiken, schwarze Kassen oder die Inkompetenz ranghoher Vorgesetzter, riskante Routinen im Umgang mit Sicherheitsregeln, das Computerspielen am Arbeitsplatz). In der Eigenperspektive des Organisationssystems handelt es sich dann um ‚irrelevante' Kommunikationen oder Handlungen, „bei denen es sich nicht lohnt, sie in Entscheidungen zu dekomponieren und als Entscheidungen zu kommunizieren" (Luhmann 2000, S. 64). Die Nichtthematisierung des Verhaltens unter organisationseigenen Gesichtspunkten unterstreicht noch einmal, dass auch noch die Grenzen der Dekomposition in Entscheidungen das Resultat organisatorischer Entscheidungen sind: Die Organisation bestimmt die Grenze des Lohnenswerten einer organisatorischen Thematisierung selbst. Sie kann sie verschieben, zum Beispiel das Computerspielen im Büro oder

---

31 So hatte man sich z. B. so verhalten wie immer (Routine), aber diesmal ist es schiefgegangen, und es werden Verantwortliche gesucht, die entschieden haben, es so zu machen, bzw. entschieden haben, nicht zu entscheiden, es anders zu machen.

32 Sofort liegt aber die Frage nach dem Beobachter nahe, denn wenn es gerade nicht das System mit seinen Selbstbeobachtungen (Entscheidungen) ist, welches System ist es dann?

4.3 Die Organisation als Entscheidungssystem

die riskanten Arbeitsroutinen doch zum Thema machen, aber das geht dann nur durch Entscheidung und entsprechende Kommunikation auf Dienstwegen. Luhmann hat auf der anderen Seite auch in seinem Spätwerk nicht ausgeschlossen, allerdings auch nur ausgesprochen knapp zum Thema gemacht, dass aus Anlass der organisatorischen Entscheidungsprozesse auch ‚nichtorganisatorische' bzw. ‚nichtentschiedene' Verhaltensweisen und Erwartungen entstehen. Komplementär zu den „entschiedenen Entscheidungsprämissen", die wir oben ausführlich thematisiert haben, spricht er von diesen als „organisationsspezifischen, aber gleichwohl unentscheidbaren Entscheidungsprämissen" (Luhmann 2000, S. 240). Sie sind organisationsspezifisch, weil sie nur „aus Anlass von Entscheidungen" (ebd., S. 242) entstehen, und sie sind in dem Sinne unentscheidbar, dass sie – wie es für die Informalität im Verhältnis zur Formalität galt – auf der Rückseite der formalisierten Entscheidungsstruktur „wie von selbst" (ebd., S. 243) als Nebenprodukte mitentstehen. Und, fast unnötig zu sagen, es sind Entscheidungsprämissen, sie schränken Entscheidungen also ein und ermöglichen sie damit zugleich.

Die nichtentschiedenen Entscheidungsprämissen hat Luhmann in seinem Spätwerk nicht mit dem Begriff der Informalität belegt, sondern vielmehr mit dem identifiziert, was in der Literatur in verschiedenen Spielarten „Organisationskultur" genannt wird (vgl. ebd.). Nun kann man auf die Idee kommen, dass die Begriffe – nichtentschiedene Entscheidungsprämisse, Informalität und Organisationskultur – die gleichen Phänomene erfassen, also dass all das, was früher unter Informalität beschrieben wurde, heute bei Luhmann theorietechnisch mit den unentscheidbaren Entscheidungsprämissen erfasst ist und bei anderen Autorinnen als Organisationskultur bezeichnet wird (vgl. Kühl 2011, S. 116 ff.).[33] Eine gewisse Plausibilität wird man der Idee nicht entziehen, jedenfalls wenn man von den Phänomenen her denkt. Allerdings überzeugt die Gleichsetzung von Organisationskultur und Informalität, wie sie der Begriff der unentscheidbaren Entscheidungsprämissen nahelegt, aus theoretischem Grunde nicht. Geht man ganz im Sinne der neueren Systemtheorie davon aus, dass man es nicht nur im Falle von Organisationskultur (vgl. ebd., S. 246), sondern auch im Falle der organisatorischen Informalität mit einer besonderen „Beobachtungsweise" zu tun hat (ebd., S. 23 f.), dann erkennt man bereits, dass Typ und Gegenstand der Beobachtung nicht ‚dieselben' sind. So ist eine kulturelle Beobachtung immer eine vergleichende Beobachtung; sie ver-

---

33 Den drei Typen der entschiedenen Entscheidungsprämissen werden von Kühl dabei drei Typen nichtentschiedener Entscheidungsprämissen gegenübergestellt: formalen Programmen entsprechen dann informale Routinen, formale Kommunikationswege korrespondieren mit informalen Dienstwegen und das formal eingesetzte Personal korrespondiert mit dem informalen Rekurs auf Personen.

gleicht ausgewählte kulturelle Einheiten (vgl. Luhmann 1995a; Baecker 1999b). Jede kulturelle Beobachtung, und so auch die Beobachtung von Organisationskultur, vollzieht einen Vergleich mit einer anderen kulturellen Einheit, wobei dies auch ‚dieselbe' Einheit zu einem anderen Zeitpunkt sein kann. Die Organisationskultur kann in genau diesem Sinne „betont werden, wenn es um einen Vergleich [des Systems,TD/VT] mit Systemen der Umwelt geht oder um Herausstellung der Eigenart ‚unserer' Organisation. Nur das rechtfertigt es überhaupt, von ‚Kultur' zu sprechen" (Luhmann 2000, S. 246).

Wo dagegen das Beobachtungsschema Formalität/Informalität verwendet wird, bedarf es keines Vergleichs zweier Einheiten. Vielmehr hält Luhmann selbst fest, es handele sich um eine „Beobachtungsweise, die auf die ‚lokalen' sozialen Bedingungen des Verhaltens Einzelner achtet und dies nicht vorschnell nach dem Schema der formalen Organisation als konform bzw. abweichend klassifiziert" (ebd., S. 23). Einen kompetenten Umgang mit der Unterscheidung Formalität/Informalität hatte der ‚frühe' Luhmann nicht dem System selbst, sondern – im Rahmen seiner Handlungssystemtheorie – den Mitgliedern der Organisation zugeschrieben, die unter Prämissen der Formalität interpersonal im System und mit Sinnbezug auf das System handeln. Organisationen werden, so hieß es ganz in diesem Sinne, „nicht nur von der Wissenschaft, sondern auch von ihren Mitgliedern im täglichen Leben als System erlebt und behandelt" (Luhmann 1964a, S. 41). Sofern die Mitglieder sich personal aufeinander beziehen, handhaben sie die Differenz Formalität und Informalität, das heißt von Rolle und Person, und müssen der Formalität der Mitgliedschaft dabei stets ‚Tribut zollen'.

Dass Luhmann die nicht entscheidbaren Entscheidungsprämissen mit Organisationskultur und nicht mit Informalität in Verbindung bringt, hat damit buchstäblich System. Denn mit dem konsequenten Rückgang der Theorie auf Entscheidungsoperationen im Sinne einer Selbstbeobachtung des Systems durch Entscheiden wird (auch in der Theorie!) nur noch das relevant, was das Nadelöhr des Systems der Entscheidungskommunikation passiert und damit als organisatorische Entscheidung und Selbstbeobachtung dem System zugerechnet wird. Von allem anderen sieht das System ab und mit ihm auch die Theorie. Die Theorie folgt mit dieser Systemreferenz zwar nicht den simplifizierenden, häufig rationalistischen Selbstbeschreibungen des Systems, an die sich insbesondere die vorsoziologische Klassik hielt, wohl aber der Selbstabstraktion des Systems, die auf Entscheidungen beruht. Durchaus konsequent verliert damit die Theorie den Zugriff auf ‚das Andere', das in früherer Fassung als nicht externalisierbare Personalität und Formalisierungsfolge theoretisch eingeschlossen war. In dem Maße, wie das System selbst nun in der Theorie zur (im mehrfachen Sinne) ‚entscheidenden Person' geworden ist, macht es für die Theorie nur noch wenig Sinn, der Personalität der Mitglieder – jenseits

4.3 Die Organisation als Entscheidungssystem

des Wissens und Könnens, das sie als ‚Personal' jeweils für einzelne Arbeitsrollen mitbringen – besondere Relevanz für die Reproduktion des Systems zuzuschreiben. Aus der ehedem nicht exkludierbaren Personalität ist in der späten Theoriefassung nicht inkludierbare Personalität geworden.

Insofern greift Luhmann den Kulturbegriff nicht zufällig statt des klassisch gewordenen Informalitätsbegriffs auf. Denn der Kulturbegriff bezieht sich gerade nicht auf die Beobachtung von Personen, sondern auf die vergleichende Beobachtung einer Systemeinheit. Dies mag die gesamte Organisation oder einzelne ihrer Abteilungen als Einheiten betreffen. Kulturelle Beobachtungen kann auch das System selbst vornehmen, sofern es sich im Rahmen seiner Selbstbeobachtung genau dazu entscheidet. Mit der Beobachtung von Organisationskultur macht sich das System dann aber nicht seine Informalität zugänglich, sondern vielmehr den Umstand, dass es – als Beiprodukt seiner laufenden Entscheidungsprozesse – eine „systemeigene Geschichte" (Luhmann 2000, S. 245) hervorgebracht und sedimentiert hat, die – ohne als Ganzes entschieden worden zu sein – zum nicht mehr hinterfragten Eigenwert mit Orientierungseffekten für die Entscheidungskommunikation geworden ist. Der Kulturbegriff fängt, so könnte man auch sagen, die Paradoxie auf, dass in einem System, das nur aus Entscheidungskommunikationen besteht, ‚unentscheidbare Entscheidungsprämissen' bzw. ‚Gewohntes und Selbstverständliches' vorkommen. Immerhin aber ist es gerade kennzeichnend für die Beobachtung von Kultur, dass sie das Nichtkontingente der Kultur eben gerade als kontingent sichtbar macht.

Der Informalitätsbegriff konnte dagegen nur so lange plausibel integriert werden, wie Luhmann ein Handlungssystem im Blick hatte. Im Blick standen nicht allein Problemlösungen in der Perspektive des Systems und seiner Unsicherheitsabsorption, sondern auch Personen – und zwar als Träger(innen) von Verantwortung und Verantwortlichkeit (vgl. Luhmann 1964a, S. 172 ff.) wie auch als Träger(innen) von Folgeproblemen, die das System mit seinen Mitteln nicht lösen kann und auf sie überwälzt. Die Probleme eines Handlungssystems können – das war die generelle und zentrale Einsicht – nicht ausschließlich auf der Ebene der formalen Rollen gelöst werden, also durchformalisiert werden, sondern ihre Lösung ist von Personen und personalisierten Formen des Erwartens abhängig.

Halten wir fest: In der Perspektive der frühen Fassung der Theorie machte es noch Sinn, die Formalisierung der Organisation unter der Frage zu sondieren, welche Verhaltensschwierigkeiten sich für die Teilnehmer(innen) einstellen, „wenn man eine solche durchkonstruierte Teilordnung in die Lebenswelt faktischen Verhaltens einfügt" (ebd., S. 59). Sichtbar war damit nicht nur, dass die formale Organisation als ein „funktionaler Sinnzusammenhang" zu verstehen ist, der in elementare Formen von Verhalten stets „eingebettet ist" (Luhmann 1958, S. 101), sondern sichtbar gehalten war auch, dass die „künstliche Optik", die der Formalisierung als Form der „Funktionalisierung" eigen ist, die „anschauliche Welt des Alltags" (ebd., S. 99) grundlegend umformt, sie gar „deformiert" (ebd., S. 104) und „zersetzt" (ebd., S. 99). Wurde also im Frühwerk Luhmanns noch – mit fast kritischem Blick – die Art und Weise registriert, wie Organisationen das Handeln von Personen einerseits funktionalisieren und ihnen andererseits die Folgeprobleme der Funktionalisierung aufladen, übernimmt im Spätwerk die Theorie selbst die abstrakte und unanschauliche Perspektive der Funktionalisierung: Denn im Lichte „organisatorischer Funktionalisierung kommt das konkrete Verhalten nur in einem reduzierten, funktional spezifischen Aspekt in Betracht" (ebd., S. 101).

Organisation und Gesellschaft 5

Wir haben Organisationen zuvor in organisationsbezogener Perspektive zum Thema gemacht und werden sie im Folgenden gesellschaftsbezogen in den Blick nehmen. Wenn wir nun nach dem Verhältnis von Organisation und Gesellschaft fragen, knüpfen wir an die dargelegten organisationsbezogenen Grundlagen an. Wir werden sie in verschiedenen Hinsichten ergänzen: So fragen wir nach grundlegenden gesellschaftlichen Voraussetzungen moderner Organisationsbildung, nach der Diversität und Typenvielfalt der Organisationen, und wir thematisieren Aspekte der Trennung und Verbindung in einer durch Funktionssysteme und Organisationen strukturierten Gesellschaft. Sichtbar werden soll in diesem Kapitel überdies, dass der Begriff der Organisation, den wir zuvor schwerpunktmäßig organisationsbezogen begründet haben, auch gesellschaftsbezogen reflektiert ist, also seine genuin soziologische Plausibilität auch daraus bezieht, mit Einsichten über die Gesellschaft abgestimmt zu sein. Darin hatten wir zu Beginn des Buches ja die spezifische Aufgabenstellung und besondere *Perspektive der Organisationssoziologie* im weiten Feld der Organisationswissenschaften gesehen. Mit dem organisations- *und* gesellschaftsbezogenen *Potenzial der soziologischen Systemtheorie* hatten wir des Weiteren bereits unsere engere Theoriewahl begründet, an die wir entsprechend auch hier mit Bezug auf das Verständnis der modernen Gesellschaft anschließen. Wir wollen zunächst gleichwohl fragen, ob und welche anderen Theorieangebote verfügbar sind, um das Verhältnis von Organisation *und* Gesellschaft zu beschreiben.

5.1 Kulturelle Rahmung durch World Polity oder funktional differenzierte Gesellschaft?

Die Soziologie ist allgemein durch Theorienpluralität gekennzeichnet, die sich auch in den speziellen Soziologien, und so auch der Organisationssoziologie, spiegelt. Mit Blick auf die Pluralität organisationstheoretischer Ansätze lässt sich feststellen, dass heute der gesamte begriffliche ‚Werkzeugkasten' des Fachs für Analysen von Organisationen mobilisiert wird. Bemerkenswert knapp fallen die Wahlmöglichkeiten allerdings aus, wenn es darum geht, Theorieangebote zu finden, die das Verhältnis von Organisation und Gesellschaft systematisch im Blick haben. Die ‚großen' Theorien der jüngeren Fachgeschichte, von denen man Aussagen über die Gesellschaft erwarten würde (man denke an Bourdieu, Giddens oder Habermas), haben dem Organisationsbegriff keinen systematischen Platz in ihren Theorien eingeräumt. Als eine Ausnahme mag James Coleman gelten. Im Rahmen seiner Grundlegung der Sozialtheorie – die eine Theorie rationaler Wahl ist – hat er auf die Ungleichheit zwischen individuellen Akteuren und korporativen Akteuren hingewiesen. Weil Letztere im Vergleich zu Ersteren weit ressourcenstärker und zunehmend machtvoll sind, spricht Coleman (1986) von einer „Asymmetrischen Gesellschaft". Nun hatten wir aber auf die Einwände gegen die Prämissen der Theorie rationaler Wahl oben bereits im Zusammenhang mit den entscheidungstheoretischen Grundlagen der Organisationstheorie hingewiesen (vgl. Kapitel 3.3.). Konsequenterweise halten wir uns daher im Weiteren nicht an Coleman.[34] Dies vorausgeschickt, verbleiben noch – und nur noch – zwei theoretische Ansätze, die das Verhältnis von Organisation und Gesellschaft in einem mehr als randständigen Sinne theoretisch zum Thema machen: Dies sind der soziologische Neoinstitutionalismus und die soziologische Systemtheorie.

Werfen wir zunächst einen kurzen Blick auf Gemeinsamkeiten, die uns noch einmal zu Max Weber zurückführen: Beide Theorieansätze haben sich in kritischer Auseinandersetzung mit dem soziologischen Erbe Max Webers entwickelt, also jenes Klassikers des Fachs, für den Bürokratisierung und okzidentale Rati-

---

34 Gleichwohl soll hier auch auf die Relevanz der sozialhistorischen Befunde der Coleman'schen Theorie Korporativer Akteure hingewiesen werden (Coleman 1979), die er über die Analyse des Rechts als zentralen Indikator und Schrittmacher sozialen Wandels gewinnt. Coleman geht – über die Verbindung sozial- und rechtstheoretischer Analysen – der Frage nach dem Zusammenhang von vormodernen intermediären Gebilden (Korporationen: Gilden, Zünfte, Orden, Kirchen) und modernen Organisationen nach. Damit liefert er viele wichtige Einsichten zur Sozialstruktur und Semantik intermediärer Gebilde, die für die Analyse des Verhältnisses von Gesellschaft und Organisation von großer Bedeutung sind.

5.1 Kulturelle Rahmung durch World Polity

onalisierung noch nahezu gleichbedeutende Begriffe waren (vgl. Schluchter 1972 1979), der also organisations- *und* gesellschaftsbezogene Perspektiven in enger Verknüpfung eröffnete. Vor dem Hintergrund des Weber'schen Erbes – seiner These der ‚okzidentalen Rationalisierung' – überrascht dann auch nicht, wenn die Namen der prominentesten Vertreter der genannten Ansätze – Niklas Luhmann und John W. Meyer – heute auch für Theorien der ‚Weltgesellschaft' (Luhmann) bzw. der ‚Weltkultur' (Meyer) stehen (vgl. in vergleichender Perspektive: Kastner, Holzer, Werron 2014). In beiden Fällen begann die Theorieproduktion allerdings mit genuin organisationssoziologischen Arbeiten und Argumenten (vgl. Meyer und Rowan 1977; Luhmann 1964a). Und an ihnen fällt wiederum in beiden Fällen auf, dass sie das Konzept der organisatorischen *Formalität* – im Anschluss an die Beobachtungen einer ‚formalen Rationalität' moderner Sozialordnungen bei Weber – nicht aufgegeben haben, sondern es soziologisch auf je ihre Weise ausgearbeitet haben, zunächst organisationstheoretisch, im Weiteren aber korrespondierend auch (welt)gesellschaftstheoretisch.

Hervorheben wollen wir diese Gemeinsamkeit insbesondere im Vergleich zu all jenen organisationsbezogenen Ansätzen, die sich vom klassischen Konzept der Formalität, das in der Organisationssoziologie stets ‚unpopulär' war (Stinchcombe 2001; Tacke 2015), zugunsten anderer Zentralbegriffe – wie Mikropolitik, Sensemaking, Kultur oder Lernen (vgl. im Überblick z. B. Weik und Lang 2001, S. 153 ff.) – verabschiedet haben. Dies bedeutete in allen Fällen, dass die Einbettung organisationstheoretischer Konzepte in eine Theorie der modernen Gesellschaft offenblieb. Umgekehrt ist damit gesagt, dass das Konzept der Formalität offenbar eine wichtige Gelenkstelle für auch gesellschaftsbezogene Perspektiven eröffnete.

Wie oben gesehen, arbeitete Luhmann (1964a) zunächst den Zusammenhang von *Formalität und Mitgliedschaft* aus. Er verknüpfte so den Formalitätsbegriff konstitutiv mit dem *Systembegriff.* Der Formalitätsbegriff wird dabei einerseits von der klassischen Vorstellung abgelöst, die Formalität der Organisation sei gleichbedeutend mit der Rationalisierung von Zwecken oder gar einem Streben nach Effizienz. Andererseits steht der Formalitäts- bzw. Formalisierungsbegriff – im Vergleich zu elementaren Sozialordnungen – für jene Rationalisierungs- und Steigerungsleistungen, die schon Max Weber an formal rationalisierten Ordnungen beobachtete, eben nicht nur an der Bürokratie, sondern zugleich an den gesellschaftlichen ‚Wertsphären' wie Wirtschaft, Recht, Politik, Wissenschaft, Erziehung, Kunst usw. (Weber 1988[1920], S. 237 ff.).

Luhmann arbeitete den gesellschaftlichen, ‚rationalisierenden' Zusammenhang von Formalisierung und Systembildung sodann aus in der These, dass die moderne Gesellschaft auf der Ausdifferenzierung von Funktionssystemen für Wirtschaft, Politik, Recht, Wissenschaft, Erziehung, Religion, Kunst, Gesundheit, Sport, Massenmedien usw. beruht (vgl. Luhmann 1997; in kondensierter Form: Luhmann 1986, S. 75 ff.). Damit wird auf der einen Seite der Beobachtung Webers gefolgt, dass sich der okzidentale Rationalisierungsprozess mehr oder weniger parallel in den verschiedenen gesellschaftlichen Wertsphären eigensinnig vollzieht. Die Begründung für die Parallelität und die Eigendynamik der Prozesse, die Weber letztlich schuldig blieb, wird von Luhmann dann darin gesehen, dass sich der gesellschaftliche Rationalisierungsprozess als ein historischer Prozess der Ausdifferenzierung vollzieht, damit auf der *sachlichen Trennung von Funktionen* und *der operativen Verselbstständigung von Kommunikationen* beruht, die zur Herausbildung einer Pluralität funktional spezifischer Systeme führt.

In den historischen Prozessen ihrer Verselbstständigung haben die Funktionssysteme je exklusive Zuständigkeit für je spezifische *Funktionen* übernommen, d. h. für gesellschaftlich anerkannte und für alternativlos gehaltene Problemstellungen.[35] Zu diesen zählen Knappheitsvorsorge (Wirtschaft), kollektiv bindendes Entscheiden (Politik), die kongruente Generalisierung normativer Erwartungen (Recht), Wahrheitsfindung (Wissenschaft), die Vermittlung von Wissen und Können (Erziehung), Krankenbehandlung (Gesundheit), die Messung körperlicher Leistungsfähigkeit (Sport) usw. Die operative Eigenständigkeit dieser Systeme beruht (analog zur konditionierten Mitgliedschaft im Falle der Organisation) auf je spezifischen binären *Codierungen* von Kommunikation, die selbstbezügliche Anschlüsse selektiv konditionieren – als Zahlungskommunikationen (zahlen/nicht zahlen), als politische Kommunikationen (Macht/Ohnmacht), als Rechtskommunikationen (Recht/Unrecht), als Wahrheitskommunikationen (wahr/unwahr), als Erziehungskommunikationen (vermittelbar/nicht vermittelbar) usw. Struktur gewinnen die funktionsspezifischen Kommunikationen durch jeweilige *Programme*, seien es politische Programme, Gesetzestexte und Rechtsverordnungen, Preise, wissenschaftliche Theorien- und Methodenprogramme. Sie bieten jeweils einschränkende Sinnorientierungen, etwa wofür gezahlt oder nicht gezahlt wird, wann Recht und wann Unrecht vorliegt, was als wissenschaftlich wahr oder unwahr zu gelten hat. Wenngleich keines der Funktionssysteme selbst insgesamt organisiert ist oder gar als Organisation funktioniert, sind die Funktionssysteme ohne die Beteiligung von Organisationen, die entsprechende Entscheidungen produzieren, nicht denk-

---

35 Alternativlosigkeit ist keine normative Frage, sondern wird als Effekt der Ausdifferenzierung hochabstrakter Bezugsprobleme (Funktionen) verstanden, denn in deren Rahmen werden zwar nie gekannte Substitutionsvorgänge und Anpassungsleistungen möglich, aber gerade dadurch wird die Funktion selbst unersetzbar. „Die hohe Elastizität wird mit einer eigentümlichen Starrheit ihrer Rahmenbedingungen bezahlt. Alles scheint kontingent, aber die Realisierung anderer Möglichkeiten ist an spezifische Systemreferenzen gebunden" (Luhmann 1986, S. 207).

5.1 Kulturelle Rahmung durch World Polity

bar. Organisationen richten sich zwar typischerweise an Funktionssystemen der Gesellschaft aus, führen jedoch nicht einfach deren Programme aus, sondern sie reproduzieren sich, wie gesehen, selbstbezüglich auf der Basis eigener Operationen, eigener (Entscheidungs-)Programme und eigener Grenzziehungen.

Der Neoinstitutionalismus dagegen fand einen ganz anderen Ausweg aus den Überschätzungen der Effizienz, die der Formalitätsbegriff in der Nachfolge Webers lange Zeit in der Organisationsforschung transportiert hatte. Und auch er entwickelt einen gesellschaftsbezogenen Rahmen, der mit seinem organisationssoziologischen Argument und Verständnis der Formalität korrespondiert. Von Weber wird im Neoinstitutionalismus der *Zusammenhang von Formalität und Legitimität* aufgegriffen. Die Bindung des Begriffs der Legitimität an den der Herrschaft, die für Weber zentral war, wird allerdings aufgegeben. Aus dem Weber'schen Legitimitätsglauben wird im Neoinstitutionalismus ein Rationalitätsglaube. Das prominente organisationssoziologische Argument von Meyer und Rowan (1977) lautet, dass es sich bei organisatorischen Formalstrukturen – wie Organisationsmodellen, Programmen, Verfahrensweisen, Managementinstrumenten, auch Technologien – um Strukturen handelt, an deren Rationalität *geglaubt* wird. Da deren tatsächliche Rationalitätswirkungen in der Regel nicht wirklich überprüft und evaluiert werden, können diese Strukturen eine unhinterfragte Geltung bis hin zur mythischen Überhöhung annehmen. In diesem Sinne lässt sich dann von Rationalitätsmythen (*rationalized myth*) sprechen. Organisationen beziehen sie als „prefabricated formulae" und „packaged codes" (ebd., S. 344) aus institutionellen Kontexten (und in diesem Sinne aus der Gesellschaft) und bauen sie in ihre Formalstruktur ein, um Rationalität zu demonstrieren und auf diese Weise Legitimität zu sichern. Denn diese ist nötig, um Ressourcen und Unterstützung aus der Umwelt zu erhalten. Von Rationalität ist die Rede, weil und soweit die institutionalisierten Blaupausen formaler Organisation unpersönlich definierte Konstrukte darstellen, die *Zwecken* in regelhafter Weise *Mittel* zu ihrer Erreichung kausal zuordnen. Von Mythen ist zugleich die Rede, weil an die Rationalität der Zweck/Mittel-Relationen nur geglaubt wird, eine Evaluation von Wirkungen faktisch unterbleibt und Inspektionen allenfalls zeremoniell vorgenommen werden.[36]

---

36 Max Weber hatte nicht von *Rationalitätsglauben*, sondern vielmehr – für den eingeschränkten Bereich von Herrschaftsordnungen und im Zusammenhang der spezifischen Frage nach den Geltungsgründen für Zustimmung – von *Legitimitätsglauben* gesprochen. Aber selbst wenn man annimmt, dass für Weber „die Institutionalisierung des Glaubens" bedeutsam war, „dass die Ordnungen und Artefakte in der Moderne rationalen Charakters sind" (Stock 2005, S. 192), so war für ihn zugleich undenkbar, dass der Glaube an die Rationalität sozialer Ordnungen gesellschaftlich auch dann noch Geltung besitzen kann, wenn ihm im Handeln – regelmäßig – nicht entsprochen wird

Mit der Verankerung von formal-organisatorischen Strukturen in ‚Institutionen' und mit ihrer Legitimitätsbedeutung für Organisationen erklärt der Neoinstitutionalismus seine Beobachtung der Ähnlichkeit zwischen Organisationen. Diese Beobachtung ist nicht überraschend, kommt doch den formalen Strukturen im Neoinstitutionalismus lediglich Oberflächenprominenz zu. Der Ansatz beschränkt sein Interesse gewissermaßen selbst auf die durch Organisationen nach außen präsentierten (legitimatorischen) Fassaden der Rationalität, die – auch das sehen die Autoren – nach innen keine realistische Grundlage für die Steuerung des organisatorischen Handelns übernehmen können, denn die institutionellen Strukturen sind hochgradig generalisiert, damit aber nicht für jede spezifische Situation geeignet. Auch verkürzen die formalen Mythen Rationalität lediglich auf die Relation von Zweck und Mittel, die aber, wie oben (Kap. 3.3) gesehen, nicht instruktiv für Handeln unter Bedingungen der Unsicherheit ist.[37] Und so lautet das diesbezüglich zentrale organisationssoziologische Argument des Neoinstitutionalismus dann auch, dass die Formalstrukturen von den tatsächlichen Aktivitätsstrukturen der Organisation entkoppelt werden (*decoupling*). Diese alltäglichen Aktivitäten der Organisation in ihren Aufgabenumwelten, also die faktisch-operativen Prozesse des Organisierens, stehen aber nicht im Zentrum des neoinstitutionalistischen Interesses.

Das gleiche Argumentationsmuster gilt dann auch für die gesellschaftsbezogene Ausarbeitung des Ansatzes. Die zentrale These bezieht sich auf die ‚globale' Ausbreitung eines dominanten, auf Glaubensvorstellungen und Grundüberzeugungen beruhenden kulturellen Rahmens (‚*World Polity*'), der formale Rationalisierungsideale und den Glauben an Fortschritt ebenso einschließt wie universalistische Prinzipien von Gleichheit, Gerechtigkeit und Fairness. Der Neoinstitutionalismus bleibt seiner organisationssoziologischen Ausgangsthese und seinem auf Glauben bezogenen Verständnis der formalen Rationalisierung dabei auch im World-Polity-Ansatz treu: Organisationen werden als Adressaten institutioneller Ansprüche im oben genannten Sinne aufgefasst; wie auch Staaten und Individuen gelten Organisationen als *Konstrukte* der Weltkultur. Sie übernehmen dabei auch die Rollen von Agenten und Vermittlern, die – etwa durch Empfehlungen, Beratungsleistungen sowie auch kritische Stellungnahmen – die globale Ausbreitung der dominanten Kultur vorantreiben.

(vgl. ebd.). Der Neoinstitutionalismus behauptet aber genau dies: Die institutionalisierte Rationalitätserwartung hat Folgen nur auf der Oberfläche von Organisationen, aber damit keine empirische Deckung im Handeln.

37 In diesem Punkt schließt der Neoinstitutionalismus an die Einsichten der verhaltenswissenschaftlichen Entscheidungstheorie an.

5.1 Kulturelle Rahmung durch World Polity

Die Ausarbeitung der Weber'schen Vorgaben und die Lesart der formalen Rationalität könnten unterschiedlicher kaum ausfallen. Während die Rationalisierungsthese im Neoinstitutionalismus in die These der weltweiten Angleichung von Strukturen übersetzt wird (,institutionelle Isomorphie'[38]), also auf eine *Homogenität* von Strukturen hinausläuft, rekonstruiert die soziologische Systemtheorie die Rationalisierungsthese als einen Prozess der Differenzierung, in dem sich die Funktionssysteme, aber auch Organisationen und Interaktionen[39] trennen und qua Grenzziehung je gegeneinander verselbstständigen. In dieser Perspektive produziert und reproduziert die moderne Gesellschaft eine *Heterogenität* der Strukturen (vgl. Besio und Meyer 2014). Und während formale Organisationen im Neoinstitutionalismus als ,*Top-down*'-Konstrukte der World Polity erscheinen, betont die Systemtheorie, dass Organisationen weder ,von oben' gebildet werden noch überhaupt *durch* funktionale Differenzierung entstehen (vgl. Tyrell 2008, S. 57). Es liegt vielmehr ein Verhältnis wechselseitiger Bestimmtheiten und Unbestimmtheiten vor, also „lose Kopplung" (ausführlich dazu: Orton und Weick 1990).

Wenngleich die Systemtheorie die selbstbezügliche Sinnkonstitution und Sinnreproduktion von Organisationen, aber auch von anderen Sozialsystemen wie Interaktionen betont, ist damit umgekehrt nicht gesagt, dass sich die Bildung solcher Systeme *voraussetzungslos* vollziehen könnte. Im Falle von Interaktionen, die auf Anwesenheit (Kopräsenz, als Möglichkeit der Wahrnehmung des Wahrgenommenwerdens) beruhen, sind die gesellschaftlichen Voraussetzungen vergleichsweise gering, auch wenn die Gesellschaft in einfachen und ständischen Gesellschaften noch Vorgaben macht, wer mit wem aus welchem Anlass in Kontakt treten kann. Interaktionen sind keine moderne Erfindung, sondern vielmehr von sozial „universeller Bedeutung" (Luhmann, zit. nach Tyrell 2008, S. 68). Die Bildung von Organisationen ist dagegen weit voraussetzungsvoller. Schon weil sie auf *Mitgliedschaft* beruhen, können sie erst mit und in der modernen Gesellschaft

---

38 DiMaggio und Powell (1983), die das Konzept eingeführt haben, unterscheiden drei Mechanismen der Erzeugung von Isomorphie, die sie in „organisationalen Feldern" am Werk sehen: Zwang (insb. staatliche Regulierung), normativen Druck (insb. professionelle Normen) und kognitive Mimese (insb. organisatorische Imitation). Wir unterschlagen das Feldkonzept hier, weil der Raum fehlt, es mit Bezug auf die Frage von Differenzierungen (Heterogenitäten) zu diskutieren.

39 Interaktionssysteme konstituieren sich auf der Grundlage von *Anwesenheit*. Die Konditionierung und Strukturierung der Kommunikation vollzieht sich über die reflexive Wahrnehmbarkeit der ,kopräsenten' Teilnehmer(innen) füreinander, sei es in Verkaufsgesprächen, Bundestagsdebatten, Seminardiskussionen, Streitgesprächen unter Unfallbeteiligten oder Nachbar(inne)n, lockeren Plaudereien unter Kolleg(inn)en oder Partybesucher(inne)n – bis hin zu nonverbalen Verständigungen bei Aufzugfahrten. Vgl. Hirschauer 1999.

entstehen. Erst sie schafft entsprechende Strukturvoraussetzungen. Wir wollen einigen wichtigen Strukturvoraussetzungen im Folgenden nachgehen, bevor wir im Weiteren auf die Diversität der modernen Organisationen eingehen.

5.2 Gesellschaftliche Strukturvoraussetzungen der Organisationsbildung

Bestimmte Erwartungsstrukturen, die wir heute wie selbstverständlich in der modernen Form von Organisation als eigenständigem Sozialsystemtypus finden, gab es bereits in den intermediären Gebilden der vormodernen, ständisch differenzierten Gesellschaften, etwa in den Zünften, Gilden, Klöstern sowie auch weiteren Korporationen.[40] Unterschiede zwischen modernen und vormodernen (Proto-) Formen der Organisation sind jedoch festzuhalten, und in gewisser Weise sind die Unterschiede so groß, dass man im Grunde von einem schiefen Vergleich sprechen muss (vgl. Luhmann 1964a, S. 387 f.). Das betrifft schon das zahlenmäßig geringe Vorkommen von Organisationen in vormodernen Gesellschaften und, umgekehrt, das Ausmaß der Durchdringung erst der modernen Gesellschaft mit Organisationen. Und entsprechend betrifft dies auch die Bedeutung, die die Teilnahme an Organisationen für den Einzelnen vormals, so sie zustande kam, hatte und die sie demgegenüber heute für jeden Einzelnen hat.

Vor allem der Blick auf die unterschiedlichen Formen der Teilnahme macht einen zentralen Unterschied sichtbar. Denn die vormoderne Korporation bezog Personen nicht als Mitglied, also in eine spezielle, zeitlich, sachlich und sozial begrenzte Rolle (Partialinklusion), ein. Vielmehr betraf der Einbezug die ganze Person, also alle ihre Lebensbezüge (Vollinklusion).[41] Anders als Klöster oder Zünfte setzen moderne Organisationen voraus, dass ihre Mitglieder mit ihren eigenen anderen Rollen auch an zahlreichen anderen Sozialsystemen der Gesellschaft teilnehmen, einschließlich auch weiterer Organisationen. Mitgliedschaften können überdies nicht nur gewählt, sondern im Prinzip auch gewechselt werden. Die meist rituelle Aufnahme in eine Korporation konstituierte hingegen eine lebenslange und exklusive Bindung. Einbezug in eine Korporation war zugleich die Form des Einbezugs in

---

40 Das ist eine weitreichende Diskussion, auf die wir hier nicht näher eingehen können. Vgl. dazu Drepper 2003, S. 29-43.
41 Das gilt jedenfalls grosso modo. Bei Stichweh (2000, S. 29 f.) findet sich das plausible Argument, dass die Korporationen mit ihren Sachorientierungen funktionale Differenzierung vorbereiten. Ihnen kommt damit im Rahmen der ständisch differenzierten Gesellschaft eine Innovationsfunktion zu.

die Gesellschaft. Schon in dieser Hinsicht haben vormoderne Korporativformen wenig mit den uns heute bekannten mitgliedermobilen Organisationen zu tun. Die Korporationen konnten überdies weder beliebig entstehen noch gar über ihre Strukturen frei entscheiden. Sie waren von weltlichen oder kirchlichen Mächten zugelassen und in ihren Aufgaben und statusbezogenen Teilnahmeregeln mehr oder weniger präzise festgelegt (vgl. Stichweh 2000). Zumal *kein direkter* Weg von den mittelalterlichen Korporationen zu modernen Formen der Organisation führt, müssen wir hier auf historische Rekonstruktionen verzichten. Wir wollen uns darauf beschränken, gesellschaftsstrukturelle Voraussetzungen moderner Organisationsbildung darzulegen.

Erst mit und in der modernen Gesellschaft sind, anders gesagt, jene gesellschaftlichen Voraussetzungen gegeben, die Organisationen als spezifische Sozialsysteme nicht nur im Einzelfall möglich, sondern vielmehr in großer Zahl und Vielfalt regelmäßig wahrscheinlich machen. Wenngleich, wie wir später sehen werden, unterschiedliche Typen von Organisationen sich in je eigener Weise auf Strukturen der Gesellschaft beziehen, sind vor allem drei gesellschaftliche Funktionskontexte – Wirtschaft, Recht und Erziehung – zu nennen, die als allgemeine Ermöglichungsbedingungen moderner Organisationsbildung gelten können.

Wirtschaft

Organisationen fragen nicht laufend nach den Motiven ihrer Mitglieder. Sie stützen und verlassen sich, so hatten wir oben organisationsbezogen ausgeführt, auf die erklärte Bereitschaft von Individuen, Mitglied zu werden und geltende Erwartungen an Mitglieder anzuerkennen – oder anderenfalls auszutreten bzw. die Mitgliedsrolle zu verlieren. Nicht zwar für Organisationen selbst, wohl aber in einer gesellschaftsbezogenen Perspektive auf Organisationen stellt sich die Frage, wieso Organisationen eigentlich mit solchen Bereitschaften von Individuen rechnen können – und dies nicht nur singulär und gelegentlich, sondern massenhaft und immer wieder (vgl. Bommes und Tacke 2001). Wie kann das sein, wenn die Übernahme der Rolle als Mitglied bedeutet, Erwartungen in genereller Form zuzustimmen? Warum sollte man sich zudem als Mitglied in eine subordinierte Rolle begeben, zumal in einer Gesellschaft, die insgesamt gerade nicht mehr hierarchisch geordnet ist, sondern Ansprüche und Normen der Gleichheit etabliert? Freiwilliger Eintritt in formale Organisationen muss, so gesehen, zunächst als unwahrscheinlich erscheinen. Diese Unwahrscheinlichkeit der Mitgliedschaft in Organisationen wird gesellschaftsstrukturell in Wahrscheinlichkeit überführt, und zwar durch die Wirtschaft, genauer gesagt, durch *Geldwirtschaft* und die Institutionalisierung von *Arbeitsmärkten*. In der modernen Gesellschaft wird die Erwartung generalisiert, dass Individuen arbeiten, um ihren Lebensunterhalt ökonomisch zu sichern. Soweit moderne Arbeit *Erwerbsarbeit* ist, ist sie durch ihren ökonomischen „Bezug auf's Geld" (Ganßmann 1996, S. 274) definiert. Ist mit Arbeit einerseits eine Form der Teilnahme von Individuen an der *Wirtschaft* angesprochen, konstituieren Arbeitsmarkt und Geldwirtschaft zugleich für Organisationen die Bedingung der Möglichkeit, nicht nur im Einzelfall, sondern laufend mit Individuen rechnen zu können, die – gegen Geld – bereit sind, sich den Erwartungen in einer Mitgliedschaftsrolle zu unterwerfen. Die generalisierte Zustimmung, Erwartungen der Organisation zu erfüllen, wird getauscht gegen das generalisiert verwendbare, für die moderne Lebensführung unverzichtbare Medium Geld.

Erst diese spezifische gesellschaftliche Voraussetzung ermöglicht jene Mobilität von Mitgliedschaften, aus der Organisationen die erwartungssichere Möglichkeit beziehen, sich Aufgaben zuwenden zu können, für die es in den Motivlagen ihrer Mitglieder keine unmittelbare oder stabile Deckung gibt. Weder über faktische Motivausstattungen und Lebenslagen von Individuen noch über tatsächliche Leistungsmöglichkeiten von Organisationen und Leistungsgrenzen von Arbeitsmärkten ist damit schon etwas gesagt. Bemerkenswert ist vielmehr, dass die Risiken und Folgeprobleme der Abhängigkeit der Individuen von Einkommen gar nicht im angesprochenen Verhältnis von Wirtschaft (Arbeitsmarkt) und Organisation (Mitgliedschaft) selbst bearbeitet werden, sondern sie, soweit sie nicht an den Personen selbst nagen, an anderen Stellen in der Gesellschaft zum Thema und Problem werden. Zu denken ist, neben Familien und Intimbeziehungen, an Organisationen der Politik sowie, am Ende, an Organisationen der sozialen Hilfe (vgl. Bommes und Scherr 1996, 2000).

Recht

Organisationen wie wir sie kennen wären ohne modernes Recht nicht denkbar. Das betrifft insbesondere Rechte an Eigentum, die beliebige Zugriffe durch andere verhindern, und Vertragsrechte, die das Eingehen und die Durchsetzbarkeit von im Prinzip beliebigen und sehr unwahrscheinlichen wechselseitigen Verpflichtungen ermöglichen (vgl. Luhmann 1972, S. 74 ff.). Auch dies betrifft in einem spezifischen Sinne die Mitgliedschaft, soweit es um den zuvor angesprochenen ökonomischen Tausch, Arbeit gegen Geld, geht. Denn vorausgesetzt ist, was erst in der modernen Gesellschaft der Fall ist: dass Individuen das subjektive Recht haben, das eigene Arbeitsvermögen als Eigentum zu Markte zu tragen und Arbeitsverträge zu schließen. Erst mit der Freisetzung von Individuen aus feudalen Abhängigkeiten und mit der Durchsetzung bürgerlicher Eigentums- und Vertragsrechte wird ‚unfreie Arbeit' in ‚freie Arbeit' verwandelt. Auf die Zwiespältigkeit der „freien Arbeit" haben Marx und Weber gleichermaßen hingewiesen. Sie beruht, so Weber (1923, S. 239 f.), darauf, dass „Personen vorhanden sind, die nicht nur rechtlich in der

5.2 Gesellschaftliche Strukturvoraussetzungen

Lage, sondern auch wirtschaftlich genötigt sind, ihre Arbeitskraft frei auf dem Markt zu verkaufen". Marx hatte dabei zuvor bereits von der „doppelten Freiheit" des Lohnarbeiters gesprochen (MEW 42, S. 414; MEW 23, S. 183): Er ist ‚frei' von den feudalen Fesseln, aber er ist zugleich ‚frei' vom Eigentum an Produktionsmitteln, also gezwungen, sich in Lohnarbeitsverhältnisse zu begeben, was unter frühkapitalistischen Bedingungen – also vor der politischen und gewerkschaftlichen Erkämpfung von Arbeitsrechten – zunächst bedeutete, der Ausbeutung und Willkür des Kapitalisten schutzlos ausgeliefert zu sein.

Neben den bürgerlichen Eigentums- und Vertragsrechten, die Organisationsbildungen auf der Grundlage bezahlter Mitgliedschaft ermöglichen, ist mit der *Vereinigungsfreiheit* eine zweite, in modernen Rechtsstaaten grundrechtlich garantierte Möglichkeit für Organisationsbildung zu nennen. Entstanden im Zuge der Herausbildung politischer Freiheitsrechte, sichert dieses Grundrecht die Freiheit, an Vereinigungen teilzunehmen, aber auch, ihnen fernzubleiben. So wie auf der Grundlage von Arbeit gegen Geld nicht nur Unternehmen, sondern nahezu beliebige andere Organisationen möglich werden, entstehen auch auf der Grundlage dieses Rechts keineswegs nur politische Organisationen wie Parteien und Interessenverbände. Vielmehr sind auch damit Möglichkeiten für im Prinzip beliebige Organisationsbildungen gesellschaftlich geschaffen – nur unter der Einschränkung, dass keine kriminellen oder terroristischen oder ansonsten rechtswidrigen Zwecke verfolgt werden. Gesellschaftlich gesehen ist mit der Vereinigungsfreiheit allerdings kein der Arbeit vergleichbarer struktureller Mechanismus institutionalisiert, der Organisationen zum einen erwartungssicher mit Mitgliedern versorgen würde und der es ihnen zum anderen ermöglichte, Aufgaben unabhängig von Mitgliedschaftsmotiven zu übernehmen und zu bearbeiten. Die Vereinigungen bleiben von Motiven ihrer Mitglieder abhängig. Sie sind in diesem Sinne schwach formalisiert, wenngleich sie rechtlich Verfassungsrang haben.

Erziehung

Neben Wirtschaft und Recht stützt sich moderne Organisationsbildung auf ein weiteres Funktionssystem als gesellschaftlich grundlegende Voraussetzung und Vorleistung: auf das *Erziehungssystem*. Das gilt, weil und soweit Mitgliedschaftsbedingungen in Organisationen, historisch gesehen, von sozialstrukturellem ‚Status' auf sachliche ‚Kompetenz' umgestellt werden. Organisationen übernehmen zunehmend spezifischere Aufgaben bzw. ‚erfinden' auch Aufgaben, die unter vormodernen Verhältnissen noch nicht durchführbar und denkbar waren. Evident ist die Abhängigkeit von Erziehung also vor allem dort, wo die Programme von Organisationen Qualifikationsbündel voraussetzen, die nur in langen und spezifischen Ausbildungsgängen erworben werden können. Wird zudem bedacht, dass große und komplexe Organisationen auf zahlreiche und heterogene Qualifikationsbündel angewiesen sind und sie überdies, etwa im Zuge von umweltbezogenen Strukturanpassungen, darauf angewiesen sind, Kompetenzen an einzelnen Stellen ergänzen oder austauschen zu können, so wird deutlich, dass Organisationen für die Erzeugung des Wissens und Könnens, das sie nutzen, nicht individuell sorgen können, selbst wenn es auch organisationsinterne Aus- und Weiterbildung gibt.

Die Angewiesenheit von Organisationen auf Erziehung ist sogar noch weit grundlegender. Denn da Organisationen keine elementaren Lebens- und Verhaltensordnungen sind, sondern es um funktionale Formen des Kontakts und selektive Erwartungen an regelmäßige und regelhafte Zusammenarbeit in Mitglieds- und Arbeitsrollen geht, setzen formalisierte Sozialsysteme – weit jenseits von Erwartungen an Hochleistungen – den Erwerb von Mindestkompetenzen der Teilnahme in organisatorischen Rollen voraus. Solche Kompetenzen sind auf der Seite der Individuen nicht einfach gegeben, sondern sie werden – beginnend, wenn nicht schon im Kindergarten, mit der Teilnahme an organisiertem Unterricht – erworben und eingeübt; sie können umgekehrt aber auch verloren gehen, wie man an Dauerarbeitslosen beobachten kann, die als nicht mehr ‚vermittelbar' in organisatorische Mitgliedsrollen gelten, weil sie die damit verbundenen basalen Verhaltenserwartungen nicht (mehr) erfüllen (können). Eindrucksvoll zeigt dies die klassische Studie über ‚Die Arbeitslosen von Marienthal' (Jahoda, Lazarsfeld, Zeisel 1975[1933]).

Mit den drei zuvor genannten Funktionskontexten haben wir wichtige *allgemeine* Strukturvoraussetzungen der modernen Organisationsbildung benannt. Wir haben hier vor allem solche Voraussetzungen erwähnt, die die Mitgliedschaft, also das konstitutive Moment der Organisationsbildung, betreffen.[42] Sie erläutern, dass Organisationssysteme, die auf freiwilliger Mitgliedschaft beruhen, erst in der modernen, funktional differenzierten Gesellschaft möglich und wahrscheinlich werden sowie faktisch auch erst dann in großer Zahl entstehen. Zumal sich Organisationen in ihrer Reproduktion und um ihrer Reproduktion willen in sehr verschiedenen Formen und Hinsichten – operativ wie strukturell – auf die Gesellschaft und ihre Funktionssysteme beziehen und einstellen, ist damit freilich noch nicht viel zum Verhältnis von Organisation und Gesellschaft gesagt. Wir wollen uns daher nun zunächst der Diversität der Organisationen zuwenden, die in der modernen Ge-

---

42 Man könnte sie freilich noch ergänzen, etwa auf die – erst mit der staatlichen Monopolisierung von Gewalt – etablierte Gewaltfreiheit der Verhältnisse in Organisationen hinweisen.

sellschaft auf den zuvor genannten allgemeinen Grundlagen entsteht. Im Weiteren werden wir dann den Fokus verkleinern und uns Typen der Organisation ansehen.

5.3 Gesellschaftliche Diversität der Organisationen: Typologien und Typen der Organisation

Mit der gesellschaftlichen Diversität von Organisationen hat sich die Organisationssoziologie in vor allem zwei Fassungen bzw. Perspektiven beschäftigt: Auf der einen Seite wurden – beginnend in den 1960er-Jahren – Typologien der Organisation vorgeschlagen, die die Diversität der Organisationen *kategorial* zu ordnen versuchten oder, etwas bescheidener, der Vielfalt wenigstens plausible Gesichtspunkte für *Vergleiche* abzugewinnen suchten. Auf der anderen Seite wurde die Diversität der Organisationen – seit Mitte der 1970er-Jahre – zum Gegenstand von *evolutionären* Ansätzen. Hier stehen das Entstehen und Vergehen von ‚Arten' und ‚Formen' der Organisation im Zentrum. Erfasst wird der evolutionäre Prozess dabei als Wandel auf der Ebene von ‚Populationen'. Beginnen wir mit dieser zweiten Perspektive, da sie uns mit Blick auf eine gesellschaftsbezogene Perspektive nur bedingt weiterführen wird.

In direkter Analogie zur Theorie der ‚*natural selection*' in der synthetischen Evolutionsbiologie geht es im populations- bzw. organisationsökologischen Ansatz der Organisationsforschung um die Evolution – also Prozesse der Variation, der Selektion und der Bewährung (Retention) – von organisatorischen Formen (vgl. im Überblick: Kieser und Woywode 2006; Preisendörfer 2005, S. 133 ff.; Wortmann 2010, insb. S. 111 ff.). Die Ebene der Analyse sind *Organisationspopulationen*. Der Grund dafür hängt mit dem zentralen inhaltlichen Argument zusammen: Denn angenommen wird, dass Organisationen zwar an ihre Umwelten angepasst sein müssen, um überleben zu können, aufgrund ihrer Trägheit (*inertia*) fehlt ihnen aber die Fähigkeit, ihre Strukturen an gewandelte Umweltbedingungen aktiv anzupassen. Der Wandel organisatorischer Strukturen vollzieht sich, so das Hauptargument, daher nicht auf der Ebene der einzelnen Organisation (interne Selektion), sondern auf der Ebene der Population (externe Selektion). Etwa die Konkurrenz um knappe Ressourcen in einer Nische (wie um Besucher von Restaurants in einer Stadt; vgl. Freeman und Hannan 1983) gilt als ein solcher Selektionsmechanismus.

Die Analogie zu biologischen Spezies liefert dem populationsökologischen Ansatz damit zwei Annahmen über Organisationen: Sie existieren in Umwelten, die ihnen existenziell relevante Ressourceneinschränkungen auferlegen, und sie haben zugleich nur eine eingeschränkte Fähigkeit, sich Umweltveränderungen anzupassen, sind also gewissermaßen in ihrer Genausstattung festgelegt. Der ursprünglich von Hannan und Freeman (1977, 1984) eingeführte Ansatz bezieht den Prozess der Auslese auf *ganze* Organisationen, argumentiert also mit Neugründungs- und Mortalitätsraten von Organisationen. Kritisch kann man dagegen einwenden, dass zumindest große Organisationen selten sterben, schon weil es auch Erhaltungsinteressen in der Umwelt gibt. Eine spätere Version (vgl. McKelvey und Aldrich 1983) bezieht den Reproduktionserfolg dagegen nur auf einzelne technologische und organisatorische Kompetenzbündel (*comps*), die in diesem Fall das Analogon zur Genausstattung biologischer Spezies bilden. Eine weitere Differenzierung des Ansatzes sei überdies erwähnt: In starker Auslegung der Selektionsannahme besagt er, dass nur die optimal an die ‚Nische' angepassten Organisationen der Population überleben (positive Selektion). Schwächere Auslegungen gehen dagegen nicht von optimierender Selektion aus, sondern nehmen stattdessen an, dass nur die am schlechtesten angepassten Organisationen der Population ‚sterben' (negative Selektion).

Die Organisationsökologie hat ein bemerkenswert großes Forschungsinteresse auf sich gezogen. Das dürfte auch damit zusammenhängen, dass mit großen Datensätzen (amtlicher Statistik, Panel- und Betriebsdaten) gearbeitet werden kann, die mithin leichter verfügbar sind als vertieftes Einzelfall- und Prozesswissen. Trotz Beliebtheit sind erhebliche theoretische Mängel nicht zu übersehen (siehe zur kritischen Würdigung: Kieser undWoywode 2006, S. 309 ff.). Sie betreffen insbesondere die den Ansatz tragende Genanalogie, die übersehen lässt, dass Organisationen nicht nur ihre Strukturausstattung durchaus – qua Entscheidung – ändern können, sondern dass sie etwa auch in der Lage sind, zu fusionieren oder neue Organisationen aus sich heraus zu bilden (Outsourcing). In unserem Zusammenhang ist darüber hinaus eine andere Problematik des Ansatzes hervorzuheben. Denn wenngleich Evolutionstheorien von Hause aus Diversität annehmen, weil sie die Voraussetzung für Prozesse (bzw. Argumente) der Selektion ist, hat der Populationsansatz zur hier interessierenden Frage der Diversität von Organisationen und speziell zum Verhältnis von *organisatorischer Diversität und funktional differenzierter Gesellschaft* nicht viel beizutragen. Das hängt vor allem damit zusammen, dass nur die Gründungs- und Überlebensraten von je *gleichartigen* Organisationen – seien es Unternehmen der Halbleiterindustrie oder Restaurants – untersucht werden (Hannan und Freeman 1984, 1987). Denn genau dafür steht der Begriff der Organisationspopulation.

Immerhin macht der Ansatz aber auf Grenzen der Reproduktionsfähigkeit und des Wachstums von gleichartigen Organisationen aufmerksam. Zwar überzieht er mit der Genanalogie, zumal in ihrer starken Variante, die Annahme der Unveränderlichkeit der ‚Ausstattung' von Organisationen (dies wohl, um seiner These externer Selektion Plausibilität zu verschaffen), aber auch wenn man unterstreicht,

5.3 Gesellschaftliche Diversität der Organisationen

dass Organisationen entscheidungsfähig sind (interne Selektion) und dabei im Unterschied zu Lebewesen und zu anderen Typen von Sozialsystemen auch noch über ihre Strukturausstattung qua Entscheidung disponieren können, muss man nicht bestreiten, dass Organisationen an mangelnder Angepasstheit oder mangelnder Anpassungsfähigkeit scheitern können. Die am ökologischen Paradigma orientierte Forschung hat diesbezüglich auf Wachstumsgrenzen gleichartiger Organisationen (*overshooting*) und auf besondere Scheiternsrisiken von Neugründungen (*liability of newness*) sowie auch von kleinen Organisationen hingewiesen (*liability of smallness*).[43] Während entsprechende empirische Forschungen sich mit quantitativen Raten des Scheiterns auf der Ebene ganzer Populationen befassen, ist das Scheitern einzelner Organisationen bisher – zumal qualitativ und mit Blick auch auf andere als Knappheits- und Wettbewerbsbedingungen – kaum untersucht worden.

Auch der zweite Zweig des Umgangs mit der Diversität der Organisationen führt vor konzeptionelle Schwierigkeiten. Wir greifen das Thema der *Typologien der Organisation* gleichwohl auf, zum einen soweit (und nur insoweit) damit gesellschaftsbezogene Argumente verbunden sind, und zum anderen, weil wir damit begründen wollen, dass und warum wir Fragen des Zusammenhangs von Organisation und Gesellschaft sodann auf bescheideneren Wegen weiterverfolgen werden. Wir werden, anders gesagt, später nicht mehr von kompakten Typologien der Organisation ausgehen, durchaus aber von einzelnen Organisationstypen sprechen und sie mithin vergleichen.

Die bekannteste *genuin gesellschaftsbezogene* Typologie der Organisationen stammt von Talcott Parsons (1960a, S. 44-56). Er klassifizierte Organisationen entlang der Ziele, mit deren Verwirklichung sie zur Erfüllung der Funktionen des Gesellschaftssystems beitragen: Im Rahmen seines analytisch begründeten Vierfunktionenschemas (AGIL) unterschied Parsons ökonomische (*adaptation*), politische (*goal attainment*), integrative (*integration*) und kulturelle Organisationen (*latent pattern maintenance*). Er verband damit die Annahme, dass sich vom gesellschaftlichen Funktionsbezug der Organisation her auch auf Unterschiede in den Strukturen und Funktionsweisen von Organisationen schließen lasse. Folgt man allerdings, mit Luhmann, einer sich nicht lediglich analytisch, sondern empirisch

---

43 Die These der Liability of newness, die besagt, dass junge Unternehmen eine höhere Wahrscheinlichkeit haben, vom Markt zu verschwinden als alte, stammt bereits aus den 1960-er Jahren und von Arthur L. Stinchcombe (1965), der damit wichtige Grundlagen für den späteren populationsökologischen Ansatz geliefert hat. In seinem Beitrag „Social Structure and Organizations" ist auch die These zu finden, dass Umweltbedingungen die Strukturen der Gründungsphase von Unternehmensorganisationen in dauerhafter Weise prägen (*imprinting*), sodass die in einer bestimmten historischen Phase gegründeten Organisationen sich strukturell ähnlich sind.

verstehenden Theorie gesellschaftlicher Differenzierung, dann wäre zunächst schon von einer weit größeren Anzahl gesellschaftlicher Funktionssysteme und den je entsprechenden Organisationen auszugehen: Erziehungsorganisationen, Wirtschaftsorganisationen, politische und rechtliche Organisationen, Wissenschaftsorganisationen, Organisationen der Religion, der Kunst, der Gesundheit, des Sports, der Massenmedien. Einzuwenden bleibt aber auch, dass mit dem Funktionsbezug allein noch *nicht sehr viel* über organisatorisch relevante Strukturunterschiede (Typen) gesagt ist. So handelt es sich beispielsweise bei so verschiedenen Organisationen wie Parlamenten, staatlichen Administrationen, Parteien, Verbänden und Bewegungsorganisationen gleichermaßen um politische Organisationen (Hoebel 2012).

Eine nach gesellschaftlichen Funktionen kategorisierende Typologie der Organisationen scheint Plausibilität zu haben, zumal sich in allen Funktionssystemen der Gesellschaft – von Familien bzw. Intimbeziehungen abgesehen – Organisationen gebildet haben, die der jeweiligen gesellschaftlichen Funktion zuarbeiten und keines der Funktionssysteme ohne den buchstäblich ‚entscheidenden' Beitrag von Organisationen auskommt. Die Schwierigkeiten einer in dieser Weise und Richtung gebildeten Typologie, die von der Gesellschaft her Organisationen sortiert (Funktionssystem(e) → Organisation(en)), werden erkennbar, wenn man die Perspektive wendet und danach fragt, wie Organisationen sich im Einzelnen mit *ihren Strukturen* auf *gesellschaftliche Strukturen* beziehen (Organisation(en) → Funktionssystem(e)). Nicht überraschend ist, dass (auch) in dieser Perspektive zunächst einmal viele klare Fälle in den Blick fallen. Kirchen, Opernhäuser oder Unternehmen lassen sich recht klar einem Funktionssystem zurechnen.

Interessanter und aufschlussreicher sind aber die Abweichungen, die in dieser gewendeten Perspektive in den Blick geraten. So weisen Universitäten seit Jahrhunderten die Besonderheit auf, dass sie sich an Erziehung *und* Wissenschaft (Lehre und Forschung) gleichermaßen orientieren. Man kann in diesem Fall wohl – bis heute – von einem hochinstitutionalisierten Fall einer funktionalen Doppelorientierung sprechen.[44] Tendenzen einer Doppelorientierung in etwas anderem Sinne, die man tentativ als Überlagerung beschreiben könnte, lassen sich – vor allem in jüngerer Zeit – bei zahlreichen anderen Typen der Organisation beobachten, soweit

---

44 Wenn in den jüngeren Universitätsreformen das Prinzip der Einheit von Forschung und Lehre (Humboldt) zur Disposition steht, könnte man das als Indiz für die strukturelle Bedeutung von Funktionsdifferenzierungen für Organisationen verstehen, die hier gewissermaßen dann im Vergleich zu anderen Organisationstypen „nachgeholt" werden; umgekehrt kann man aber auch sagen, dass die universitäre Lehre erst mit diesen Reformen – im Zuge ihrer Didaktisierung – viel von ihrem ursprünglich wissenschaftlichen Charakter verloren hat, sodass Universitäten erst jetzt dazu tendieren, Organisationen mit Doppelorientierung an Wissenschaft *und* Erziehung zu sein.

5.3 Gesellschaftliche Diversität der Organisationen

sie zum Beispiel sportliche, medizinische oder Bildungszwecke mit einer stärkeren ökonomischen Orientierung verknüpfen. Vorsicht und genaues Hinsehen ist allerdings geboten, zumal alle Organisationen von Geld abhängig sind und Geld stets knapp ist (wir kommen darauf zurück). Von Privatkliniken, privaten Fernsehsendern und als Aktiengesellschaften antretenden Fußballclubs dürften aber auch weiterhin öffentlich getragene Universitäten zu unterscheiden sein, auch wenn sie sich heute häufig selbst als ‚unternehmerische Universität' beschreiben und – in der Konkurrenz um Forschungsgelder – dazu tendieren, solche Forschungen ihrer Professor(inn)en zu unterstützen, die ‚Drittmittel' einbringen.

Die Kombination von funktionsspezifischen Zwecken mit genuin ökonomischen Funktionsorientierungen scheint insbesondere mit Bezug auf solche Organisationen als prekär wahrgenommen zu werden, die sich – vermittelt durch Professionelle – lebenskritischen Problemen von Individuen annehmen: Krankenbehandlung, Erziehung, rechtliche Konfliktlösung, Religion sowie auch soziale Hilfen. Wie bedeutsam die Klärung der organisatorischen Funktionsorientierung im empirischen Sinne dann sein kann, sei an einem ‚exotischen' Fall kurz vor Augen geführt, der Scientology-Organisation. Denn gesellschaftlich umstritten ist in diesem Fall, auch im Rahmen zahlreicher Rechtskonflikte, ob und inwieweit es sich um eine primär religiöse oder um eine primär wirtschaftliche Organisation handelt.[45] Klärungsbedürftig ist dies – jedenfalls im Konfliktfall – schon deshalb, weil für Unternehmen und für Kirchen nicht die gleichen Rechtsnormen gelten, sei es steuerlich oder, wie in Deutschland, arbeitsrechtlich. Ohne hier die Differenzierung von Rechtstypen der Organisation und ein – zumal exotisches – Beispiel überziehen zu wollen, bestätigen die Debatten und Rechtskonflikte um die Scientology-Organisation immerhin die empirische Bedeutung, die der *Typisierung von Organisationen im Schema funktionaler Differenzierung* in der Gesellschaft zukommt (vgl. Tacke 2001b). Das gilt nicht nur im Recht, das Typen der Organisation auf seine Weise, eben rechtlich, ‚nachbildet', sondern auch im Alltag, also im Umgang mit Organisationen; und das gilt nicht nur, wo Funktionsorientierungen zwar erwartet werden, aber umstritten sind, sondern auch und gerade dort, wo sie unbestritten und mit hoher Selbstverständlichkeit unterstellt werden und ‚gelten'.

Die Plausibilität einer funktionsbezogen-kategorialen Organisationstypologie wird aber nicht nur durch die genannten ‚Sonderfälle' infrage gestellt. Zu denken

---

45 Während der Scientology ihre Selbstbeschreibung als religiöse Organisation in den USA abgenommen wird, haben deutsche Gerichte sie wiederholt als wirtschaftliche Organisation subsumiert – mit Folgen etwa im Hinblick auf arbeitsrechtliche Ansprüche, bei denen Kirchen, nicht aber Unternehmen, Sonderrechte genießen. Vgl. zum Typisierungsproblem dieser Organisation: Tacke 2001b.

ist hier schließlich auch an all jene Organisationen, die sich an *keinem* gesellschaftlichen Funktionssystem primär orientieren. Das gilt zum einen für die vielfältigen Organisationen der sozialen Hilfe (vgl. Bommes und Scherr 2000; Drepper und Tacke 2010). Denn obwohl es zahlreiche Organisationen der Hilfe gibt und diese sich auf eine problemspezifische Verberuflichung und sogar Verwissenschaftlichung der sozialen Arbeit stützen, hat sich ein eigenes Funktionssystem mit – entsprechend dann exklusiver – Zuständigkeit für die Feststellung von Hilfsbedürftigkeit und erforderlichen Hilfemaßnahmen historisch nicht ausdifferenziert.[46] Ohne dies hier theoretisch angemessen begründen zu können, kann man sich die fehlende Exklusivität als Funktionssystem bzw. die Abhängigkeit von anderen Funktionssystemen empirisch am Beispiel der Intervention in Familien vor Augen führen: „Betrachtet die Soziale Arbeit den Verbleib in der Familie für ein Kind oder einen Jugendlichen im Interesse des Kindeswohls als nicht länger zumutbar, so kann sie über den Entzug des Sorgerechts gegen den Willen der Eltern doch nicht entscheiden, sondern dies geschieht im Rechtssystem" (Bommes und Scherr 2000, S. 109 f.).

Von Organisationen ohne spezifischen Bezug auf Problemstellungen von Funktionssystemen der Gesellschaft lässt sich aber auch mit Blick auf die bunte Vielfalt *freiwilliger Vereinigungen* (vgl. Horch 1983) sprechen. Obgleich sich, was nicht überraschend ist, auch im Bereich des sogenannten Vereinswesens zunächst einmal sehr viele Exemplare finden, die sich mit ihren – sportlichen, politischen, künstlerischen, gesundheitlichen, religiösen usw. – Zwecken und Programmen an einzelnen Funktionssystemen ausrichten, ist die Orientierung an gesellschaftlich anerkannten und als alternativlos geltenden gesellschaftlichen Problemstellungen (Funktionssystemen) gerade im Bereich ‚assoziativer Organisationen' nicht zwingend. Organisationen können sich eben auch mit Bezug auf idiosynkratische Motiv- und Situationslagen bilden und gegebenenfalls erhalten, wenn Bereitschaften von Mitgliedern ausreichen; man denke an Clubs von Motorrad- oder Briefmarkenfreund(inn)en, an Kaninchenzüchter(innen) oder Kleingartenvereine. Überdies gibt es auch für Zwecke wie Natur- und Tierschutz, Denkmal- und Landschaftspflege, Pflege von Brauchtümern keine zuständigen Funktionssysteme, selbst wenn der Staat als zuständig adressiert wird und entsprechende Zwecke dann als ‚gemeinnützig' anerkennt. Zu politischen Organisationen werden sie deshalb nicht.

Halten wir fest: Doppelte, umstrittene, indirekte oder fehlende Ausrichtungen von Organisationen an Problemstellungen von Funktionssystemen der Gesellschaft sprechen *gegen* eine kategoriale und deduktive *Typologie* der Organisationen entlang gesellschaftlicher Funktionen. Sie sprechen aber damit nicht auch gegen die

---

46 Vgl. auch: Bommes und Scherr 1996 und Stichweh 2000. Die Annahme, dass es sich bei ‚sozialer Hilfe' um ein Funktionssystem handelt, begründet dagegen Baecker 1994.

5.3 Gesellschaftliche Diversität der Organisationen

Bedeutung, die dem Schema funktionaler Differenzierung für die *Typisierung* von Organisationen zukommt. Trotz der Schwächen, die alle Typologien teilen, sofern sie den Versuch machen, der Diversität der Organisationen mit klassifikatorischen Mitteln eine einheitliche Ordnung aufzuerlegen, werden wir hier noch auf eine zweite prominente Organisationstypologie zu sprechen kommen. Obwohl auch sie, wie wir sehen werden, von ihren Autoren als klassifikatorisches Schema eingeführt wird, messen wir dieser Typologie – für bescheidenere Zwecke problembezogener Vergleiche – einen mindestens heuristischen Wert bei. Sie stammt von Peter M. Blau und Richard W. Scott (1962) und wurde bereits in den 1960-er Jahren entwickelt. Heuristischen Wert hat sie schon in dem Sinne, dass sie ihr grundlegendes Kriterium der Unterscheidung von Organisationstypen *nicht* theoretisch ableitet. Entstanden ist sie vielmehr aus dem Versuch, *Strukturprobleme* von Organisationen zu ordnen, die die Organisationsforschung schon in jenen Tagen wiederholt empirisch beschrieben hatte. Organisationen, die Kranke behandeln, haben organisatorisch ganz andere Probleme zu lösen als Finanzverwaltungen, aber offenbar ähnliche Probleme wie Organisationen, die andere professionelle Dienstleistungen für Klient(inn)en erbringen. Politische Parteien haben ganz andere Organisationsprobleme zu lösen als staatlich regulierte Bürokratien, aber vergleichbare Probleme wie andere Vereine, die von ihren Mitgliedern leben oder abhängig sind. Die Frage, die die Autoren fanden, um solche Unterschiede zu begründen und um auf dieser Grundlage dann eine Typologie vorzuschlagen, lautete: Cui bono? Wem nützt die Organisation? Jede Organisation verfolgt danach nicht nur ein Ziel (eine klassische Annahme, an der Blau und Scott festhalten), sondern ihre Existenz beruhe auch darauf, dass sie irgendwem in der Gesellschaft nutzen müsse. Zwar nütze, von Ausnahmen immer abgesehen, jede Organisation irgendwie allen, aber es gibt jeweils einen Hauptnutznießer (*prime beneficiary*), der besondere und als legitim geltende Erwartungen an die Organisation stellt (vgl. Blau und Scott 1962, S. 43). Und mit diesem Hauptnutznießer, der im Übrigen keine singuläre Person meint, sondern ein Kollektivsingular ist[47], sind für Organisationen „special problems" (ebd.) verbunden, die dazu beitragen, dass sich typische Strukturmuster ausbilden.

Vier Typen werden entlang der typischen Probleme unterschieden, die von den Nutznießer(inne)n ausgehen: Das organisationskritische Problem der *mutual-benefit organization* bezieht sich auf die Mitglieder: Sie stellen legitime Ansprüche auf Mitentscheidung und interne Demokratie und müssen zu aktiven Beiträgen besonders motiviert werden. Das kritische Problem der *business organization* geht

---

47 … weshalb hier durchgängig keine schriftsprachliche Variation in Bezug auf Geschlechterfragen erfolgt.

dagegen von den Eigentümer(inne)n und ihren Renditeerwartungen auf das eingesetzte Kapital aus. Zum organisatorischen Problem wird einerseits, entsprechenden Anforderungen an Effizienz nachzukommen, andererseits müssen Problemlösungen generiert werden, die sich in der Konkurrenz mit anderen Unternehmen nicht nur kurzfristig als tragfähig erweisen. In der *service organization* resultiert das spezielle Problem aus Spannungen, die zwischen den Ansprüchen an professionell erbrachte personale Dienstleistungen im Interesse von individuellen Klient(inn)en einerseits und unpersönlichen administrativen Regeln andererseits auftreten. Im Falle der *commonweal organization* schließlich resultieren Probleme aus der Bindung der Organisation an das Gemeinwohl. Nicht nur gehen damit demokratisch legitimierte und rechtsstaatlich moderierte Ansprüche an externe Kontrollen einher, sondern zugleich steht deren Übersetzung in universelle Regeln und legitime Verfahren häufig der faktischen Lösung von Problemen und der Bearbeitung von Einzelfällen entgegen.

‚Hauptnutznießer' ist kein theoretischer Begriff, zumal kein gesellschaftstheoretischer, sondern ein Gesichtspunkt der Typenbildung. Dennoch fällt auf, dass die *problembezogenen Typen* Aspekte der Funktionsdifferenzierung der Gesellschaft reflektieren: Sie verweisen auf politisch etablierte und rechtlich geschützte Ansprüche auf demokratische Teilhabe an Organisationen, auf Souveränitätsbindungen an den Staat, also rechtsstaatliche Vorgaben und damit einhergehende Verfahrenskontrollen, auf ökonomische Kalküle von Eigentümerinnen oder Aktionären sowie auf die professionell spezialisierte Bearbeitung lebenskritischer – gesundheitlicher, religiöser, erzieherischer oder rechtlicher – Probleme von Individuen als Klientinnen oder Klienten. Diese Probleme bilden nicht die Funktionsdifferenzierung der Gesellschaft ab, tragen ihr aber – vermittelt über die Idee unterschiedlicher Typen von Nutznießern – Rechnung. Organisationen werden, so gesehen, in ihren Umweltbeziehungen mit Strukturproblemen konfrontiert, für die sie eigene Strukturlösungen finden müssen.

Bei den von Blau und Scott unterschiedenen Strukturproblemen handelt es sich um *spezielle* Probleme in dem Sinne, dass sie jeweils nur dann und dort zu erwarten sind, wo Organisationen es mit entsprechenden ‚Nutznießer(inne)n' in ihrer Umwelt aufnehmen oder zu tun bekommen. Im Umkehrschluss dieser Einsicht kann man damit auch festhalten, dass eben keines dieser Probleme für Organisationen allgemein typisch ist. Noch stärker gesagt: Diese speziellen Probleme sind *allgemein nicht* für Organisationen kennzeichnend! Vielmehr muss vom Gegenteil ausgegangen werden: Allgemein lösen Organisationen Probleme nicht von sich aus ökonomisch, ihre Problemlösungsformen entsprechen nicht von sich aus externen Kontrollansprüchen, sie sind auch keine Experten für personale Problemlagen. Und auch die Frage, in welchem Maße sie ‚hierarchische' oder ‚partizipative' Formen der Entscheidungsfindung ausbilden, ist nicht prinzipiell festgelegt, sondern eben auch von ihren Kontexten und Umweltbeziehungen abhängig.

Die Typologie eröffnet gerade mit dieser Einsicht Perspektiven für Vergleiche. Das gilt auch in Bezug auf Strukturen, die man klassisch für Organisationen allgemein als relevant und gültig erachtet hat, etwa für die Hierarchie. So zeigen Blau und Scott u. a., dass sich *mutual-benefit organizations, professional organizations, commonweal organizations* und *business organizations* nicht nur darin unterscheiden, ob und inwieweit sie hierarchisch strukturiert sind, sondern vielmehr darin, welche sinnhafte Bedeutung Hierarchien und Machtansprüche in ihrem Rahmen jeweils haben. Die Einführung einer weiteren Hierarchieebene in Verwaltungen oder Unternehmen, die Durchsetzung von hierarchischen Ansprüchen der Organisationsleitung gegenüber dem professionellen Personal in Krankenhäusern, Schulen oder Universitäten und die Machtübernahme von Eliten in Parteien, die Robert Michels (1989 [1911]) bereits als Tendenz der ‚Oligarchisierung' beschrieben hat, sind in diesem Sinne zu unterscheiden und haben auch für die Mitglieder der jeweiligen Organisationen eine unterschiedliche Bedeutung.

5.4 Typische Probleme: Geld-, Rechts- und Personenabhängigkeit

Folgt man den Grundgedanken von Blau und Scott, führen sie uns zu einer weiteren Möglichkeit, mit Typenfragen umzugehen. Sie führt uns dabei zugleich zurück zur Analyse gesellschaftlicher Strukturbedingungen der modernen Organisationsbildung, die wir oben (Kapitel 5.2) skizziert haben. Wir hatten dort gesehen, welche gesellschaftlichen Struktur*voraussetzungen* sich soziokulturell und evolutionär erst herausbilden, also historisch vorliegen mussten, damit es regelmäßig zu Organisationsbildungen in ihrer modernen, uns heute so selbstverständlichen Form kommen konnte. Haben wir auf der einen Seite auf Geld, Recht und Erziehung als historische Strukturvoraussetzungen hingewiesen, die erst die Form moderner Organisationsbildung möglich machten, sind mit ihnen auf der anderen Seite für Organisationen mehr oder weniger regelmäßig vorkommende Formen von Abhängigkeiten benannt, mit denen sie als Umweltbedingungen laufend umgehen müssen. Leicht zu sehen ist, dass sie sich für Organisationen unterschiedlich darstellen können – und es in diesem Sinne um typische Probleme geht.

Geldabhängigkeit

Alle Organisationen kosten Geld und sind in der einen oder anderen Weise von der Mobilisierbarkeit von Geld abhängig, sei es, weil Programme realisiert und Technologien betrieben werden sollen, die kostenträchtig sind, oder sei es, weil sich das nur auf der Grundlage bezahlter Mitgliedschaften realisieren lässt. Ebenso sicher wie simpel ist: Organisationen benötigen Geld. Vorhandenes Geld eröffnet ihnen Möglichkeiten, und fehlendes Geld schränkt ihre Möglichkeiten ein, bis hin zum organisatorischen Exitus. Wo niemand mehr überzeugt werden kann, zu zahlen, enden die Chancen und Aussichten organisatorischer Reproduktion. Grundlegend lassen sich vier Quellen unterscheiden, über die Organisationen ihre Geldbedarfe sichern und sich refinanzieren können (vgl. Kette 2012, S. 26 ff.).

1. Über die Abgabe organisatorisch erstellter Leistungen in Form von Produkten oder Dienstleistungen, was typisch für Unternehmen ist.
2. Über Zwangsabgaben, die eine legitime Grundlage letztlich nur im Kontext von Staat und Recht haben (ansonsten als Kriminalität vorkommen).
3. Über die Alimentierung seitens der Umwelt, möge dies Stifter(innen), Spender(innen) und Sponsor(inn)en meinen oder finanzielle Zuweisungen durch Trägerorganisationen wie etwa die großen Kirchen.
4. Über Beiträge von Mitgliedern, für die paradigmatisch die freiwillige Assoziation steht.

Eine (weitere) Typologie der Organisationen soll damit hier nicht gemeint sein, schon weil Formen von Mischfinanzierung möglich sind und nicht selten vorkommen (z. B. gesetzliche, mitglieder- und spendenbezogene Parteienfinanzierung oder externe Alimentierung und Spendenabhängigkeit von Hilfsorganisationen). Für Organisationen korreliert das Problem ihrer Geldabhängigkeit dabei vor allem auch mit Fragen der *Erwartungssicherheit* von Zuflüssen: So besteht auf der einen Seite etwa für öffentliche Organisationen, zumal für staatliche Administrationen und Behörden, schon aufgrund ihrer rechtlichen Existenzsicherung ein hohes Maß institutionalisierter Erwartungssicherheit eben auch ihrer Finanzierung. Auf der anderen Seite ist im Falle von Unternehmen Erwartungs*un*sicherheit der Refinanzierung gesellschaftlich institutionalisiert: Unternehmen werden gesellschaftlich nicht alimentiert (ebd.). Sie müssen im Rahmen der Konkurrenz um Leistungsabnehmer(innen) und darauf bezogene Kalküle finanziell für sich selbst sorgen, können *generell* nicht mit finanzieller Alimentierung rechnen, auch nicht, wo sie vorkommt, mit dauerhaft sicherer Subventionierung. Mit Blick auf die Formen, Mischungsverhältnisse und Erwartungs(un)sicherheiten der Refinanzierung ist das Spektrum der Probleme der Geldabhängigkeit von Organisationen breit und

5.4 Typische Probleme

lässt sich zweifellos nicht auf einfache Unterscheidungen (wie Markt/Staat, privat/öffentlich) bringen. Dagegen spricht vieles, zum Beispiel erstens, in welchem Umfang auch nichtstaatliche Organisationen, z. B. die großen Kirchen, eine hohe Zahl von Organisationen und Organisationstypen mehr oder weniger berechenbar alimentieren; zweitens, dass die Massenmedien einerseits als Instanzen gelten können, die sehr plötzlich und überraschend zum Austrocknen etablierter Formen der Alimentierung beitragen können, die andererseits aber für bestimmte Zwecke und Organisationen wiederkehrend werben und hohe Spenden relativ berechenbar mobilisieren; und drittens, dass selbst noch von individuellen Personen, soweit sie zu ‚Stifter(inne)n' werden, bemerkenswert berechenbare Formen der Finanzierung für Organisationen ausgehen können.

Wir schließen mit Fragen, die zu Vergleichen anregen mögen: Welche typischen Problemlösungen und welche typischen Folgeprobleme lassen sich an Organisationen im Hinblick auf Probleme der Refinanzierung und die Formen der Lösung des Problems beobachten? Welche Strukturen entwickeln Organisationen, um Probleme der Geldabhängigkeit und der Erwartungsunsicherheiten der Refinanzierung zu bearbeiten und hinreichende Erwartungssicherheit und Handlungsautonomie für sich zu erzeugen? Welche Konzessionen machen sie an ihre Umwelten und in Bezug auf ihre eigenen Programme und erklärten Zwecke, um Anforderungen der Geldabhängigkeit nachzukommen?

Rechtsabhängigkeit

Wir haben oben gesehen, dass mitgliedermobile Organisationen ohne die historische Durchsetzung entsprechender Rechte nicht denkbar wären. Erst auf dieser Grundlage können sie Formalstrukturen schaffen und Mitglieder an ihre selbst gewählten Regeln binden. Gesellschaftlich gesehen sind Organisationen damit gewissermaßen in der Lage, eigenes Recht zu schaffen, das – als „nichtstaatliches" und insofern „sekundäres" Recht – Geltung nicht für beliebige Dritte, wohl aber für Mitglieder beanspruchen kann (vgl. Luhmann 1972, S. 256 ff.). Eröffnet das gesellschaftlich geltende Recht also auf der einen Seite Möglichkeiten für Organisationen und für deren eigene Rechtsbildung, sind Organisationen auf der anderen Seite gesellschaftlich an je geltendes staatliches Recht gebunden. Wenngleich keineswegs alles, was in und von Organisationen getan wird, laufend auf Legalität hin geprüft wird, müssen Organisationen in vielen Fragen und zahllosen Hinsichten Rücksicht auf gesellschaftlich geltendes Recht und die Folgen seiner Nichtbeachtung nehmen. Der Universalismus des Rechts impliziert zwar, dass die rechtlichen Ermöglichungs- und Einschränkungsbedingungen im Prinzip für alle Organisationen gleich sind, aber dies je nach Maßgabe berührter Rechtsformen, Rechtsgebiete und Rechtskategorien sowie in den Grenzen des jeweiligen staatlich-territorial fundierten Geltungsbereichs von Recht. Wir können hier nicht einmal in Grundzügen auf die Vielzahl der Formen und Gegenstände rechtlicher Regulierung eingehen, von nichtstaatlichen Formen der (Selbst-)Regulierung ganz abgesehen. Organisationssoziologisch interessant ist, dass das Recht selbst Typen bzw. Rechtsformen der Organisation unterscheidet und damit für Organisationen, die unter solchen rechtlichen Typen ‚subsumiert' werden, Entscheidungsmöglichkeiten einschränkt, diese zugleich aber durch Einschränkung erst eröffnet.

Mit Blick auf rechtlich begründete Einschränkungen wollen wir hier vor allem den Gesichtspunkt der Bindung an Souveräne als relevante Autoritäten hervorheben. Rechtlich durchgreifend wirkt die Souveränitätsbindung und Autoritätsverpflichtung vor allem im Falle staatlich begründeter bzw. abgeleiteter Formen der Organisation. So gehen mit rechtlicher Souveränitätsbindung typischerweise auch Einschränkungen der autonomen *Entscheidbarkeit über Strukturen* einher, die die Entscheidungsprämissen Programme, Kommunikationswege und/oder das Personal betreffen (vgl. Kette 2012). In öffentlichen Organisationen, speziell Verwaltungen, sind darüber hinaus auch Entscheidungen nicht nur formalorganisatorisch, sondern rechtsgebunden. In diesem Falle kann man von Rechtsabhängigkeit sprechen. Mit Blick auf die strukturellen und operativen Einschränkungen der Entscheidungsautonomie der Verwaltung fällt – umgekehrt – die hohe Autonomie von Unternehmen auf (vgl. ebd.). Das bedeutet zwar nicht, dass sie von geltendem Recht entbunden wären (selbst wenn es manchmal so scheint), wohl aber, dass sie ihre Entscheidungsautonomie auch noch im Hinblick auf Einschränkungen und Grenzen des staatlichen Geltungsbereichs des Rechts nutzen können. Generell gilt für Organisationen, dass sie als ‚juristische Personen'[48] zwar Rechtssitz und Adresse haben, dass sie aber als Organisationen – also auf der Grundlage von Mitgliedschaften als ihrem Konstitutionsprinzip und von Entscheidungen als ihrem Kommunikationstyp – nicht prinzipiell lokal gebunden sind, wie dies für Interaktionssysteme gilt, die sich zwar überall, aber stets nur als ‚Kommunikation unter Anwesenden' (Kieserling 1999) realisieren können. Zwar gibt es für Organisationen keine Niederlassungen außerhalb von Geltungsbereichen des Rechts, soweit Staaten und damit je verbundenes Recht weltweit durchgesetzt sind. Mobil sind Organisationen aber – im Prinzip – sowohl mit Bezug auf verschiedene staatliche Geltungsbedingungen von Recht (Standortwahl, Standortverlagerung) wie auch im Sinne der Möglichkeit einer *gleichzeitigen* Lokalisierung an verschiedenen Orten und damit verschiedenen staatlichen Einzugs- und Einflussbereichen von Recht. Dass dies für Unternehmen und für staatliche Verwaltungen sowie alle Organisationen,

---

48 Siehe zur (amerikanischen) Geschichte der konfliktreichen Durchsetzung der Konstruktion von Organisationen als „legal persons" Matys 2011.

5.4 Typische Probleme

die rechtlich als „öffentliche Körperschaften" gelten, nicht gleichermaßen zutrifft, ist leicht verständlich. Aber während man die typische ‚Immobilität' und Lokalität von öffentlichen Organisationen auf Staat und Recht – und damit verbundene Bedingungen von Territorialität – zurückführen kann[49], lässt sich die Mobilität und ‚Globalität' von Unternehmensorganisationen, aber auch anderen Exemplaren, nicht allein aus Strukturbedingungen und Geltungsräumen des Rechts verstehen (siehe zur Multi- oder Transnationalität von Unternehmen: Mense-Petermann 2012; allgemein zur Globalität/Lokalität von Organisationen: Stichweh 2006).

Mitglieder- und Personenabhängigkeit

Bevor wir zu Fragen der typischen *Mitglieder-* und *Personen*abhängigkeit kommen, wollen wir den Gesichtspunkt der *Personal*abhängigkeit aufgreifen. Denn Organisationen rekrutieren und behandeln ihre Mitglieder ja nicht eigentlich als Personen, sondern, soweit formale Organisation auf bezahlter Mitgliedschaft beruht, als Personal. Und Personalabhängigkeit würde dann – im Rekurs auf den gesellschaftlichen Kontext der Erziehung – die Abhängigkeit von je besonderem Wissen und Können meinen, vor allem im Zusammenhang der ‚Technologien', die Organisationen in ihrem ‚Kern' betreiben (Thompson 1967). Spezialisierte Fachkliniken brauchen entsprechend spezialisierte Fachärzte, Pflegeheime brauchen Pflegekräfte, Maschinenbauunternehmen brauchen Mechatroniker und Automatisierungstechniker – und die können knapp sein. Diese Knappheit kann für Organisationen – zumal wenn sie erheblich (nicht nur finanziell) in spezialisierte Technologien und Programme investiert haben – zu einem Problem werden. Genauer betrachtet handelt es sich aber bei diesem Problem, das als ‚Fachkräftemangel' auch von politischen Organisationen aufgegriffen wird, nicht um ein im gemeinten Sinne strukturbildendes Problem der Abhängigkeit im Verhältnis Organisation/Gesellschaft, sondern um typische Strukturprobleme auf Arbeitsmärkten, die als Ressourcenprobleme der Organisation relevant werden.[50]

---

49 Zu denken ist nicht nur an nationalstaatliche Territorialgrenzen, sondern auch an die strukturgebende Bedeutung territorialer Binnendifferenzierungen (namentlich: ‚Gebietskörperschaften') sowie auch die Bedeutung von ‚staatlichen Versorgungsaufträgen', die dann z. B. im Bereich von Erziehung eine territoriale Abdeckung mit – für Schüler(innen) täglich erreichbaren – Schulen nötig macht. Vgl. Drepper und Tacke 2010, 2012.

50 Im engeren Sinne hat man es bei der ‚Personalabhängigkeit' mit einem allgemein für Organisationen typischen Problem zu tun, dem der ‚Ressourcenabhängigkeit', das – trotz Problemen der Zeitbindung, etwa durch Investitionen in Technologien – auf Entscheidungen und Entscheidungsmöglichkeiten von Organisationen über ihre Strukturen zurückverweist.

Auch scheint einiges dagegenzusprechen, von einer Mitglieder- oder gar Personenabhängigkeit von Organisationen auszugehen: So stehen für den Rationalisierungsschub, der mit der Herausbildung der modernen Gesellschaft einhergeht, nicht zufällig genau jene Sozialgebilde Pate, die sich auf der Grundlage von ‚Arbeit gegen Geld' von ihrer Mitgliederumwelt, also Personen, *unabhängig* machen und sich von der Bindung an Motive freikaufen, und zwar zugunsten höherer Aufmerksamkeiten für Anliegen und Erwartungen von Nichtmitgliedern, organisierten wie nicht organisierten. Formale Organisationen sind in diesem Sinne ‚versachlichte' Sozialgebilde par excellence. Selbst wenn und wo in Organisationen Mitgliedschafts- und Personalfragen aufkommen, geht es nicht um *Menschen mit all ihren Motiven, Ambitionen und Affekten*, sondern um die organisationsspezifische Behandlung von Personen als strukturelle Möglichkeitsbedingungen für die Lösung organisatorischer Probleme. Wir wollen gleichwohl einige Probleme der Mitglieder- und Personenabhängigkeit zum Thema machen, die in Organisationen mit einer gewissen Regelmäßigkeit und Typik auftreten, und damit wiederum Vergleiche nahelegen. Obwohl die im Folgenden kurz zur Sprache kommenden Abhängigkeitsprobleme heterogen sind, sich also keiner schlichten Systematik verdanken, ist ihnen gemein, dass sie zwar die organisatorische Abhängigkeit von Individuen als Mitglieder bzw. Personen betreffen, aber typisch doch darin sind, dass sie auf gesellschaftliche Strukturbedingungen zurückverweisen, mit denen es Organisationen zu tun haben.

Wenn wir von *Mitglieder*abhängigkeit sprechen, ist zunächst auf den Umstand zurückzukommen, dass nicht alle Organisationen auf ‚Arbeit gegen Geld' beruhen. Dafür stand bei Blau und Scott der Typ der *mutual-benefit organization*: Organisationen, die auf freiwilliger, aber unbezahlter Mitgliedschaft beruhen, sind mitgliederabhängig, weil die Zwecke der Organisation nicht unabhängig von den Motiven der Mitglieder gesetzt und zumal geändert werden können, die Mitglieder typischerweise auch legitime – verfassungsrechtlich verankerte und vereinsrechtlich geregelte – Ansprüche auf Mitentscheidung und interne Demokratie stellen; sie sind motivabhängig aber auch in dem Sinne, dass die Mitglieder gleichwohl immer wieder zu aktiven Leistungsbeiträgen motiviert werden müssen, weil Teilnahme- und Leistungsmotivation auch in diesem Typ Organisation eine Tendenz haben, auseinanderzutreten (vgl. Luhmann 1964a, S. 104 ff.). Verhindert die Abhängigkeit von der Mitgliederbasis, dass es – wie es unter Bedingungen bezahlter Mitgliedschaft gemeinhin der Fall ist – zur „Trennung von Motiv und Organisationszweck" (ebd., S. 100) und mitgliederunabhängigen Entscheidungen an der Organisationsspitze kommt, bedeutet das Ausbleiben solcher Bedingungen umgekehrt nicht, dass Entscheidungen demokratisch getroffen und Interessen der ‚Basis' realisiert werden. Vielmehr sind an mitgliederabhängigen Organisationen

5.4 Typische Probleme

stets Prozesse der ‚Oligarchisierung' (Michels 1989[1911]) aufgefallen, also die Tendenz, dass die gewählten Amtsinhaber(innen) den ihnen verliehenen Einfluss dazu nutzen, um eigene Ziele zu verfolgen, etwa den Erhalt des Amtes und seiner Vorteile.

Eine zweite, aber etwas andere Bedeutung der Mitgliederabhängigkeit betrifft Organisationen, die aus strukturellen Gründen ‚gierig' nach neuen Mitgliedern sind. Einschlägige Beispiele sind zum einen (und auch hier) politische Parteien, Gewerkschaften und andere Verbände, und zwar weil und sofern deren Stärke oder Schwäche in politischen Auseinandersetzungen oder Verhandlungen von Mitglieder*zahlen*, die sie vertreten, abhängig ist. Zwar verweist der Gesichtspunkt der bloßen Quantität darauf, dass die Organisation sich nicht von individuellen Personen, Motiven und Interessen abhängig macht, dennoch hat die Mitgliedergier darauf bezogene Folgen, denn: „Damit handeln sie [die Parteien, TD/VT] sich jedoch das Problem ein, heterogene Interessenlagen miteinander verknüpfen zu müssen, ohne ein einigermaßen klares programmatisches Profil zu verlieren, um für aktuelle und potenzielle Mitglieder, Wähler(innen) und Kooperationspartner(innen) berechenbar und attraktiv zu sein" (Hoebel 2012, S. 70). Von der „gierigen" Organisation wird in der Organisationssoziologie aber vor allem auch in einem zweiten, nicht quantitativen, sondern die Mitglieder qualitativ betreffenden Sinne gesprochen. Er betrifft z. B. Orden und ihre Klöster, Sekten sowie auch militärische Organisationen. Gemeint sind Organisationen, die allumfassende Loyalitätserwartungen und Ansprüche – bis hin zur Hyperinklusion (Göbel und Schmidt 1998) – an ihre Mitglieder stellen, dabei die persönliche Lebensführung außerhalb des Organisationssystems extrem einschränken (siehe zum Konzept der *„greedy institutions"* in diesem Sinne Coser 1974). Man beachte aber, dass hier die Abhängigkeit sich umkehrt zur *Organisationsabhängigkeit der Person,* zumal ihr Leben in der übrigen Gesellschaft beschnitten wird, mithin auch, wie im Falle von Sekten, im psychischen Sinne (Schimank 2001c).

Wenn wir nun die *Personen*abhängigkeit von Organisationen betrachten, soll dies auch hier in gesellschaftsbezogener Hinsicht geschehen. Mit Blick auf den gesellschaftlichen Einfluss, den man Massenmedien und der öffentlichen Meinung heute für das Wohl und Wehe ganzer Organisationen zuschreiben kann, mag man bei Personenabhängigkeit an die Bedeutung von ‚Stars' für Organisationen denken, die sich mit ihrem Expertentum, mit ihren Leistungen, die für Reputation sorgen, oder mit ihrem Charisma einen ‚Namen' im Kontext von Politik, Kunst, Wirtschaft, Wissenschaft oder Religion gemacht haben. Zu klären wäre allerdings im Einzelnen, ob sich Organisationen nur mit ‚Prominenz' – auch nur durch Verweis auf ‚Namen' – schmücken, oder inwiefern sie tatsächlich als Organisationen von der einzelnen Person abhängig sind. Zumal wir den Fokus hier nicht auf die organisatorische Abhängigkeit von singulären Personen richten wollen, kommen wir stattdessen auf einen allgemeinen Punkt zurück, der oben mit der Unterscheidung von Formalität und Informalität bereits eingeführt wurde. Organisationen können sich – qua Formalisierung und zumal auf der Grundlage von Bezahlung – von ihrer Mitgliederumwelt unabhängig machen, aber die Formalstruktur ist, obwohl dominante Struktur, gleichwohl nur eine Teilstruktur von Organisationen. Allgemein bedeutet das, dass Organisationen die *Personalität* ihrer Mitglieder nicht, jedenfalls nicht effektiv, ausschließen. Einerseits können Organisationen die Personalität ihrer Mitglieder nicht effektiv auf Distanz halten, weil der Mechanismus der Formalisierung inhärente Grenzen hat. Organisationen können nicht ‚voll durchformalisiert' werden; und es gibt insofern auch keine formale Organisation ohne Informalität. Angesprochen ist damit nicht nur die Schwierigkeit der effektiven Übersetzung allgemeiner Mitgliedschaftserwartungen in konkrete Arbeitsrollen, sondern dies betrifft vor allem auch widersprüchliche Anforderungen von Umwelten, die durch Mitglieder nicht im Rahmen formaler Vorgaben bewältigt werden können, sondern auf die Ebene der Person verschoben werden. Organisationen sind von informalen Beiträgen zur Problemlösung und damit von Personen abhängig. Andererseits ‚wollen' Organisationen die Personalität ihrer Mitglieder auch nicht effektiv ausschließen (von Fällen der Beendigung von Mitgliedschaften hier abgesehen!). Nicht nur nutzen sie Personen laufend, darauf hatten wir hingewiesen, als eine von drei Entscheidungsprämissen, also als eine soziale Erwartungsstruktur, die in den organisationalen Kommunikations- und Entscheidungsprozessen der Identifikation und der Orientierung dient. Als Identifikationsgesichtspunkt für die Zurechnung von Entscheidungen fungieren Personen dabei im Übrigen gerade auch dann, wenn es ‚Scheitern' und ‚Katastrophen' zu erklären gilt. Organisationen bekräftigen in solchen Fällen ihre Personenabhängigkeit in der Kommunikation, um das System selbst durch Zurechnung auf Personen („menschliches Versagen") von Verantwortungszurechnungen zu entlasten (Kette 2013). Und mit Blick auf die Folgen, die solche Zurechnungen haben können, verkehrt sich die Personenabhängigkeit der Organisation dann allerdings einmal mehr in eine Organisationsabhängigkeit der Person.

Das Thema der Personenabhängigkeit von Organisationen legt weiterführende Überlegungen in gesellschaftsbezogener Perspektive nahe. Wir können hier aber nur Stichworte und Anregungen zum weiteren Nachdenken und zur Diskussion geben. Auf zwei Aspekte weisen wir abschließend noch im Sinne solcher Anregungen hin. Sie betreffen beide den Umstand, dass Organisationen, gerade wo ein hoher Grad der Formalisierung vorliegt, keinen direkten und unmittelbaren Zugriff auf ihre Mitglieder als Personen und Individuen haben, aber gleichwohl von Personen abhängig bleiben.

5.4 Typische Probleme

Erstens: Formalisierte Systeme können zwar in erwartungssicherer Weise mit der Folgebereitschaft von Mitgliedern im Rahmen einer „Indifferenzzone" (Barnard 1938, S. 165 ff.) rechnen. Soweit diese Möglichkeit auf der Trennung von Motiv und Zweck beruht, können sie aber im Grunde lediglich mit einem „Klima der kalkulierten Leistungsbereitschaft" (Luhmann 1964a, S. 105) rechnen, das vielfach nicht ausreicht, um etwa organisatorische ‚Hochleistung' unter Bedingungen organisatorischer Konkurrenz zu erreichen. Auch wenn Organisationen also an individuellen Personen und persönlichen Motiven schon aus strukturellen Gründen desinteressiert sind, erfinden sie immer feinere und mithin perfidere Formen, um auf Personen zuzugreifen und Individuen zu persönlichem Einsatz zu ‚motivieren', wobei sie das Fehlen von Motivation und persönlichem Engagement typischerweise nicht sich selbst – und den Strukturbedingungen der Formalisierung – zurechnen, sondern ihrer personalen Umwelt.

Zweitens: Organisationen sind auf der Ebene von Rollen (Mitgliedsrolle, Arbeitsrollen) gebildet, nicht auf der von Personen; sie beruhen nach außen wie intern auf Rollentrennung. Sie können genau damit aber die Bildung von solchen Strukturen nicht effektiv kontrollieren, die sich „unterhalb", auf der Ebene personaler Kontakte, bilden. Das betrifft einerseits die zuvor bereits thematisierte Unvermeidlichkeit, mit der sich informale Strukturen in Organisationen komplementär zu formalen Strukturen herausbilden. In gesellschaftsbezogener Perspektive ist überdies bedeutsam, dass Individuen zahlreiche Rollen in sich vereinen, die sie als partikularen Kontakt, als „Adresse" des Zugangs zu attraktiven Leistungen bzw. als Vermittler von Adressen und Leistungen attraktiv machen (Stichwort: soziale Netzwerkbildung, vgl. Tacke 2000a; Bommes und Tacke 2012). Zwar wissen Organisationen solche personalen und partikularen Strukturbildungen, wo sie funktional für die Organisation selbst erscheinen, durchaus für sich zu nutzen (etwa die ‚Adressbücher' von Mitarbeiter(inne)n im Kundendienst), oder diese, wo sie negativ auffallen, durch entsprechende Entscheidungen zu zerstören (etwa durch interne Aufdeckung von Korruption, für die heute sogenannte „Compliance Manager" zuständig sind[51]). Faktisch aber bleiben Organisationen – sei es positiv oder negativ – von ihrer personalen Umwelt und den über Personen hergestellten

---

51 Wir müssen hier offen- und der empirischen Forschung überlassen, ob die formalen Strukturen des „Compliance Managements" auch nur zu den „Mythen" des Managements im Sinne von Meyer und Rowan (1977) gehören. Im Extremfall der Korruption, den man aufgrund seines Durchdringungsgrades und seiner regulären Nähe zum eigentlichen Entscheidungsgeschehen als „organisierte Korruption" bezeichnen mag, mag die Zerschlagung dann auch nur noch von außen möglich sein. Vgl. für den Korruptionsfall Siemens Dombois 2009; Bergmann 2014.

Strukturen in dem Sinne abhängig, dass sie die Personalität ihrer Mitglieder nie vollständig unter Kontrolle bringen können.

5.5 Typische Formung: Multireferenzialität und Autonomie

Wir haben uns nunmehr schrittweise von Typologien der Organisation zu typischen Problemen vorgearbeitet, haben aber an dem Gedanken festgehalten, dass es trotz der Schwierigkeiten kategorialer Typologien der Organisation durchaus Sinn macht, Typen der Organisation – mit Blick auf typische Probleme – zu vergleichen. Am Ende der Thematisierung von Typen und Typiken wollen wir noch auf einen Gesichtspunkt zu sprechen kommen, der erneut das Verhältnis von Organisationen zu den Funktionssystemen der Gesellschaft betrifft. Er ist dabei für Organisationen allgemein typisch, legt seinerseits aber Vergleiche zwischen Typen der Organisation nahe. Gemeint ist die ‚Multireferenz' von Organisationen (vgl. Wehrsig und Tacke 1992; Bora 2001).

Schon Parsons (1960a, S. 45) hatte im Rahmen seiner Typologie der Organisationen darauf hingewiesen, „that *every organization* contributes in some way to every primary function". Am Beispiel wirtschaftlicher Organisationen hatte er entsprechend den Schluss gezogen: „hence we can speak only of economic primacy, never of an organization as being exclusively economic. This applies also to the other categories". Verdankte sich das Argument bei Parsons vor allem der analytischen Logik seines AGIL-Schemas, mit der Folge, dass er stets (auf jeder Systemebene) alle vier Funktionen beteiligt sah, gibt es für eine sich empirisch verstehende Differenzierungstheorie im Sinne Luhmanns keinen zwingenden Grund, anzunehmen, dass für jede Organisation stets *alle* gesellschaftlichen Funktionen von Bedeutung sind. Und wie wir oben gesehen haben, ist es für Organisationen nicht einmal zwingend, dass überhaupt eine funktionsbezogene ‚*primacy*' vorliegen muss.

Typisch ist dennoch, dass Organisationen, vor allem die großen unter ihnen, sich nicht ausschließlich auf ein einziges gesellschaftliches Funktionssystem beziehen. Auch wenn einem Funktionskontext in ihrem Entscheiden ein Primat zukommt, wie im Falle von Schulen der Erziehung oder im Falle von Unternehmen der Wirtschaft, beziehen sich Organisationen typischerweise auf mehrere Funktionssysteme. Sie greifen in ihren *Entscheidungen* laufend verschiedene Sachverhalte der Umwelt auf und müssen eine Pluralität funktional spezifischer Sachlagen aufeinander beziehen, um sich als Organisationen reproduzieren zu können. Soweit dies regelmäßig der Fall ist und ab einer gewissen Größe bauen Organisationen typischerweise entsprechend ausgerichtete Strukturen auf: Gut sichtbar ist das an großen Unternehmen, die neben *Abteilungen*, die sich im engeren Sinne mit ökonomischen Kalkülen (Kostenrechnung, Finanzen, Controlling) und mit Problemstellungen auf Märkten befassen (Einkauf/Verkauf, Marketing), überdies aber auch Rechtsabteilungen, Ausbildungsabteilungen, Forschungs- und Entwicklungsabteilungen sowie Presseabteilungen unterhalten. Soweit auch kleinere und andere Organisationstypen ihre *Stellen* mit funktionsspezifisch differenziertem Personal besetzen (Jurist(inn)en, Betriebswirtinnen und Betriebswirte, Pädagog(inn)en, Pressesprecher(innen), Betriebsärztinnen und Betriebsärzte, Sozialarbeiter(innen)), gilt Vergleichbares etwa auch für Universitäten, Kirchen, Fernsehanstalten oder Wohlfahrtsverbände. Organisationen sind in diesem Sinne auf die eine oder andere Weise Multireferenten.

Während Unternehmen als Prototypen der Multireferenz gelten können, fallen Schulen mit ihrem nahezu ausschließlich erziehungsspezifischen Personal (Lehrer(innen)) als ‚professionelle Monokulturen' auf. Zwar sind auch Schulen, jenseits ihres Erziehungsprimats, auf z. B. rechtliches Wissen und juristischen Beistand angewiesen, haben Haushalte zu bewirtschaften, kennen Bedarfe der Lehrerfortbildung, müssen sich mitunter den Medien stellen etc. Strukturell gesehen bleibt ihre Multireferenz aber vergleichsweise sehr eingeschränkt. Denn die Bearbeitung zahlreicher solcher Anforderungen und Bedarfe werden Schulen durch staatliche Schulverwaltungen und andere Trägerorganisationen abgenommen, einschließlich der Mobilisierung von Geld. Entlastet sie dies einerseits von der Ausbildung und Vorhaltung eigener multireferenzieller Strukturen, korreliert damit andererseits eine höhere Umweltabhängigkeit und eingeschränkte Entscheidungsautonomie. Schulen sind in hohem Maße souveränitätsabhängig (vgl. Drepper und Tacke 2012) und können über ihre Strukturen nicht beliebig entscheiden.

Unternehmen dagegen verfügen über eine strukturtypisch hohe Autonomie ihres Entscheidens, einschließlich des Entscheidens über alle drei oben beschriebenen Entscheidungsprämissen (vgl. Kette 2012). Ist die hohe Autonomie von Unternehmen auf der einen Seite das strukturelle Korrelat ihrer primären Funktionsorientierung und alimentationslosen, durch Konkurrenz gekennzeichneten Form der Refinanzierung, müssen sie infolge ihrer Autonomie auf der anderen Seite in allen funktional einschlägigen gesellschaftlichen Hinsichten für sich selbst sorgen (ebd.). Soweit Leistungen der Funktionssysteme (wie Formen der Ausbildung, rechtliche Absicherungen, Forschungsergebnisse usw.) nicht allgemein, also für sie selbst wie auch für ihre Konkurrenten, verfügbar und nutzbar sind, müssen sie entsprechende eigene Strukturen – eben Ausbildungs-, Rechts- oder Forschungsabteilungen – aufbauen oder Leistungen ‚zukaufen', um je für sie relevante gesellschaftliche Umweltansprüche und -erwartungen zu bearbeiten.

Die Multireferenz der Organisation – sei es auf der operativen Ebene einzelner Entscheidungen oder auf der strukturellen Ebene von Stellen und Abteilungen – belegt, dass Organisationen nicht einfach eine einzelne Funktionslogik vollziehen oder mitvollziehen. Überdies haben wir angedeutet, dass es einen Verstärkungszusammenhang zwischen Entscheidungsautonomie und Multireferenz gibt. Damit sind hier allerdings erneut nur Fragen für weiterführende Vergleiche aufgeworfen und nahegelegt.

5.6 Gesellschaft und Organisation: Trennungen und Verbindungen, Umkehrverhältnisse, Reflexivitäten, Steigerungen

Haben wir bisher das Verhältnis von Organisation und Gesellschaft ausgehend von Organisationen betrachtet, wollen wir in einem abschließenden Teilkapitel die Gesellschaft zum Ausgangspunkt machen, um einige weitere Dimensionen und Folgeprobleme dieses Verhältnisses in den Blick zu rücken. Auch sie folgen keiner strikten Systematik. Beginnen wollen wir aber bei jenem Gesichtspunkt, der die moderne Gesellschaft vor allem kennzeichnet: ihrer *Differenzierung*. Und am Ende werden wir wieder, diesmal jedoch in gesellschaftsbezogener Perspektive, auf jene Kommunikationsform zurückkommen, die Organisationen in dieser Gesellschaft kennzeichnet: die Anfertigung von *Entscheidungen*.

Trennungen und Verbindungen

Klassisch liegt es im Rahmen von Theorien gesellschaftlicher Differenzierung – seit Durkheim und Parsons – nahe, nach ‚Differenzierung und Integration' zu fragen, also nach Mechanismen Ausschau zu halten, die angesichts der hochgetriebenen Verselbstständigung und gar „Monomanie" (Schimank 2001b, S. 32) der ausdifferenzierten gesellschaftlichen Funktionssysteme zu ‚Abstimmungen' zwischen ihnen beitragen können. Fragt man so, dann erscheint Differenzierung als Problem, und Integration – durch welche Mechanismen sie auch immer erreicht wird – als Lösung (vgl. Tyrell 2008, S. 116). Organisationen geraten in einer solchen Perspektive einerseits gewissermaßen als Betreiber von ‚Differenzierung' (und damit als Teil des Problems) in den Blick, soweit sie sich mit ihren Problemstellungen an den differenzierten Strukturen der modernen Gesellschaft ausrichten; andererseits und zugleich erscheinen Organisationen in einer solchen Perspektive auch als mögliche und wichtige Mechanismen der Koordination (siehe in Begriffen der „strukturellen Kopplung" Lieckweg 2001). Zu denken ist hier im Sinne der ‚Integration' durch

5.6 Gesellschaft und Organisation

Organisation aber erneut auch an die Multireferenzialität von Organisationen, zumal wenn die These der Korrelation von hoher Multireferenzialität und hoher organisatorischer Entscheidungsautonomie im Verhältnis zur Umwelt zutreffen sollte. Eine etwas andere Perspektive auf das Verhältnis von Organisation und Gesellschaft gewinnt man, wenn man nicht von der Frage nach ‚Differenzierung und Integration' ausgeht, sondern stattdessen anders, aber erkennbar ähnlich, nach ‚Trennungen und Verbindungen' fragt. Zwar ist das, mit Blick auf die soziologische Tradition, eine etwas abstraktere und allgemeinere Frage (die ihre Wurzeln eher im kybernetischen Denken hat), aber sie soll es uns hier ermöglichen, etwas offener und gewissermaßen unvoreingenommener nach dem Verhältnis Gesellschaft/Organisation (bzw. nach den im Plural damit angesprochenen Verhältnissen) zu fragen und Ambivalenzen dabei deutlicher im Blick zu behalten. Denn Trennung kann einerseits – wie Differenzierung – auf Probleme einer defizitären Abstimmung von Systemen untereinander aufmerksam machen. Andererseits kann Trennung aber auch ‚Interdependenzunterbrechung' meinen, also für den Vorteil der Begrenzung von problematischen Effektübertragungen von einem System oder Teilsystem in ein anderes stehen (vgl. Luhmann 2000, S. 394 ff.). Organisationssoziolog(inn)en haben auf fehlende organisatorische Vorkehrungen der Unterbrechung von Interdependenzen mit Blick auf die durch Organisationen betriebenen Kerntechnologien – etwa die Bewirtschaftung von Krediten durch Banken (Kette 2009) oder den Betrieb von technischen Großsystemen durch Chemieunternehmen, Energieerzeuger, Reedereien (Perrow 1987) – hingewiesen. Beschrieben wurden sie als ‚Risikoverkettungen', die im Muster von Dominoeffekten katastrophale gesellschaftliche Effekte haben können, so, wenn die Zahlungsunfähigkeit einer Bank direkte Effekte auf die Zahlungsfähigkeit auch anderer Banken hat und sich zur Finanzkrise auswächst; oder wie es im Bereich des Betriebs von Großtechnologien, die überhaupt erst durch Organisation denkbar geworden sind, mangels technisch-organisatorischer Entkopplungen zu erwartbaren und insofern ‚normalen Katastrophen' (Perrow) kommt.

Und so, wie auf der einen Seite ‚Trennungen' unter Bedingungen von Komplexität Vorzüge der Unterbrechung von Interdependenz mit sich bringen können, stehen auf der anderen Seite ‚Verbindungen' nicht zwangsläufig und immer schon für gesellschaftlich produktive Formen der Abstimmung und Integration. So gibt es neben den bereits genannten Ketteneffekten auch gesellschaftlich problematische, als illegitim geltende, oder sogar illegale Formen der Verknüpfung sachlich und organisatorisch getrennter Funktionen zwischen oder durch Organisationen. Man mag hier an Parteispenden durch Großunternehmen oder den organisierten Kauf von Wählerstimmen, an den Verkauf akademischer Abschlüsse durch sogenannte ‚Fake-Universitäten', aber auch an illegitime und illegale Absprachen zwischen

Organisationen, wo Wettbewerb erwartet wird, denken sowie auch an verschiedene Formen von partikularistischen Netzwerkbildungen im Organisationskontext, die Leistungen und Ressourcen von Systemen ‚parasitär' für ihre Reproduktion nutzen (vgl. Tacke 2000a). Sie lassen sich nicht nur in Organisationskontexten Süditaliens beobachten (vgl. Luhmann 1995b), sondern fallen durchaus auch in den Zentren der Moderne immer wieder auf, zum Beispiel als „Kölner Klüngel" (Scheuch und Scheuch 1992, S. 72 ff.). Freilich sieht die moderne Gesellschaft solche Formen der ‚Verbindung' – zumal normativ – nicht vor. Übersehen werden kann aber umgekehrt nicht, dass dieselbe Gesellschaft nur eingeschränkte Mittel bereithält, um ‚Verbindungen', die als problematisch gelten, mit ihren Mitteln prinzipiell und effektiv auszuschließen. Einen Grund dafür haben wir oben bereits im Zusammenhang der Erörterung der ‚Formalität' der Organisation und ihrer ‚Personenabhängigkeit' geliefert.

Kurzum: Es gibt Gründe, in ‚Trennungen' nicht nur das Problem, sondern auch die Lösung zu sehen, und umgekehrt, sich von ‚Verbindungen' nicht nur Lösungen zu versprechen, sondern darin auch ein Problem zu sehen.

Schon damit deutet sich eine Ambivalenz des Organisationsphänomens in der modernen Gesellschaft an. Organisationen können, qua Entscheidung und als ‚Multireferenten', in besonderer Weise zu Verbindungen zwischen Getrenntem beitragen, sie tun das aber eben nicht notwendig in einem Modus und Sinne, der gesellschaftlich zu ‚Integration' in einem positiven Sinne beiträgt. Gewissermaßen ‚eingebaute' Ambivalenzen lassen sich aber auch an der Differenz zwischen den Funktionssystemen und Organisationen als Systembildungs*ebenen* beobachten.

Umkehrverhältnisse

Schon mit Bezug auf einzelne Funktionssysteme und ‚ihre' Organisationen fallen eigentümliche Verkehrungen auf. Nennen wir nur zwei Beispiele: Die Wissenschaft ist nicht auf Wiederholung von bereits Bekanntem eingestellt, sondern vielmehr auf Neuheit hin programmiert. Aber das bedeutet nicht, dass in Universitäten oder anderen Forschungsorganisationen laufend alles neu wäre oder sein müsste. Vergleichbares gilt für die Massenmedien. Auch wenn in diesem Funktionssystem Skandale und Neuigkeiten einen hohen Nachrichtenwert besitzen, sind deshalb die Entscheidungen der Nachrichtenagenturen ja nicht auch skandalös. Trotz Orientierung an tagesaktuellen Neuigkeiten und mithin auch wegen ihr sind die Organisationsformen der Massenmedien in vielen Hinsichten durch Routinen bestimmt. Diese Beispiele mögen noch als Eigentümlichkeiten erscheinen, die auf die Besonderheiten einzelner Funktionssysteme zurückgehen. An zwei gesellschaftlich zweifellos bedeutsamen Fragen wollen wir aber sichtbar machen, dass Verkehrungen als „Umkehrverhältnisse" (Luhmann 2000, S. 393) in das Verhältnis Gesellschaft/

5.6 Gesellschaft und Organisation

Organisation durchaus systematisch eingebaut zu sein scheinen: Sie betreffen zum einen die Bedeutung von Hierarchien und zum anderen die Teilnahme von Individuen an Gesellschaft.

Zunächst zur Hierarchie: Anders als ihre ständischen, stratifikatorisch differenzierten Vorläufer ist die moderne Gesellschaft insgesamt nicht hierarchisch gegliedert. Soweit sie funktional differenziert ist, hat sie keine hierarchische Spitze und kein Zentrum. Kennzeichnend ist vielmehr das Nebeneinandertreten einer Pluralität von Funktionssystemen, von denen keines – zumal durchgreifend – über die anderen bestimmen kann. An Organisationen, und zwar gerade an den hochgradig durchrationalisierten, die für Weber Inbegriff bürokratischer Herrschaft waren, fällt seit jeher das Merkmal der Hierarchie auf. Wie sehr sie auch die ‚Dezentralisierung' von Strukturen vorantreiben, etwa um flexibel auf Umwelten zu reagieren, die hierarchische Ordnung von Stellen und Kompetenzen bleibt auch dann für Organisationen eine unverzichtbare „Notstandskompetenz" (Luhmann 2000, S. 207). Hierarchie ist dabei für Organisationen nicht nur im Binnenverhältnis relevant, um Konflikte entscheiden und Mitgliedschaftsregeln oder Strukturänderungen effektiv durchsetzen zu können, sondern sie ist auch Bedingung ihrer einheitlichen Kommunikationsfähigkeit nach außen. Als verbindlich werden Mitteilungen von Organisationen an ihre Umwelt nur dann angenommen, wenn einheitliche Verantwortlichkeit und Durchsetzbarkeit nach innen mindestens unterstellt werden können (auch wenn Verantwortung faktisch breit gestreut ist, weil sie dort liegt, wo laufend trotz Unsicherheiten entschieden werden muss – nicht zuletzt ‚unten').

Das zweite Umkehrungsverhältnis, das wir hier hervorheben wollen, betrifft grundlegende Prinzipien der Teilnahme an Gesellschaft, also die Inklusion von Individuen sowie ihren Gegenfall, die Exklusion: „Die Funktionssysteme", so heißt es bei Luhmann (2000, S. 392), „gehen von Inklusion aus und lassen Exklusionen gleichsam nur geschehen. Bei Organisationen liegt der Fall umgekehrt. Hier werden alle ausgeschlossen, es gibt kein Naturrecht auf Mitgliedschaft, weil die Inklusion hochselektiv erfolgen muss." Die Funktionssysteme der Gesellschaft eröffnen und versprechen Teilnahme (Inklusion) – und zwar im Prinzip jedem. Dem entsprechen semantisch die modernen Wertformeln von Freiheit und Gleichheit. Zwar enthalten die Funktionssysteme keine eigenen Sicherungen dafür, dass es faktisch zur Teilnahme aller Individuen, zumal an tatsächlich allen Funktionssystemen der Gesellschaft, kommt, aber sie beruhen gleichwohl auf Inklusionsuniversalismus in dem Sinne, dass sie auf ihrer versachlichten Grundlage, für die ihre Codierungen stehen, keine, vor allem keine legitimen, Gründe für Ausschluss kennen. Organisationen dagegen brechen mit dem gesellschaftlichen Prinzip der Inklusion aller. Allerdings muss man genauer hinschauen, denn Organisationen beruhen nicht auf dem schlichten Gegenteil von Inklusionsuniversalismus (der dann ‚Inklusionspartikularismus' heißen würde). Auch formale Organisationen entscheiden nach eigenen sachlichen Kriterien über Mitgliedschaften. Zwar gilt für sie, dass sie – gerade weil und sofern sie durchformalisiert sind – über keine effektiven Mechanismen verfügen, die ein Unterlaufen ihrer Sachkriterien durch informales und persönlich-partikulares Ansinnen (z. B. ‚Seilschaften') wie auch durch Aspekte von Zuschreibung („ascription", z. B. gemäß Geschlecht oder Ethnizität) verhinderten; aber – eben im Prinzip – ist auch für moderne Organisationen kennzeichnend, dass jede(r) für die Inklusion als Mitglied infrage kommt, der oder die die Kriterien erfüllt, wie sie dann etwa in Stellenausschreibungen oder Satzungen von Vereinen formuliert sind.

Nicht nur in diesem gewissermaßen ‚unkontrollierten' Sinne lässt die Gesellschaft ihre Inklusionspostulate auf der Ebene von Organisationen immer wieder – faktisch – scheitern. Sie scheitern strukturell in dem Sinne, dass Organisationen über den Eintritt (Mitglied) und Austritt (Nichtmitglied), also über die Inklusion und die Exklusion von Individuen, entscheiden können. Organisationen bieten auf der einen Seite Inklusionschancen für Mitglieder und vermitteln diesen damit auch weitergehende gesellschaftliche Inklusionen (etwa qua Arbeit und Einkommen als Inklusion in die Ökonomie oder qua Lehrtätigkeit in eine Leistungsrolle der Erziehung). Auf der anderen Seite handelt es sich bei Organisationen aber um Systeme, die Exklusion androhen – und sie auch vollziehen können. Denn auf der Konditionierung der Teilnahme – der Korrelation von Normanerkennung und Teilnahme – beruht, wie wir oben (Kap. 4.2.2) gesehen haben, ihre Möglichkeit, Strukturen nach eigenen Kriterien, also unter Absehung von Mitgliedermotiven, aufzubauen. Leicht zu erkennen ist, dass die Exklusionsbefugnis von Organisationen, die den gesellschaftlichen Inklusionspostulaten im Grunde widerspricht, strukturell und legitimatorisch dadurch abgefedert ist, dass es nicht nur eine einzige, sondern ungezählte Organisationen gibt, die für die Inklusion Einzelner infrage kommen, also organisatorisch und gesellschaftlich *unterstellt* werden kann, dass eine organisatorische Exklusion noch keine gesellschaftliche Exklusion bedeutet, sondern sie vielmehr in andere Organisationen führen wird.[52]

Das Thema Inklusion/Exklusion leitet hier über zum nächsten Punkt: Organisationen sind, das haben wir hier gesehen, qua Exklusionsbefugnis an der Erzeugung des gesellschaftlichen Skandals der Exklusion beteiligt. Es gibt allerdings auch Organisationen, die auf die Vermeidung von Exklusion bzw. die Vermittlung und/ oder Wiederherstellung von Inklusion spezialisiert sind: Organisationen der Hilfe.

---

52 Denn: Im Unterschied zu den Funktionssystemen der Gesellschaft, die auf funktionaler Differenzierung beruhen, also mit ihrer Funktion jeweils nur einmal und exklusiv in der Gesellschaft vorkommen, beruhen Organisationen auf dem Prinzip segmentärer Differenzierung. Es gibt unzählige Systeme desselben Typs.

5.6 Gesellschaft und Organisation

Das Verhältnis Gesellschaft/Organisation im Blick, fällt an diesen Organisationen aber weniger das zuvor genannte Umkehrungsverhältnis auf, sondern vielmehr, dass Organisationsbildung sich in der modernen Gesellschaft auch auf – durch die Gesellschaft und ihre Organisationen erst erzeugte – Folgeprobleme beziehen kann.

Reflexivität der Organisationsbildung

Wir hatten oben bereits gesehen, dass Organisationen sich nicht immer im Rahmen von einzelnen Funktionssystemen der Gesellschaft bilden. Und speziell im Falle von Hilfsorganisationen hatten wir darauf hingewiesen, dass sich ein gesellschaftliches Funktionssystem für Hilfe historisch nicht ausdifferenziert hat. Zu den Gründen scheint zu gehören, dass soziale Hilfe darauf spezialisiert ist, ein *Folgeproblem* der funktionalen Differenzierung der modernen Gesellschaft zu bearbeiten: das Scheitern von Inklusionen bzw. das Faktum von Exklusionen. Die Funktion von sozialer Hilfe ist, anders gesagt, Inklusionsvermittlung und Exklusionsvermeidung (vgl. Bommes und Scherr 1996, 2000, S. 107 ff.).

Am Fall der sozialen Hilfe kann man erkennen, dass sich Organisationen nicht nur im Rahmen der ‚Normalreproduktion' von Funktionssystemen bilden, sondern sich Organisationsbildung gerade auch auf Folgeprobleme der Differenzierungsform beziehen kann. Neben Organisationen, die sich auf soziale Hilfen, also auf Probleme drohender Exklusion spezialisieren, sind Organisationen, die ökologische Folgeprobleme aufgreifen, prominente Beispiele. Soweit Organisationsbildung sich auf der einen Seite an den differenzierten Funktionen der Gesellschaft orientiert, sie auf der anderen Seite aber auch darauf reagiert, dass nicht nur Funktionen erfüllt (funktionale Probleme gelöst), sondern auch Folgeprobleme bearbeitet werden, die ihrerseits durch ausdifferenzierte Formen der Funktionserfüllungen erst entstehen (Exklusionsverkettungen, ökologische Externalisierungen), wollen wir von *reflexiver* Organisationsbildung sprechen. Die auf problematische Differenzierungsfolgen bezogenen und sich in diesem Sinne reflexiv bildenden Organisationen sind nicht zufällig – mindestens auch[53] – politisch tätig bzw. lassen sich durch entsprechende Verbände (also durch ‚Metaorganisationen', deren Mitglieder ihrerseits Organisationen sind, vgl. Ahrne und Brunsson 2008) politisch vertreten. Denn im Hinblick auf Möglichkeiten der Erzeugung generalisierter und bindender Entscheidungen über Problemlösungen für Folgeprobleme der Differenzierung ist – gesellschaftlich

---

53 Hilfen organisatorisch durchzuführen und Hilfen z. B. über Wohlfahrtsverbände politisch zu mobilisieren und zu moderieren oder Natur- und Umweltschutz aktiv organisiert zu betreiben und politische und massenmediale Mobilisierung über Umweltverbände herzustellen, das sind jeweils Aspekte, die zwar nicht zusammenfallen müssen, aber zwei Seiten desselben Problems sind.

gesehen – das politische System der Gesellschaft die zuständige Adresse. Genauer gesagt sind es die Organisationen des politischen Systems: Regierungen, Parlamente, Parteien, aber auch internationale Organisationen.

Hier bleibt noch zu sagen, dass reflexive Organisationsbildung nicht nur die politisch brisanten Folgeprobleme der Differenzierungsform der modernen Gesellschaft betreffen muss, sondern Prozesse reflexiver, sei es reaktiver, sekundärer oder abgeleiteter Organisationsbildung durchaus typisch sind. Mit Blick auf die Frage nach der Genese von Organisationen lässt sich *originäre* von *abgeleiteter* Organisationsbildung unterscheiden. *Originäre Organisationsgenese* ist die Form, die gesellschaftsgeschichtlich auf die Struktur- und Komplexitätsvorgaben der funktionalen Differenzierung reagiert. Sekundäre Organisationsbildung reagiert indes auf bereits etablierte Organisationstypen: „Originär entstehen Organisationssysteme im Anschluss an situativ offensichtlichen Bedarf für Entscheidungen über kollektive Aktionen (so erklärt man die Erstentstehung staatsähnlicher Herrschaftsapparate), aber auch im Anschluss an Geldwirtschaft oder unter den Bedingungen religiösen Pluralismus. Abgeleitet entstehen Organisationen durch Bezug auf Organisationen ihrer Umwelt. Eine der ältesten Erscheinungsformen scheint hier die Transformation von Gilden aus religiösen Bruderschaften in Schutz- und Disziplinarorganisationen mit Bezug auf politische Herrschaft zu sein. So kommt es zunächst zu Symbiosen auf der Basis der wechselseitigen Zumutung bindenden Entscheidenkönnens" (Luhmann 1981, S. 361).

In der modernen Gesellschaft wird die Form abgeleiteter Organisationsbildung, also die „sekundäre Form der Organisationsgenese" dominierend, denn das „Bestehen von Organisationen ist unerläßliche Voraussetzung, ja Hauptmotiv für das Entstehen von Organisationen geworden. Organisationen gründen Organisationen oder lassen Organisationsgründungen als aussichtsreich erscheinen" (ebd.).

Optionensteigerung, Unsicherheitsabsorption und Risiko

Mit dem Übergang von der ständischen zur modernen Gesellschaft geht die Auflösung von stabilen sozialstrukturellen ‚Ligaturen', d. h. „Zugehörigkeiten" und „Bindungen", und die rasante Zunahme von ‚Optionen', also Wahlmöglichkeiten, einher (vgl. Dahrendorf 1979, S. 50 ff.). Entscheidungsmöglichkeiten nehmen gesellschaftlich zu, und es kommt zu einer Verlagerung der gesellschaftlichen Orientierungen von der Vergangenheit (Ligaturen, Erfahrung) in die Zukunft (Optionen, Kontingenz). Im Horizont einer offenen Zukunft werden Entscheidungsmöglichkeiten sichtbar, zugleich aber auch deren Kehrseite. Die Freisetzung von Optionen bedeutet zum einen auch Entscheidungsdruck. Es *muss* jetzt laufend und massenhaft entschieden werden. Denn Optionen sind strukturelle Wahlmöglichkeiten, denen „als Aktionen" Wahlentscheidungen entsprechen (ebd., S. 51). Zum anderen muss allerdings in die

5.6 Gesellschaft und Organisation

Ungewissheit der Zukunft hinein entschieden werden. Aber wie kann das gehen? Wie kann entschieden werden, wenn sich die Folgen der Entscheidungen erst in der Zukunft erweisen, die man heute noch nicht kennen kann? Wenn alle Folgen gleichermaßen unbekannt sind, so Luhmann, sind Entscheidungsalternativen *unentscheidbar* (vgl. Luhmann 1992b, S. 141 ff.)[54]! Kurzum: Die moderne Gesellschaft bringt Entscheidungsmöglichkeiten, mit ihnen aber auch Entscheidungspressionen sowie Unentscheidbarkeiten und genuine Unsicherheiten hervor. Und sie bringt keineswegs nur „individuelle Wahlentscheidungen" (Dahrendorf 1979, S. 51) hervor, sondern auch Organisationen, die – wie wir oben dargelegt haben – Spezialisten für das Anfertigen von Entscheidungen sind. Organisationen vermögen die Unwahrscheinlichkeit des Entscheidens zu überwinden und die gewissermaßen ‚lähmende' Unsicherheit und Unentscheidbarkeit dadurch zu absorbieren, dass sie, wie oben (in Kap. 4.3) beschrieben, Entscheidungen miteinander zu Prozessen verknüpfen und sie durch Entscheidungsstrukturen orientieren. Durch die Einbettung jeder ihrer Entscheidungen in einen vernetzten und strukturierten Entscheidungszusammenhang entgehen Organisationen dem Problem, sich der offenen Kontingenz der Zukunft auszusetzen – und gewissermaßen mit der ‚Logik der Konsequenz' (vgl. March 1994) in Probleme der Unentscheidbarkeit hineinzulaufen.

Wenngleich Organisationen Entscheidungen stets selbstbezüglich, also mit Rücksicht auf ihre *eigene* Reproduktion, treffen, leisten sie speziell mit der Verknüpfung ihrer Entscheidungen einen – im doppelten Sinne – ‚entscheidenden' Beitrag für eine Gesellschaft, die auf der Grundlage ihrer Funktionssysteme zuvor ungekannte – wirtschaftliche, wissenschaftliche, politische, künstlerische, erzieherische usw. – ‚Optionen' freisetzt. Zwar kann man durchaus annehmen, dass dies ungekannte „individuelle Wahlentscheidungen" erforderlich macht und solche laufend und gerade dort zugemutet werden, wo Zugehörigkeiten und Bindungen (‚Ligaturen') entwertet sind (vgl. Dahrendorf 1979, S. 51). Der Blick auf Individuen sollte aber nicht übersehen lassen, dass die moderne Gesellschaft sich gerade und erst „durch Einrichtung von Organisationen zu etwas befähigt, wozu sie anderenfalls nicht in der Lage wäre, nämlich zur Unsicherheitsabsorption" (Luhmann 1992b, S. 203). Mit der Herausbildung formaler Organisationen hat die Gesellschaft also eine *strukturelle Lösung* für das gesellschaftlich selbst erzeugte Verhältnis von Optionenzuwächsen und deren Unentscheidbarkeit gefunden.

Im Mechanismus der Unsicherheitsabsorption durch Organisation liegt aber – gerade auch gesellschaftlich gesehen – nicht nur eine Lösung, sondern auch ein

---

54 Bei Dahrendorf (1992, S. 76) heißt es mit Bezug auf „Optionen und Ligaturen" ähnlich, aber doch mit anderer Konnotation: Mit dem Verlust von Ligaturen werde alles „gleich gültig, damit gleichgültig".

fundamentales (Folge-)Problem: die Risikosteigerung von Lebensverhältnissen und die Produktion einer mannigfaltigen Anzahl von Betroffenen. Gemeint ist nicht allein der Umstand, dass die moderne Gesellschaft auf der Grundlage von Organisationen Leistungsmöglichkeiten geschaffen und auch im technologischen Sinne erreicht hat, die – eben auch in ihren Schadensdimensionen – in vormodernen Gesellschaften unbekannt waren. Man denke nur an Großtechnologien und „normale Katastrophen" (Perrow 1987), die erst durch Organisationen möglich geworden sind. Mit Blick auf die Leistung der Unsicherheitsabsorption ist an dieser Stelle vielmehr gemeint, dass in der Gesellschaft nicht unbeobachtet bleibt, dass Organisationen, indem sie Unsicherheiten und Nichtwissen qua Entscheidung in für sie ausreichende Sicherheiten überführen, riskant handeln (vgl. Luhmann 1991, Kap. 10). Schon im Entscheidungszusammenhang selbst mögen dabei Risiken, also unsichere Folgen, gesehen werden; auf der Seite der Entscheider(innen), also im Kontext der Unsicherheitsabsorption, erscheinen diese typischerweise aber als kalkulierbare Risiken. Ganz anders dagegen wird der riskante Umgang mit Nichtwissen im Hinblick auf potenzielle Schadensfolgen aber auf der Seite der Betroffenen beobachtet, also derjenigen, die nicht entscheiden, sich aber Folgen organisierten Entscheidens ‚ausgesetzt' sehen. Der selbstsichere Umgang von Organisationen mit Nichtwissen wird in der Perspektive Betroffener zur Gefahr – und mit Blick auf mögliche Schadensfolgen zur unbedingt zu vermeidenden ‚Katastrophe' (vgl. Japp 1997).

Schluss 6

Am Ende des Einführungstextes angekommen, haben wir mit dem zuletzt Gesagten zum einen verdeutlicht, dass und wie eng die entscheidungstheoretischen Perspektiven, die wir im ‚organisationsbezogenen' Zugriff auf Organisationen behandelt haben, auf den Zusammenhang von Gesellschaft und Organisation verweisen, d. h., wie diese Perspektiven also auch durch eine ‚gesellschaftsbezogene' Perspektive getragen sind, die wir eingangs als kennzeichnend für die Soziologie der Organisation bezeichnet haben. Mit dem kurzen Blick auf das ‚Risiko der Unsicherheitsabsorption' haben wir am Ende aber auch einen Punkt erreicht, der die Organisationssoziologie mit anderen soziologischen Spezialdisziplinen in Verbindung bringt, etwa mit der Risikosoziologie, der politischen Soziologie oder der Soziologie sozialer Bewegungen. Dies auszuführen kann nicht mehr Gegenstand der vorliegenden Einführung – in die Grundlagen der Organisationssoziologie – sein.

Vergleichbares gilt auch im Blick auf aktuelle Fragen und drängende Themen, die sich der Organisationssoziologie im Zusammenhang des rapiden Wandels aufdrängen, wie er heute etwa von der Weiterentwicklung von Informations- und Kommunikationstechnologien, vom Internet – und spezieller – von den sozialen Medien (Social Media) ausgeht. Die Beschäftigung mit diesen gesellschaftlichen Entwicklungen legt der Organisationssoziologie nahe, zur Ausformulierung ihrer Fragen die Begriffs- und Wissensbestände auch anderer Spezieller Soziologien zu konsultieren, in den genannten Fällen dann nicht zuletzt der Medien-, Wissens- und Techniksoziologie sowie auch der Soziologie sozialer Netzwerke.

Wenigstens anhand einer kleinen Serie von Fragen wollen wir hier abschließend noch andeuten, welche Herausforderungen und Unsicherheiten der digitale, kommunikationstechnologische und informationskybernetische Wandel für Organisationen aufwirft. Sie betreffen – zunächst im engeren, organisationsbezogenen Sinne betrachtet – die internen Verhältnisse und Strukturen, die wir als Kombination aus Programmen, Kommunikationswegen und Personal beschrieben hatten, aber auch die externen Relationen der Organisation in ihre Umwelten hinein. Sicher scheint, dass der Wandel dazu herausfordert, interne Programmabläufe und Erwartungen an Personen ebenso zu überdenken wie die organisationalen Grenzziehungen und die damit verbundenen Beziehungen zum Publikum. Welche organisatorischen Effekte hat aber zum Beispiel die sogenannte „Prosumer"-Kultur, die Tendenz also, „Konsumenten" zugleich zu „Produzenten" zu machen, also aktiv in organisatorische Informations- und Programmabläufe einzubinden (vgl. Blättl-Mink und Hellmann 2010)? Was bedeutet das für klassische Konzepte von Mitgliedschaft und Teilnahme an Organisationen und speziell für das Verhältnis von Leistungs- und Publikumsrollen? Und wie gehen Organisationen mit der rasanten Verbreitung von Social Media und ihren Effekten um? Bilden sich hier eigene Publikumsformate? Und genereller: Welche Auswirkungen haben Erwartungen an die öffentliche Transparenz von Organisationen auf das Verhältnis von angemessener informationeller Öffnung und hinreichender „Geheimhaltung" (Sievers 1974)? In welcher Weise wirken sich die Steigerung der kommunikativen Zugänglichkeit von Organisationen, die zunehmend auch erwartete Mitteilungsbereitschaft des Publikums und die laufende öffentliche Präsenz auf interne Hierarchien und andere interne Kommunikationswege der Organisation aus? Oder führt das ‚nur' zu neuen PR-Strategien und symbolischen Politiken an den Organisationsgrenzen? Wird überhaupt noch reguliert und kontrolliert werden können, wer, wann, wo und in welcher Weise über die Organisation öffentlich Auskunft gibt? Und welche Folgen hat das dann für die Tätigkeit klassischer „Grenzstellen" (Luhmann 1964a, S. 220 ff.)?

Welche Implikationen hat die rasante Zunahme von Leistungsvergleichen, die vom organisationsinternen Kennzahlenvergleich des Controllings über Prozesse des Benchmarkings bis zum öffentlichen Rating und Ranking von Produkten, Dienstleistungen und auch ganzen Organisationen reichen und sich heute in allen Typen von Organisationen auffällig ausbreiten (Dorn und Tacke 2017)? Welche Dynamiken entfalten solche Vergleiche – speziell dann auch unter Bedingungen von Internet, Digitalisierung und ‚Big Data' (Kette und Tacke 2017)? Welche Folgen haben sie für Organisationen? Wird das permanente Vergleichen und Positionieren zu Überlastungen von Strukturen im Sinne von „organisationalem Stress" (Vollmer 2015) führen? Oder entwickeln Organisationen „Resilienz" (vgl. Endreß und Maurer 2015; Hoffmann 2016), also die Fähigkeit, unvorhersehbare Ereignisse zu überstehen? Und was bedeutet es speziell auch für die Mitglieder, wenn die Vergleiche der ‚Leistungsgesellschaft' sich nicht mehr auf tatsächlich erbrachte Leistung („achievement") beziehen, sondern zur organisatorischen Zuschreibung von – zukünftig noch (oder eben: nicht mehr) – zu erwartenden *Potenzialen der ‚Performance'* werden?

Eigentümlich quer zum Bedeutungsgewinn der angedeuteten *Vergleichslogik*, die grundlegend auf Beobachtungen von Differenz beruht und die, soweit es um

6 Schluss

Leistungssteigerung und -steuerung geht, mithin mit (der Beobachtung von) Konkurrenz zwischen Verglichenen rechnet, steht der anhaltende Aufstieg einer *Vernetzungslogik*, die auf Vorteile der *Verbindung* zwischen je einschlägigen ‚Einheiten' setzt.[55] Welche relative Bedeutung könnten diese beiden Logiken in und für Organisationen und ihre Leistungsproduktion haben? Entwickeln sie sich unabhängig voneinander, komplementär oder steigern sie sich gar konflikthaft aneinander? Schnelle Antworten wird man schon deshalb nicht erwarten können, weil die ‚Kleider', in denen gerade diese konnexionistische Logik daherkommt, ausgesprochen ‚bunt' sind, wie man schon bei jedem Versuch erfahren kann, sich allein unter Soziologinnen und Soziologen darüber zu verständigen, worüber man redet, wenn man über „soziale Netzwerke" redet, ob man darunter bereits jedes beschreibbare „Und-so-weiter" der sozialen Kontakte verstehen möchte oder aber eine sehr besondere Sozialform, die durch ihren Partikularismus auffällt (und dadurch illegitime Züge hat) sowie Vertrauen voraussetzt, schon weil sie ihren Leistungsaustausch auf Reziprozität und damit auf „Kredite" stützt (vgl. Tacke 2000; Bommes und Tacke 2012). Während das Interesse an – vor allem interorganisatorischen – Netzwerken im Organisationskontext sich seit den 1980-er Jahren zunächst auf die „Entdeckung" von personalisierten Vertrauensbeziehungen als effektivem Steuerungsmodus „Jenseits von Markt und Hierarchie" (Powell 1990) bezog, dürften, soweit wir bei Organisationen bleiben, vor allem zwei zusammenhängende Entwicklungen zur Ausweitung der Netzwerksemantik in Richtung einer immer abstrakteren Semantik der Konnektivität beigetragen haben: Weiterentwicklungen im Feld der Informations- und Kommunikationstechnologien und der Bedeutungsgewinn von Wissen bzw. Wissensvernetzungen. Ob das Stichwort des Wissensmanagements seinen Zenit bereits überschritten hat und von dem der Digitalisierung abgelöst wird, mag hier dahingestellt bleiben.

Für die Organisationssoziologie zeichnen sich unter den Stichworten Informations- und Kommunikationstechnologien, Social Media, Internet, Digitalisierung, Vernetzung zweifellos zahlreiche ‚brennende' Fragen ab, deren organisationsbezogene Beantwortung in der Forschung weithin noch aussteht. Die konzeptionelle Ausformulierung solcher Forschungsperspektiven drängt dabei den Einbezug auch weiterer Wissensdomänen auf und weist auch insofern über die in diesem Buch thematisierten Grundlagen hinaus. Allerdings wird man zu organisationssoziolo-

---

55 Die Komplementarität von Vergleichs- und Vernetzungslogik betonen in der jüngeren „Vergleichssoziologie" Heintz und Werron (2011); zu finden ist sie bereits in der Bewusstseinsphilosophie als Unterscheidung von „Verbindungs- und Vergleichungsrelationen" (Husserl 1939, S. 214 ff.).

gischen Antworten auf solche Fragen nur auf der Grundlage robuster organisationssoziologischer Konzepte kommen, wie wir sie in diesem Buch skizziert haben. Wir wollen abschließend aber auch nicht übersehen, dass Stichworte wie Digitalisierung und ‚Big Data' gesellschaftliche Phänomene und Veränderungen beschreiben, die als solche auch spezifisch gesellschaftsbezogene Perspektiven organisationssoziologischer Forschung eröffnen; und erst in diesem Zusammenhang – also gewissermaßen erst im Umweg über Gesellschaftstheorie – wäre dann auch nicht auszuschließen, dass der Begriff der Organisation, wie wir ihn hier eingeführt haben, selbst zur Disposition stehen könnte.

Zu den gesellschaftsbezogen einschlägigen Fragen gehört dabei zum Beispiel, ob das ‚stille' Prozessieren von Algorithmen im Hintergrund von Interfaces, an denen man kaum noch vorbeikommt, so etwas wie eine subkutane Ubiquität und neue Omnipräsenz von Organisationen mit sich bringt? Dass das moderne Individuum von der Wiege bis zur Bahre in gesellschaftlichen Organisationszonen unterwegs ist, wo es bestenfalls „vollversorgt" wird, ist natürlich keine neue Beobachtung. Auch insbesondere im 20. Jahrhundert wurde am „verwalteten Individuum" in einer „verwalteten Welt" (Adorno) die Dominanz und Unausweichlichkeit des Organisationsprinzips in der modernen Gesellschaft verdeutlicht. Aber müsste man diese Erzählung nun umschreiben und vielleicht sogar noch verschärfen? Was alles *organisatorisch im Hintergrund* und auch *in Organisationen im Hintergrund* abläuft, während man an der „Erdoberfläche" im Kino, Kindergarten, Kulturzentrum oder Kaufhaus, sei es in einer Publikums- oder einer Mitgliedsrolle, unterwegs ist, wird zunehmend undurchschaubar.

Organisationssoziologisch interessant und relevant ist daran die Frage, ob und inwieweit die Digitalisierung der Organisationsroutinen und -strukturen insgesamt einer Mathematisierung und ‚Neokybernetisierung' organisationaler Operativitäten Vorschub leistet, die mit einer Ausdehnung des Begriffs der organisatorischen Formalstruktur auf informationstechnische Strukturen womöglich unterschätzt wäre. Wenn die Genese von Ordnung durch Digitalisierung, Mathematisierung und Algorithmisierung dazu dient, Organisationspraktiken des Rechnens und Berechnens, Abgleichens und Vergleichens, Urteilens und Beurteilens zu befördern und zu legitimieren, dann wird man es zukünftig nicht nur mit neuen Produktionsformen zu tun bekommen, die heute unter „Industrie 4.0" im Kontext von Unternehmen von sich reden machen (Pfeiffer 2015; Hirsch-Kreinsen, Ittermann, Niehaus 2015), sondern möglicherweise auch im allgemeinen Sinne mit einem Typ „Organisation 4.0".[56]

---

[56] Soweit sich solche Prozesse auch auf Organisationstypisierungen auswirken können, wäre damit das Verhältnis von „Operativität und Typik" betroffen und neu zu definieren. Vgl. Drepper 2017.

6 Schluss

Zu vermuten ist, dass die konnexionistische Weltanschauung auch die Anschaulichkeit der Organisation zunehmend prägt, möglicherweise auch eine Art „neomythisches Potential" (Hauser 2005, 2009) der Welt-, Organisationen- und Personengestaltung transportiert. Exemplarisch kann man das an der Semantik des *smarten Designs* verfolgen, das heute vielfältig durch Unternehmen geistert. Eine smarte Welt besteht danach aus smarten Organisationen, in denen smarte Personen, aber vor allem auch „smart artificial agents", smarte Dinge mit smarten Objekten, einschließlich Daten, tun. Selbst wenn solche Labels und Stichworte nicht überschätzt werden sollten, sind auch das virulente Themen einer zumal gesellschaftstheoretisch interessierten Organisationssoziologie. Auch dies kann hier nur angedeutet werden, muss also weiteren Forschungen, anderen Einführungen und je eigenen Lektüren vorbehalten bleiben.

Die Unhandlichkeit solcher Themen und die ersichtlichen Schwierigkeiten, sie auf den Gegenstand Organisation(en) zu beziehen, soll am Schluss dieser Einführung in die Organisationssoziologie dann auch einmal mehr unterstreichen, wie wesentlich es ist, dass sich entsprechende Forschungen ihrer begrifflichen Grundlagen versichern, sowohl hinsichtlich eines dezidierten Begriffs der Organisation wie auch zum Verhältnis von Organisation und Gesellschaft.

Literatur

Adorno, Theodor W. (1971[1954]): Individuum und Organisation. In: Adorno, Theodor W., Kritik. Kleine Schriften zur Gesellschaft. Frankfurt am Main, S. 67-86 (zuerst erschienen in: Neumark, Fritz (1954) (Hrsg.), Darmstädter Gespräch, Individuum und Organisation, S. 21-35).
Ahrne, Göran/Brunsson, Nils (2008): Meta-Organizations. Cheltenham.
Apelt, Maja/Tacke, Veronika (Hrsg.) (2012): Handbuch Organisationstypen. Wiesbaden.
Ashby, Ross W. (1956): Design for a Brain. The Origin of Adaptive Behavior. London.
Bach, Maurizio (2004): Jenseits des rationalen Handelns. Zur Soziologie Vilfredo Paretos. Wiesbaden.
Baecker, Dirk (1994): Soziale Hilfe als Funktionssystem der Gesellschaft. In: Zeitschrift für Soziologie 23, 2: 93-110.
Baecker, Dirk (1999a): Organisation als System. Frankfurt am Main.
Baecker, Dirk (1999b): Unbestimmte Kultur. In: Koschorke, Albrecht/Vismann, Cornelia (Hrsg.): Widerstände der Systemtheorie. Kulturtheoretische Analysen zum Werk von Niklas Luhmann. Berlin, S. 29-46.
Baecker, Dirk (2003): Organisation und Management. Frankfurt am Main.
Baecker, Dirk (2011): Organisation und Störung. Frankfurt am Main.
Bardmann, Theodor M. (1997): Zirkuläre Positionen. Konstruktivismus als praktische Theorie. Band 1. Opladen.
Barnard, Chester I. (1938): The Functions of the Executive. Cambridge, MA (deutsche Ausgabe 1970: Die Führung großer Organisationen. Essen).
Bateson, Gregory (1985): Ökologie des Geistes. Anthropologische, psychologische, biologische und epistemologische Perspektiven. Frankfurt am Main.
Becker, Albrecht/Küpper, Willi/Ortmann Günther (1992): Revisionen der Rationalität. In: Küpper, Willi/Ortmann, Günther (Hrsg.), Mikropolitik. Rationalität, Macht und Spiele in Organisationen. 2. durchgesehene Auflage. Opladen, S. 89-113.
Berger, Johannes/Offe, Klaus (1980): Das Rationalisierungsdilemma der Angestelltenarbeit. Arbeitssoziologische Überlegungen zur Erklärung des Status von kaufmännischen Angestellten aus der Eigenschaft ihrer Arbeit als Dienstleistungsarbeit. In: Kocka, Jürgen (Hrsg.), Angestellte im europäischen Vergleich. Göttingen, S. 39-58.
Berger, Ulrike (1984): Wachstum und Rationalisierung der industriellen Dienstleistungsarbeit. Zur ‚lückenhaften' Rationalität der Industrieverwaltung. Frankfurt a. M./New York.

Berger, Ulrike/Bernhard-Mehlich, Isolde (2006): Die Verhaltenswissenschaftliche Entscheidungstheorie. In: Kieser, Alfred/Ebers, Mark (Hrsg.), Organisationstheorien. 6. Auflage. Stuttgart, S. 169-214.

Bergmann, Jens (2014): Gescheiterte Informalität am Beispiel des Korruptionsfalls Siemens. In: Scheitern – Organisations- und wirtschaftssoziologische Analysen. Wiesbaden, S. 231-250.

Bertalanffy, Ludwig von (1956): General System Theory: Foundations, Development, Applications. London.

Besio, Cristina (2009): Forschungsprojekte: Zum Organisationswandel in der Wissenschaft. Bielefeld.

Besio, Cristina/Meyer, Uli (2014): Heterogeneity in world society. How organizations handle contradicting logics. In: Kastner, Fatima/Holzer, Boris/Werron, Tobias (Eds.), From Globalization to World Society. Neo-Institutional and Systems-Theoretical Perspectives. London/New York, S. 237-257.

Blau, Peter M./Scott, Richard W. (1962): Formal Organizations. A Comparative Approach. San Francisco.

Blättl-Mink, Birgit/Hellmann, Kai Uwe (Hrsg.) (2010): Prosumer Revisited: Zur Aktualität einer Debatte. Wiesbaden.

Boettcher, Wolfgang (2002): Kann eine ökonomische Schule auch eine pädagogische Schule sein? Weinheim.

Bommes, Michael/Scherr, Albert (1996): Soziale Arbeit als Exklusionsvermeidung, Inklusionsvermittlung und/oder Exklusionsverwaltung. In: Neue Praxis 26, 2: 107-122.

Bommes, Michae /Scherr, Albert (2000): Soziologie der sozialen Arbeit. Eine Einführung in Formen und Funktionen organisierter Hilfe. Weinheim.

Bommes, Michael/Tacke, Veronika (2001): Arbeit als Inklusionsmedium moderner Organisationen. Eine differenzierungstheoretische Perspektive. In: Tacke, Veronika (Hrsg.), Organisation und gesellschaftliche Differenzierung. Wiesbaden, S. 61-83.

Bommes, Michael/Tacke, Veronika (Hrsg.) (2012): Netzwerke in der funktional differenzierten Gesellschaft. Wiesbaden.

Bonazzi, Giuseppe (2008): Geschichte des organisatorischen Denkens. Hrsg. von Veronika Tacke. Wiesbaden.

Bora, Alfons (2001): Öffentliche Verwaltungen zwischen Recht und Politik. Die Multireferentialität organisatorischer Kommunikation. In: Tacke, Veronika (Hrsg.), Organisation und gesellschaftliche Differenzierung. Wiesbaden, S. 170-191.

Bruckmeier, Karl (1988): Kritik der Organisationsgesellschaft: Wege der systemtheoretischen Auflösung der Gesellschaft von M. Weber, Parsons, Luhmann und Habermas. Münster.

Brunsson, Nils (1982): The Irrationality of Action and Action Rationality: Decisions, Ideologies and Organizational Actions. In: Journal of Management Studies 1: 29-44.

Brunsson, Nils (1985): The Irrational Organization: Irrationality as a Basis for Organizational Action and Change. Chichester.

Brunsson, Nils (1989): The Organization of Hypocrisy. Talk, Decisions, and Actions in Organizations. Chichester.

Brunsson, Nils (2006): Mechanisms of Hope. Maintaining the Dream of the Rational Organization. Copenhagen.

Brunsson, Nils (2007): The Consequences of Decision-making. Oxford.

Bücherl, Stefanie (2013): Anspruch und Wirklichkeit des Controlling. Eine Untersuchung jenseits des betriebswirtschaftlichen Paradigmas. Wiesbaden.

Burke, Kenneth (1935): Permanence and Change. An Anatomy of Purpose. New York.

Burns, Tom (1961): Micropolitics. Mechanisms of Institutional Change. In: Administrative Science Quarterly 6, 3: 257-281.

Burns, Tom/Stalker, George M. (1961): The Management of Innovation. London. (

Chazel, François (2010): Webers Bürokratiebegriff – neu betrachtet. Trivium 7-2010, http://trivium.revues.org/3813. Letzter Zugriff am 23.4.2016.

Clegg, Steward R./Lounsbury, Michael (2009): Sintering the Iron Cage. Translation. Domination and Rationalitiy. In: Adler, Paul (Hrsg.), The Relevance of the Classics for Organization Theory. Oxford, S. 118-145.

Cohen, Michael D./March, James G./Olsen, Johan P. (1972): A Garbage Can Model of Organizational Choice. In: Administrative Science Quarterly 17, 1: 1-25.

Coleman, James S. (1979): Macht und Gesellschaftsstruktur. Tübingen.

Coleman, James S. (1986): Die asymmetrische Gesellschaft. Weinheim/Basel.

Coser, Louis, A. (1974): Greedy Institutions. Patterns of Undivided Commitment. New York.

Crozier, Michel (1964): The Bureaucratic Phenomenon. London. (Deutscher Auszug in: Mayntz, Renate (Hrsg.) (1968), Bürokratische Organisation. Köln).

Crozier, Michel/Friedberg, Erhard (1993): Die Zwänge kollektiven Handelns: Über Macht und Organisationen. Neuausgabe der Originalausgabe (1979). Frankfurt am Main.

Cyert, Richard M./March, James G. (1963): A Behavioral Theory of the Firm. Englewood Cliffs, NJ.

Dahrendorf, Ralf (1979): Lebenschancen. Anläufe zur sozialen und politischen Theorie. Frankfurt am Main.

Dahrendorf, Ralf (1992): Der moderne soziale Konflikt. Essay zur Politik der Freiheit. Stuttgart.

DiMaggio, Paul J./Powell Walter W. (1983): The Iron Cage Revisited: Institutional Isormorphism and Collective Rationality in Organizational Fields. In: American Sociological Review 48, 2: 147-160.

Dombois, Rainer (2009): Von organisierter Korruption zu individuellem Korruptionsdruck? Soziologische Einblicke in die Siemens-Korruptionsaffäre. In: Transparency International (Hrsg.), Der Korruptionsfall Siemens. Analysen und praxisnahe Folgerungen des wissenschaftlichen Arbeitskreises von Transparency International Deutschland, S. 131-150.

Dorn, Christopher/Tacke, Veronika (Hrsg.) (2017): Vergleich und Leistung in der funktional differenzierten Gesellschaft. Wiesbaden (im Erscheinen).

Drepper, Thomas (2003): Organisationen der Gesellschaft. Gesellschaft und Organisation in der Systemtheorie Niklas Luhmanns. Wiesbaden.

Drepper, Thomas (2007): Organisation und Wissen. In: Schützeichel, Rainer (Hrsg.), Handbuch Wissenssoziologie und Wissensforschung. Konstanz, S. 588-612.

Drepper, Thomas (2008): „Natürlich – Der Mensch steht im Mittelpunkt!". Zur organisationalen Funktion anthropologischer Präsuppositionen in der Personalsemantik moderner Organisationen. In: Die Natur der Gesellschaft. Verhandlungen des 33. Kongresses der DGS in Kassel 2006. Frankfurt am Main, S. 3197-3206.

Drepper, Thomas (2017): Operativität und Typik. Sinn- und kommunikationstheoretische Studien zur Organisationsforschung. Wiesbaden.

Drepper, Thomas/Tacke, Veronika (2010): Zur gesellschaftlichen Bestimmung und Fragen der Organisation „personenbezogener sozialer Dienstleistungen". Eine systemtheoretische Sicht. In: Klatetzki, Thomas (Hrsg.), Soziale personenbezogene Dienstleistungsorganisationen. Soziologische Perspektiven. Wiesbaden, S. 241-283.

Drepper, Thomas/Tacke, Veronika (2012): Schule als Organisation. In: Apelt, Maja/Tacke, Veronika (Hrsg.), Handbuch Organisationstypen. Wiesbaden, S. 205-238.

Easton, David (1957): An approach to the analysis of political systems. In: World Politics IX: 383-400.
Easton, David (1965): A Systems Analysis of Political Life. New York/London/Sydney.
Endreß, Martin/Maurer, Andrea (Hrsg.) (2015): Resilienz im Sozialen. Theoretische und empirische Analysen. Wiesbaden.
Fend, Helmut (1986): Gute Schule – Schlechte Schule. Die einzelne Schule als pädagogische Handlungseinheit. In: Die Deutsche Schule 82, 3: 275-293.
Foerster, Heinz von (1985): Sicht und Einsicht. Braunschweig/Wiesbaden.
Foerster, Heinz von (1993): Wissen und Gewissen. Versuch einer Brücke. Frankfurt am Main.
Freeman, Linton C. (2004): The development of social network analysis. A study in the sociology of science. Vancouver.
Freeman, John/Hannan, Michael T. (1983): Niche width and the dynamics of organizational populations. In: American Journal of Sociology 88: 1116-1145.
Fuchs, Peter (1992): Die Erreichbarkeit der Gesellschaft. Zur Konstruktion und Imagination gesellschaftlicher Einheit. Frankfurt am Main.
Gabor, Andrea/Mahoney, Joseph T. (2010): Chester Barnard and the Systems Approach to Nurturing Organizations. In: Witzel, Morgen/Warner, Malcolm (Eds.), The Oxford Handbook of Management Theorists. New York, S. 134-151 (hier zitiert nach dem Manuskript von 2010, in: http://www.business.illinois.edu/Working_Papers/papers/10-0102.pdf, zuletzt abgerufen am 25.3.2016).
Gabriel, Karl (1974): Organisation und Legitimation. Die Selbststeuerungsimperative der Organisation und das Problem der Legitimation. In: Zeitschrift für Soziologie 3, 4: 339-355.
Gabriel, Karl (1979): Analysen der Organisationsgesellschaft. Ein kritischer Vergleich der Gesellschaftstheorien Max Webers, Niklas Luhmanns und der phänomenologischen Soziologie. Frankfurt/New York.
Ganßmann, Heiner (1996): Geld und Arbeit. Wirtschaftssoziologische Grundlagen einer Theorie der modernen Gesellschaft. Frankfurt am Main/New York.
Geser, Hans (1982): Gesellschaftliche Folgeprobleme und Grenzen des Wachstums formaler Organisationen. In: Zeitschrift für Soziologie 11: 113-132.
Geser, Hans (1990): Organisationen als soziale Akteure. In: Zeitschrift für Soziologie 19, 6: 401-417.
Göbel, Markus/Schmidt, Johannes, F. K. (1998): Inklusion/Exklusion: Karriere, Probleme und Differenzierungen eines systemtheoretischen Begriffspaars. In: Soziale Systeme 4, 1: 87-117.
Goffman, Erving (1959): The Presentation of Self in Everyday Life. New York. (Deutsche Ausgabe: Wir alle spielen Theater [1969]. München/Zürich).
Goffman, Erving (1971): Techniken der Imagepflege. In: Goffman, Erving, Interaktionsrituale. Über Verhalten in direkter Kommunikation. Frankfurt am Main.
Gouldner, A. W. (1954): Patterns of Industrial Bureaucracy. Glencoe, Ill.
Gouldner, Alvin W. (1959): Organizational Analysis. In: Merton, Robert K./Broom Leonard/Cotrell Leonard S. (Eds.), Sociology Today, Problems and Prospects. New York, S. 400-428.
Gouldner, Alvin W./Newcomb, Esther R. (1956): Eine Untersuchung über administrative Rollen. In: Kölner Zeitschrift für Soziologie und Sozialpsychologie 8: 113-123.
Gulick, Luther/Urwick, Lyndall (Eds.) (1937): Papers on the Science of Administration. New York.
Hall, Richard H. (1968): Die dimensionale Natur bürokratischer Strukturen. In: Mayntz, Renate (Hrsg.), Bürokratische Organisation. Köln/Berlin, S. 69-81.

Hannan, Michael T./Freeman, John (1977): The population ecology of organizations. In: American Journal of Sociology 82: 929-964.
Hannan, Michael T./Freeman, John (1984): Structural Inertia and organizational change. In: American Sociological Review 49: 149-164.
Hartmann, Heinz (1964): Funktionale Autorität. Systematische Abhandlung zu einem soziologischen Begriff. Stuttgart.
Hasenfeld, Yeheskel (1983): Human Service Organizations. Englewood Cliffs/New York.
Hassard, John (1993): The Hegemony of Systems. In: Hassard, John, Sociology and Organization Theory. Cambridge, S. 19-48.
Hasse, Raimund/Krücken, Georg (1999): Neo-Institutionalismus. Bielefeld.
Hauser, Linus (2005): Kritik der Neomythischen Vernunft. Band 1. Menschen als Götter der Erde 1800-1945. Paderborn/München/Wien/Zürich.
Hauser, Linus (2009): Kritik der Neomythischen Vernunft. Band 2. Neomythen der beruhigten Endlichkeit. Die Zeit ab 1945. Paderborn/München/Wien/Zürich.
Heintz, Bettina/Werron, Tobias (2011): Wie ist Globalisierung möglich? Zur Entstehung globaler Vergleichshorizonte am Beispiel von Wissenschaft und Sport. Kölner Zeitschrift für Soziologie und Sozialpsychologie 63: 359-394.
Henderson, Lawrence J. (1935): Pareto's General Sociology. A Physiologist's Interpretation. Cambridge.
Heyl, Barbara S. (1968): The Harvard „Pareto Circle". In: Journal of the History of the Behavioral Sciences, 4: 316-34.
Hirschauer, Stefan (1999): Die Praxis der Fremdheit und die Minimierung von Anwesenheit. Eine Fahrstuhlfahrt. In: Soziale Welt 50: 221-246.
Hirsch-Kreinsen, Hartmut/Ittermann, Peter/Niehaus, Jonathan (Hrsg.) (2015): Digitalisierung industrieller Arbeit. Die Vision Industrie 4.0 und ihre sozialen Herausforderungen. Baden-Baden.
Hoebel, Thomas (2012): Politische Organisationen. In: Apelt, Maja/Tacke, Veronika (Hrsg.), Handbuch Organisationstypen. Wiesbaden, S. 63-90.
Hoffmann, Gregor Paul (2016): Organisationale Resilienz. Grundlagen und Handlungsempfehlungen für Führungskräfte. Wiesbaden.
Horch, Heinz-Dieter (1983): Strukturbesonderheiten freiwilliger Vereinigungen. Analyse und Untersuchung einer alternativen Form menschlichen Zusammenarbeitens. Frankfurt/New York.
Horster, Detlef (1997): Biographie im Interview. In: ders., Niklas Luhmann. München, S. 25-47.
Husserl, Edmund (1939): Erfahrung und Urteil. Untersuchungen zur Genealogie des Urteils. Prag.
Jahoda, Marie/Lazarsfeld, Paul Felix/Zeisel, Hans (1975[1933]): Die Arbeitslosen von Marienthal. Ein soziographischer Versuch über die Wirkungen langandauernder Arbeitslosigkeit. Frankfurt am Main.
Japp, Klaus P. (1986): Wie psychosoziale Dienste organisiert werden. Widersprüche und Auswege. Frankfurt am Main/New York.
Japp, Klaus P. (1997): Die Beobachtung von Nichtwissen. In: Soziale Systeme 3, 2: 289-314.
Jäger, Wieland/Schimank, Uwe (Hrsg.) (2005): Organisationsgesellschaft. Facetten und Perspektiven. Wiesbaden.
Kastner, Fatima/Holzer, Boris/Werron, Tobias (Eds.) (2014): From Globalization to World Society. Neo-Institutional and Systems-Theoretical Perspectives. London/New York.

Keller, Robert T. (1984): The Harvard ‚Pareto Circle' and the Historical Development of Organization Theory. In: Journal of Management 10: 193-204.
Kerst, Christian (1997): Unter Druck. Organisatorischer Wandel und Organisationsdomänen. Der Fall der Druckindustrie. Opladen.
Kette, Sven (2009): Bankenregulierung als Cognitive Governance: Eine Studie zur gesellschaftlichen Verarbeitung von Komplexität und Nichtwissen. Wiesbaden.
Kette, Sven (2012): Das Unternehmen als Organisation. In: Apelt, Maja/Tacke, Veronika (Hrsg.), Handbuch Organisationstypen. Wiesbaden, S. 21-42.
Kette, Sven (2013): Diskreditiertes Scheitern. Katastrophale Unfälle als Organisationsproblem. In: Bergmann, Jens/Hahn, Matthias/Langhof, Antonia/Wagner, Gabriele (Hrsg.), Scheitern – Organisations- und wirtschaftssoziologische Analysen. Wiesbaden, S. 159-181.
Kette, Sven/Tacke, Veronika (2015): Systemtheorie, Organisation und Kritik. In: Scherr, Albert (Hrsg.), Systemtheorie und Differenzierungstheorie als Kritik. Perspektiven in Anschluss an Niklas Luhmann. Weinheim und Basel, S. 232-265.
Kette, Sven/Tacke, Veronika (2017): Dynamiken des Leistungsvergleichs im Kontext von Organisationen der Wirtschaft. In: Dorn, Christopher/Tacke, Veronika (Hrsg.), Vergleich und Leistung in der funktional differenzierten Gesellschaft. Wiesbaden (im Erscheinen).
Kieser, Alfred (2002): Wissenschaft und Beratung. Heidelberg.
Kieser, Alfred/Ebers, Mark (Hrsg.) (2006): Organisationstheorien. 6. Auflage. Stuttgart.
Kieser, Alfred/Woywode, Michael (2006): Evolutionstheoretische Ansätze. In: Kieser, Alfred/Ebers, Mark (Hrsg.), Organisationstheorien. 6. Auflage. Stuttgart, S. 309-352.
Kieserling, André (1999): Kommunikation unter Anwesenden. Studien über Interaktionssysteme. Frankfurt am Main.
Kieserling, André (2005): Selbstbeschreibung von Organisationen. Zur Transformation ihrer Semantik. In: Jäger, Wieland/Schimank, Uwe (Hrsg.), Organisationsgesellschaft. Facetten und Perspektiven. Wiesbaden, S. 51-89.
Kreuter, Andreas (1996): Entscheidungsfindung in Reorganisationsprozessen. Analyse eines Fallbeispiels aus dem Transportsektor anhand des Garbage-Can-Modells. In: Zeitschrift Führung und Organisation 65: 116-123.
Kühl, Stefan (2001): Die Heimtücke der eigenen Organisationsgeschichte. Paradoxien auf dem Weg zum dezentralisierten Unternehmen. In: Soziale Welt 52: 383-401.
Kühl, Stefan (2011): Organisationen: Eine sehr kurze Einführung. Wiesbaden.
Küpper, Willi/Ortmann, Günther (1992) (Hrsg.): Mikropolitik. Rationalität, Macht und Spiele in Organisationen. 2. durchgesehene Auflage. Opladen.
Lieckweg, Tania (2001): Strukturelle Kopplung von Funktionssystemen ‚über' Organisation. In: Soziale Systeme 7, 2: 267-289.
Luhmann, Niklas (1958): Der Funktionsbegriff in der Verwaltungswissenschaft. In: Verwaltungsarchiv 49, 2: 97-105.
Luhmann, Niklas (1964a): Funktionen und Folgen formaler Organisation. Berlin.
Luhmann, Niklas (1964b): Lob der Routine. In: Verwaltungsarchiv 55: 1-33.
Luhmann, Niklas (1966): Theorie der Verwaltungswissenschaft. Bestandsaufnahme und Entwurf. Köln.
Luhmann, Niklas (1968). Zweck – Herrschaft – System. Grundbegriffe und Prämissen Max Webers. In: Mayntz, Renate (Hrsg.), Bürokratische Organisation. Köln, S. 36-55.
Luhmann, Niklas (1969): Gesellschaftliche Organisation. In: Ellwein, Thomas/Groothoff, Hans Hermann/Rauschenberg, Hans/Roth, Heinrich (Hrsg.), Erziehungswissenschaftliches Handbuch, Bd. I. Berlin, S. 387-407.

Luhmann, Niklas (1970): Institutionalisierung – Funktion und Mechanismus im sozialen System der Gesellschaft. In: Schelsky, Helmut (Hrsg.), Zur Theorie der Institution. Düsseldorf.
Luhmann, Niklas (1972): Rechtssoziologie. 2 Bde. Reinbek.
Luhmann, Niklas (1973[1968]): Zweckbegriff und Systemrationalität. Über die Funktion von Zwecken in sozialen Systemen. Frankfurt am Main. (Originalausgabe 1968, Tübingen)
Luhmann, Niklas (1975): Allgemeine Theorie organisierter Sozialsysteme. In: Luhmann, Niklas, Soziologische Aufklärung 2. Opladen, S. 39-50.
Luhmann, Niklas (1981): Organisation und Entscheidung. In: Luhmann, Niklas, Soziologische Aufklärung 3. Opladen, S. 335-389.
Luhmann, Niklas (1984a): Soziale Systeme. Grundriß einer allgemeinen Theorie. Frankfurt am Main.
Luhmann, Niklas (1984b): Artikel „Organisation". In: Ritter, Joachim (Hrsg.), Historisches Wörterbuch der Philosophie. Bd. 6. Basel, Sp. 1326-1328.
Luhmann, Niklas (1986): Ökologische Kommunikation. Kann die moderne Gesellschaft sich auf ökologische Gefährdungen einstellen? Wiesbaden.
Luhmann, Niklas (1988): Die Wirtschaft der Gesellschaft. Frankfurt am Main.
Luhmann, Niklas (1991): Soziologie des Risikos. Berlin/New York.
Luhmann, Niklas (1992a): Organisation. In: Küpper, Willi/Ortmann, Günther (Hrsg.), Mikropolitik. Rationalität, Macht und Spiele in Organisationen. 2. durchgesehene Auflage. Opladen, S. 165-185.
Luhmann, Niklas (1992b): Beobachtungen der Moderne. Opladen.
Luhmann, Niklas (1993): Die Paradoxie des Entscheidens. In: Verwaltungsarchiv 84: 287-310.
Luhmann, Niklas (1995a): Kultur als historischer Begriff. In: Luhmann, Niklas, Gesellschaftsstruktur und Semantik. Studien zur Wissenssoziologie der modernen Gesellschaft. Band 4. Frankfurt am Main, S. 31-54.
Luhmann, Niklas (1995b): Kausalität im Süden. In: Soziale Systeme. Zeitschrift für soziologische Theorie 1, 1: 7-28.
Luhmann, Niklas (1997): Die Gesellschaft der Gesellschaft. 2 Bde. Frankfurt am Main.
Luhmann, Niklas (2000): Organisation und Entscheidung. Opladen/Wiesbaden.
Luhmann, Niklas (2002): Einführung in die Systemtheorie. Heidelberg.
Mannheim, Karl (1930): Wissenssoziologie. In: Vierkandt, Alfred (Hrsg.), Handwörterbuch der Soziologie. Stuttgart (Neudruck 1959), S. 659-680.
March, James (1976): The technology of foolishness. In: March, James G./Olsen, Johan P., Ambiguity and Choice in Organizations. Bergen/Oslo/Tromsø, S. 69-81.
March, James G. (1990): Entscheidung und Organisation. Wiesbaden.
March, James G. (1994): A primer on decision-making: How decisions happen. New York.
March, James G./Simon, Herbert A. (1976[1958]): Organisation und Individuum. Menschliches Verhalten in Organisationen. Wiesbaden. (Originalausgabe 1958: Organizations, New York).
March, James G./Olsen, Johan P. (1976): Ambiguity and Choice in Organizations. Bergen/Oslo/Tromsø.
Martens, Will/Ortmann, Günther (2006): Organisationen in Luhmanns Systemtheorie. In: Kieser, Alfred/Ebers, Mark (Hrsg.), Organisationstheorien. 6. Aufl. Stuttgart, S. 427-455.
Matys, Thomas (2011): Legal Persons – „Kämpfe" um die organisationale Form. Wiesbaden.

Mayntz, Renate (1961): Die Organisationssoziologie und ihre Beziehungen zur Organisationslehre. In: Schnaufer, Erich/Agathe, Klaus (Hrsg.), Organisation. TFB-Handbuch, erster Band. Berlin/Baden-Baden, S. 29-54.

Mayntz, Renate (1963): Soziologie der Organisation. Reinbek bei Hamburg.

Mayntz, Renate (1968): Max Webers Idealtypus der Bürokratie und die Organisationssoziologie. In: dies. (Hrsg.), Bürokratische Organisation. Köln/Berlin, S. 27-35.

McKelvey, Bill/Aldrich, Howard E. (1983): Populations, natural selection, and applied organizational science. In: Administrative Science Quarterly 28, S. 101-128.

Mead, George Herbert (1934): Mind, Self and Society. Chicago.

Mense-Petermann, Ursula (2012): Multinationals, Transnationals, Global Players – Zur Besonderheit grenzüberschreitend operierender Organisationen. In: Apelt, Maja/Tacke, Veronika (Hrsg.), Handbuch Organisationstypen. Wiesbaden, S. 43-61.

Merton, Robert K. (1936): The Unanticipated Consequences of Purposive Action. In: American Sociological Review 1: 894-904.

Merton, Robert K. (1968[1940]): Bürokratische Struktur und Persönlichkeit. In: Mayntz, Renate (Hrsg.), Bürokratische Organisation. Köln/Berlin, S. 265-276 (Original: Bureaucratic Structure and Personality. In: Social Forces [1940], 560-568).

Meyer, John W. (2005): Weltkultur. Wie die westlichen Prinzipien die Welt durchdringen. Frankfurt am Main.

Meyer, John W./Rowan, Brian (1977): Institutionalized Organizations: Formal Structure as Myth and Ceremony. In: American Journal of Sociology 83, 2: 340-363. (Deutsche Übersetzung 2009. In: Koch, Sascha/Schemmann, Michael [Hrsg.], Neo-Institutionalismus in der Erziehungswissenschaft. Wiesbaden).

Meyer, John W./Jepperson, Ronald L. (2000): The ‚Actors' of Modern Society: The Cultural Construction of Social Agency. In: Sociological Theory 18, 1: 100-120.

Meyer, John W./Boli, John/Thomas, George M. (1987): Ontology and Rationalization in the Western Cultural Account. In: Thomas, George/Meyer, John W./Ramirez, Francisco O./Boli, John (Eds.), Institutional Structure. Constituting State, Society and the Individual. Newbury Park, CA, S. 12-37.

MEW 23: Marx, Karl/Engels, Friedrich (1984[1890]): Werke. Das Kapital. Kritik der politischen Ökonomie. Band 1. Berlin.

MEW 42: Marx, Karl/Engels, Friedrich (1977[1850-1859]: Werke. Grundrisse der Kritik der Politischen Ökonomie. Berlin.

Michels, Robert (1989[1911]): Zur Soziologie des Parteiwesens in der modernen Demokratie. Untersuchungen über die oligarchischen Tendenzen des Gruppenlebens. 4. Aufl. Stuttgart.

Mintzberg, Henry (1991): Mintzberg über Management: Führung und Organisation, Mythos und Realität. Wiesbaden.

Nassehi, Armin (1999): Differenzierungsfolgen. Beiträge zur Soziologie der Moderne. Wiesbaden.

Neuberger, Oswald (1995): Mikropolitik. Der alltägliche Aufbau und Einsatz von Macht in Organisationen. Stuttgart.

Ortmann, Günther/Sydow, Jörg/Türk, Klaus (Hrsg.) (1997): Theorien der Organisation. Die Rückkehr der Gesellschaft. Opladen.

Orton, J. Douglas/Weick, Karl E. (1990): Loosely Coupled Systems. A Reconceptualization. In: Academy of Management Review 15: 203-223.

Pareto, Vilfredo (1916): Trattato di sociologia generale. Firenze.

Parker Follett, Mary (1941): Dynamic Administration. New York.

Parsons, Talcott (1937): The Structure of Social Action. New York.
Parsons, Talcott (1956/1957): Suggestions for a Sociological Approach to the Theory of Organizations, Part I-II. In: Administrative Science Quarterly 1, 65-85 und 225-239.
Parsons, Talcott (1960a): A Sociological Approach to the Theory of Organizations. In: Parsons, Talcott, Structure and Process in Modern Societies. New York, S. 16-58.
Parsons, Talcott (1960b): Some Ingredients of a General Theory of Formal Organizations. In: Parsons, Talcott, Structure and Process in Modern Societies. New York, S. 59-96.
Parsons, Talcott (1994): Aktor, Situation und normative Muster: Ein Essay zur Theorie sozialen Handelns. Frankfurt am Main (Übersetzung des Originalmanuskripts von 1939).
Parsons, Talcott/Smelser, Neil J. (1956): Economy and Society. A Study in the Integration of Economic and Social Theory. London.
Perrow, Charles B. (1970): Members as resources in voluntary organizations. In: Rosengren, William R./Lefton, Mark (Eds.), Organizations and. Clients. Ohio, S. 93-116.
Perrow, Charles (1987): Normale Katastrophen. Die unvermeidlichen Risiken der Großtechnik. Frankfurt am Main/New York.
Perrow, Charles (1991): A Society of organizations. In: Theory and Society 20: 725-762.
Petzke, Martin/Tyrell, Hartmann (2012): Religiöse Organisationen. In: Apelt, Maja/Tacke, Veronika (Hrsg.), Handbuch Organisationstypen. Wiesbaden, S. 275-306.
Pfeffer, Jeffrey (1997): New Directions for Organization Theory: Problems and Prospects. Oxford/New York.
Pfeiffer, Sabine (2015): Industrie 4.0 und die Digitalisierung der Produktion – Hype oder Megatrend? In: Aus Politik und Zeitgeschichte 31-32: 6-12.
Powell, Walther W. (1990): Neither Market nor Hierarchy. Network Forms of Organization. In: Research in Organizational Behavior 12: 295-336.
Preisendörfer, Peter (2005): Organisationssoziologie. Grundlagen, Theorien und Problemstellungen. Wiesbaden.
Richter, Peter (2012): Die Organisation öffentlicher Verwaltung. In: Apelt, Maja/Tacke, Veronika (Hrsg.), Handbuch Organisationstypen. Wiesbaden, S. 91-112.
Rittberger, Volker/Zangl, Bernhard (2003): Internationale Organisationen. Politik und Geschichte. 3. überarbeitete Auflage. Wiesbaden.
Roethlisberger, Fritz J./Dickson, William J. (1939): Management and the worker: an account of a research program conducted by the Western electric company. Cambridge, MA.
Ronge, Volker (1988): Theorie und Empirie des „Dritten Sektors". In: Jahrbuch zur Staats- und Verwaltungswissenschaft. Baden-Baden, S. 113-148.
Scherr, Albert (2000): Luhmanns Systemtheorie als soziologisches Angebot an Reflexionstheorien der Sozialen Arbeit. In: De Berg, Henk/Schmidt, Johannes F.K. (Hrsg.), Rezeption und Reflexion. Frankfurt am Main, S. 440-468.
Scheuch, Erwin K./Scheuch, Ute (1992): Kliquen, Klüngel und Karrieren. Über den Verfall der politischen Parteien – eine Studie. Reinbek.
Schimank, Uwe (1994): Organisationssoziologie. In: Kerber, Harald/Schmieder, Arnold (Hrsg.), Spezielle Soziologien. Reinbek, S. 240-254.
Schimank, Uwe (2001a): Organisationsgesellschaft. In: Kneer, Georg/Nassehi, Armin/Schroer, Markus (Hrsg.), Klassische Gesellschaftsbegriffe der Soziologie. München, S. 278-307.
Schimank, Uwe (2001b): Funktionale Differenzierung, Durchorganisierung und Integration. In: Tacke, Veronika (Hrsg.), Organisation und gesellschaftliche Differenzierung. Wiesbaden.

Schimank, Uwe (2001c): Gruppen und Organisationen. In: Joas, Hans (Hrsg.), Lehrbuch der Soziologie. Frankfurt am Main, S. 199-222.
Schimank, Uwe (2005): Die Entscheidungsgesellschaft. Komplexität und Rationalität der Moderne. Wiesbaden.
Schimank, Uwe (2009): Die funktional differenzierte kapitalistische Gesellschaft als Organisationsgesellschaft. Eine theoretische Skizze. In: Endreß, Martin/Matys, Thomas (Hrsg.), Die Ökonomie der Organisation – die Organisation der Ökonomie. Wiesbaden, S. 33-61.
Schluchter, Wolfgang (1972): Aspekte bürokratischer Herrschaft. München.
Schluchter, Wolfgang (1979): Die Entwicklung des modernen okzidentalen Rationalismus. Tübingen.
Scott, W. Richard (1968): Konflikte zwischen Spezialisten und bürokratischen Organisationen. In: Mayntz, Renate (Hrsg.), Bürokratische Organisation. Köln, S. 201-216.
Scott, W. Richard (1986): Grundlagen der Organisationstheorie. Frankfurt am Main/New York.
Scott, W. Richard (1995): Institutions and Organizations. Thousand Oaks.
Selznick, Philip (1948): Foundations of the Theory of Organizations. In: American Sociological Review 13: 25-35.
Selznick, Philip (1957): Leadership in Administration: A Sociological Interpretation. New York.
Shannon, Claude E./Weaver, Warren (1949): The Mathematical Theory of Communication. Urbana.
Sievers, Burkard (1974): Geheimnis und Geheimhaltung in sozialen Systemen. Opladen.
Simon, Herbert A. (1981[1945]): Entscheidungsverhalten in Organisationen. Eine Untersuchung von Entscheidungsprozessen in Management und Verwaltung. Landsberg am Lech (Originalausgabe 1945: Administrative Behavior. New York).
Stichweh, Rudolf (2000): Professionen im System der modernen Gesellschaft. In: Merten, Roland (Hrsg.), Systemtheorie sozialer Arbeit. Neue Ansätze und veränderte Perspektiven. Opladen, S. 29-38.
Stichweh, Rudolf (2006): Strukturbildung in der Weltgesellschaft – Die Eigenstrukturen der Weltgesellschaft und die Regionalkulturen der Welt. In: Schwinn, Thomas (Hrsg.), Die Vielfalt und Einheit der Moderne. Kultur und strukturvergleichende Analysen. Wiesbaden, S. 239-257.
Stinchcombe, Arthur L. (1965): Social Structure and Organizations. In: March, James G., Handbook of Organizations. Chicago, S. 142-193.
Stinchcombe, Arthur L. (2001): When Formality Works. Authority and Abstraction in Law and Organizations. Chicago/London.
Tacke, Veronika (1997a): Rationalitätsverlust im Organisationswandel: Von den Waschküchen der Farbenfabriken zur informatisierten Chemieindustrie. Frankfurt am Main/New York.
Tacke, Veronika (1997b): Systemrationalisierung an ihren Grenzen. Organisationsgrenzen und Funktionen von Grenzstellen in Wirtschaftsorganisationen. In: Schreyögg, Georg/Sydow, Jörg (Hrsg.), Managementforschung 7: Gestaltung von Organisationsgrenzen. Berlin, S. 1-44.
Tacke, Veronika (1999): Wirtschaftsorganisationen als Reflexionsproblem. Zum Verhältnis von neuem Institutionalismus und Systemtheorie. In: Soziale Systeme. Zeitschrift für soziologische Theorie 5, 1: 55-81.
Tacke, Veronika (2000a): Netzwerk und Adresse. In: Soziale Systeme. Zeitschrift für soziologische Theorie, 6, 2: 291-320.

Tacke, Veronika (2000b): Das Risiko der Unsicherheitsabsorption. Ein Vergleich konstruktivistischer Beobachtungen des BSE-Risikos. In: Zeitschrift für Soziologie 29, 2: 83-102.

Tacke, Veronika (2001a) (Hrsg.): Organisation und gesellschaftliche Differenzierung. Wiesbaden.

Tacke, Veronika (2001b): Funktionale Differenzierung als Schema der Beobachtung von Organisationen. Zum theoretischen Problem und empirischen Wert von Organisationstypologien. In: Tacke, Veronika (Hrsg.), Organisation und gesellschaftliche Differenzierung. Wiesbaden, S. 141-169.

Tacke, Veronika (2001c): James G. March und die Tyrannei der instrumentellen Rationalität. In: Bardmann, Theodor/Thorsten Groth (Hg.), Zirkuläre Positionen, Bd. 3. Opladen, S. 34-41.

Tacke, Veronika (2003): Von der irrationalen Organisation zur Welt der Standards. Nils Brunsson als antizyklischer Theoriepolitiker. In: OrganisationsEntwicklung 2003, 3: 74-79.

Tacke, Veronika (2006): Rationalität im Neoinstitutionalismus. Vom exakten Kalkül zum Mythos. In: Hellmann, Kai-Uwe/Senge, Constanze (Hrsg.), Einführung in den Neoinstitutionalismus. Wiesbaden.

Tacke, Veronika (2015): Formalität und Informalität. Zu einer klassischen Unterscheidung der Organisationssoziologie. In: von Groddeck, Victoria/Wilz, Sylvia Marlene (Hrsg.), Formalität und Informalität in Organisationen. Wiesbaden, S. 37-92.

Terhart, Ewald (1986): Organisation und Erziehung. Neue Zugangsweisen zu einem alten Dilemma. In: Zeitschrift für Pädagogik 32: 205-223.

Thompson, James D. (1967): Organizations in Action. New York.

Tribe, Keith (2007): Talcott Parsons as translator of Max Weber's basic sociological categories. In: History of European Ideas, 33, 2: 212-233.

Tsoukas, Haridimos/Knudsen, Christian (Eds.) (2003): The Oxford Handbook of Organization Theory. Oxford/New York.

Türk, Klaus (1989): Neuere Entwicklungen in der Organisationsforschung. Ein Trend-Report. Stuttgart.

Türk, Klaus (1995): „Die Organisation der Welt". Herrschaft durch Organisation in der modernen Gesellschaft. Opladen.

Türk, Klaus (Hrsg.) (2000): Hauptwerke der Organisationstheorie. Wiesbaden.

Türk, Klaus/Lemke, Thomas/Bruch, Michael (2002): Organisation in der modernen Gesellschaft. Eine historische Einführung. Wiesbaden.

Tyrell, Hartmann (2008): Zweierlei Differenzierung: Funktionale und Ebenendifferenzierung im Frühwerk Niklas Luhmanns. In: Tyrell, Hartmann, Soziale und gesellschaftliche Differenzierung. Aufsätze zur soziologischen Theorie. Wiesbaden, S. 55-72.

Tyrell, Hartmann/Petzke, Martin (2008): Anmerkungen zur Organisationsgesellschaft. In: Große Kracht, Hermann-Josef/Spieß, Christian (Hrsg.), *Christentum und Solidarität: Bestandsaufnahmen zu Sozialethik und Religionssoziologie*, Paderborn, S. 435-464.

Varela, Francisco (1990): Kognitionswissenschaft, Kognitionstechnik. Frankfurt a. M.

Vollmer Hendrik (2015): Stress und soziale Differenzierung. In: Heintz, Bettina/Tyrell, Hartmann (Hrsg.), Interaktion – Organisation – Gesellschaft revisited. Anwendungen, Erweiterungen, Alternativen. Zeitschrift für Soziologie. Sonderheft. Stuttgart, 408-424.

Walgenbach, Peter (2006): Die Strukturationstheorie. In: Kieser, Alfred/Ebers, Mark (Hrsg.), Organisationstheorien. A. a. O., S. 403-426.

Walgenbach, Peter (2006): Institutionalistische Ansätze in der Organisationstheorie. In: Kieser, Alfred/Ebers, Mark (Hrsg.), Organisationstheorien. A. a. O., S. 353-402.

Weber, Max (1923): Wirtschaftsgeschichte. München und Leipzig.

Weber, Max (1972[1922]): Wirtschaft und Gesellschaft. Grundriss der verstehenden Soziologie. Herausgegeben von Johannes Winkelmann. 5. Aufl. Tübingen.

Weber, Max (1988[1920]): Gesammelte Aufsätze zur Religionssoziologie Bd. I. Tübingen, S. 237-275 und S. 536-573.

Wehrsig, Christof/Tacke, Veronika (1992): Funktionen und Folgen informatisierter Organisationen. In: Malsch, Thomas/Mill, Ulrich (Hrsg.), ArBYTE. Modernisierung der Industriesoziologie? S. 219-239.

Weik, Elke/Lang, Rainhart (2001): Moderne Organisationstheorien. Eine sozialwissenschaftliche Einführung. Band 2 (hier: Teil C). Wiesbaden.

Weinbach, Christine (2003): Die systemtheoretische Alternative zum Sex-und-Gender-Konzept: Gender als geschlechtsstereotypisierte Form „Person". In: Pasero, Ursula/Weinbach, Christine (Hrsg.), Frauen, Männer, Gender Trouble. Systemtheoretische Essays. Frankfurt am Main, S. 144-170.

Weiss, Richard M. (1983): Weber on Bureaucracy. Management Consultant or Political Theorist? Academy of Management Review 8: 242-248.

Whitley, Richard (1984): The Intellectual and Social Organization of the Sciences. Oxford.

Wiener, Norbert (1948): Cybernetics, or control and communication in the animal and the machine. Chichester.

Williams, Raymond (1976): Keywords. A Vocabulary of Culture and Society. London.

Wilson, James Q. (1966): Innovation in Organization: Notes Toward a Theory. In: Thompson, James D. (Ed.), Approaches to Organizational Design. Pittsburgh, S. 194-218.

Wortmann, Hendrik (2010): Zum Desiderat einer Evolutionstheorie des Sozialen: Darwinistische Konzepte in den Sozialwissenschaften. UVK.

Glossar

Beobachtung: Unter Beobachtung wird in der neueren Systemtheorie bzw. der damit verbundenen Erkenntnistheorie eine ereignisförmige Operation bezeichnet, die eine Unterscheidung trifft und dadurch eine Differenz markiert. Je nachdem, ob als Beobachter ein lebendes, ein psychisches oder (wie hier) ein soziales System angenommen wird, sind mit der Beobachtungsoperation dann Zellprozesse, Gedanken oder (wie hier) Kommunikationen angesprochen.

Dysfunktion: Dysfunktion ist ein Begriff aus dem Kontext der funktionalen Analyse, der die negativen Folgeprobleme von sozialen Strukturen bezeichnet. Soziale Strukturen erfüllen danach Funktionen, bringen aber oftmals auch nicht gewünschte, ungeplante, unerwartete und kontraproduktive Wirkungen hervor.

Entscheidung: Unter Entscheidung wird in den Organisationswissenschaften – je nach grundlagentheoretischer Orientierung – eine Verhaltens-, Handlungs- oder Kommunikationspraxis der Alternativenwahl, Unsicherheitsbewältigung, Komplexitätsreduktion, Informationsprozessierung und Kommunikationsverkettung innerhalb von Organisationen verstanden. Die jeweilige grundlagentheoretische Ausrichtung hängt dann wiederum von der Anlehnung an philosophische, erkenntnistheoretische, verhaltenstheoretische, mathematische, psychologische, soziologische oder neurowissenschaftliche Entscheidungstheorien ab.

Entscheidungsprämissen: Der Begriff der Entscheidungsprämissen (decision premises) geht auf die verhaltenstheoretische Entscheidungstheorie zurück und bezeichnet die Ordnungsgesichtspunkte, die dem Entscheiden in Organisationen Orientierung geben. Niklas Luhmann hat diesen Begriff in seiner systemtheoretischen Organisationstheorie aufgegriffen und verfeinert. Er unterscheidet drei Entscheidungsprämissen: *Entscheidungsprogramme, Kommunikationswege* und *Personal*.

Sie bilden in Organisationen als sozialen Systemen die Erwartungsstrukturen, die in der Kompaktform der Stelle gebündelt werden.

Erwartungen/Erwartungserwartungen: Die Strukturen sozialer Systeme bilden sich aus reflexiv aufeinander bezogenen Erwartungen, den Erwartungserwartungen. Wenn Ego und Alter voneinander nicht nur ein bestimmtes Verhalten erwarten, sondern auch noch das Erwarten selbst erwarten, werden Erwartungen reflexiv und können sich zu Erwartungserwartungen stabilisieren, z. B. zu Rollen, die dann wiederum in weiterreichende Erwartungszusammenhänge eingebaut sein können. Ein Beispiel: Die Lehrkraft erwartet, dass die Schülerin bzw. der Schüler von ihr ein typisches erzieherisches Verhalten erwartet, und die Schülerin bzw. der Schüler erwartet, dass die Lehrkraft ein typisches Schüler(innen)verhalten erwartet. Diese Erwartungserwartungen begründen eine typische Rollenstruktur in der schulischen Erziehungskommunikation.

Formalisierung: Formalisierung in Organisationen ist eine Form der verbindlichen Ordnung von Erwartungen, in der die Geltung, Anerkennung und Befolgung von Regeln an Entscheidungen und Mitgliedschaft gekoppelt werden. Sie beruht darauf, dass die Geltung der Erwartungen durch Entscheidung berechtigter Personen zustande kommt und eine klar abgrenzbare Zahl von Teilnehmer(inne)n (Mitglieder im Unterschied zu Nichtmitgliedern) bindet. Wichtigstes Kommunikationsmedium ist hierbei die Schrift, die die Regeln verbindlich niederlegt und überprüfbar, aber auch änderbar macht.

Funktion: Wir beschränken diesen Begriff auf den Funktionalismus in den Sozialwissenschaften. Hier fragt er in der Regel nach den Wirkungen und Effekten sozialer Mechanismen und Strukturen für die Produktion und Reproduktion sozialer Gebilde bzw. sozialer Systeme.

Funktionalismus: Der Funktionalismus bezeichnet in den Sozialwissenschaften eine wissenschaftstheoretische und methodologische Position, die nach den Funktionen sozialer Elemente und Strukturen für umfassendere soziale Einheiten (Gesellschaft, Organisation, Gruppen etc.) fragt. Je nach Ausrichtung interessieren dabei u. a. auch Dysfunktionen (s. o.).

Garbage Can/'Mülleimer-Modell' der Entscheidung: Das Mülleimer-Modell der Entscheidung geht auf James March, Michael Cohen und Johan Olson zurück. Es stellt die Annahme infrage, dass Entscheidungen in Organisationen – sachlich und sozial – wohlgeordnete Prozesse der Problemlösung sind. Die Metapher des

Glossar

Mülleimers soll ausdrücken, dass die erforderlichen Einzelelemente des Entscheidens (Probleme, Lösungen, Teilnehmende, Entscheidungsgelegenheiten) in Organisationen oftmals nur in unkoordinierter Weise – sinnbildlich wie im Mülleimer – aufeinandertreffen. Problemlösung ist in einfachen Situationen möglich, häufig aber suchen auch Lösungen nach Problemen.

Gesellschaftstheorie: Unter Gesellschaftstheorie wird in der Soziologie eine Theorieform verstanden, die die (Makro-)Struktur und Dynamik der modernen Gesellschaft, aber auch vorgängiger Gesellschaftstypen beschreibt, etwa entlang ihrer jeweils charakteristischen internen Differenzierungsformen.

Handlungs(neben)folgen, nichtintendierte: Das Theorem der nichtintendierten Handlungs(neben)folgen stammt aus dem Kontext soziologischer Theorien mittlerer Reichweite (Robert K. Merton) und bezeichnet den Fall, dass sinnhaft orientierte und intendierte Handlungen auch Wirkungen und Effekte auslösen können, die nicht in der Ziel- oder Zwecksetzung intendiert waren. Diese Nebenfolgen sind dabei aber nicht unbedingt negativ und können deshalb auch nicht mit Dysfunktionen (s. o.) gleichgesetzt werden.

Human-Relations-Bewegung: Als Human-Relations-Bewegung bezeichnet man eine in den 1930er-Jahren in den USA entstandene organisationswissenschaftliche Forschungsrichtung, die die Relevanz sozialer Beziehungen, menschlicher Interaktion und Gruppendynamiken im und für den Arbeitsprozess herausstellte. Sie entsteht historisch als Gegenbewegung zum seinerzeit dominierenden Taylorismus, also ökonomistischen und mechanistischen Organisationsmodellen. Wichtigste Vertreter waren Elton Mayo und Fritz J. Roethlisberger.

Idealtypus: Der Begriff des Idealtypus geht auf Max Weber zurück und bezeichnet ein methodologisches Konzept der sinnverstehenden Sozialforschung. Ein Idealtypus ist ein konstruierter Begriff, der Phänomene der historisch-sozialen Wirklichkeit ordnet und erfasst, indem er deren wesentliche Aspekte (über)betont. Er stellt damit kein Idealbild im normativen Sinne dar, wohl aber eine reine Typenkonstruktion, an der die empirisch durchschnittlich auftretenden Realtypen dann gemessen werden können.

Indifferenzzone: Der Begriff der Indifferenzzone (zone of indifference) geht auf Chester Barnard zurück. Er bezeichnet einen Akzeptanzbereich des Verhaltens, in dem die persönlichen Motive des Individuums dem sozialen Erwartungskontext untergeordnet werden. In Organisationen muss demnach nicht für jede neue Führungsentscheidung die notwendige Motivation der Mitglieder neu beschafft und getestet werden, sondern es kann angenommen werden, dass die Kommunikation im Rahmen der Indifferenzzone als bindend, orientierend und ordnend akzeptiert wird.

Informalität: Der Begriff der Informalität bezeichnet – allgemein – die Gegenseite der Formalität. Er beschreibt soziale Beziehungen, Verhalten und Verhaltensstrukturen in Organisationen, die nicht in den Regelungsbereich der Formalität fallen bzw. sich ihm entziehen. Sie sind nicht durch die formale Organisation und ihre Erwartungen an Mitglieder gedeckt oder veranlasst und sind mit ihren Mitteln insofern auch nicht sanktionierbar.

Information: Die Definition des Informationsbegriffes hängt stark vom Theorie- und Verwendungskontext ab. Im Rahmen der Kommunikationstheorie wird Information als kleinste Einheit verstanden, die im Kommunikationsprozess Sinnkonstruktion ermöglicht. Innerhalb der Systemtheorie wird Information gemäß der Definition von Gregory Bateson als ein „Unterschied, der einen Unterschied macht" (a difference, that makes a difference, Bateson 1985, S. 408) verstanden.

inkongruente Perspektive: Der Begriff der inkongruenten Perspektive (perspective of incongruity) geht auf den englischen Literatur- und Sprachforscher Kenneth Burke zurück. Er bezeichnet eine Erkenntnismethode, die etablierte und selbstverständliche Wirklichkeitsvorstellungen durch die Frage ‚Wie wäre es auch anders möglich?' hinterfragt. Die Erkenntnismethode zielt darauf, soziale Denk- und Glaubensmuster in ihrer Konstruiertheit deutlich zu machen.

Institution: Institution ist ein schillernder rechts- und sozialwissenschaftlicher Begriff. Aufgrund seiner langen historisch-semantischen Tradition hängt seine Definition sehr stark von Begründungs- und Theoriekontexten ab. In der Regel bezeichnet der Begriff entweder spezifische soziale Gebilde oder Formen mit hoher gesellschaftlicher Symbolkraft (z. B. Verfassung, Familie ...) oder er bezeichnet soziale Erwartungsstrukturen, die hochgeneralisiert sind (d. h.: die sozial nicht nur für Einzelne, sondern für viele gelten, die sachlich viele Verhaltensmöglichkeiten abdecken und die zeitlich von gewisser Dauer sind). Institutionen beruhen darauf, „Konsens erfolgreich zu überschätzen" (Luhmann 1970, S. 30).

Interdependenz: Der Begriff der Interdependenz bezeichnet in der Systemforschung die enge Kopplung und wechselseitige Abhängigkeit von Elementen eines Systems.

Interdependenzunterbrechung: Der Begriff der Interdependenzunterbrechung bezeichnet in der Systemforschung die Entkopplung von Systemelementen. Negative Effekte werden durch Entkopplung begrenzt, laufen also nicht durch das gesamte System. Interdependenzunterbrechungen können insbesondere in Systemen höherer Komplexität nachgewiesen werden. Im menschlichen Organismus ist z. B. die Blut-Hirn-Schranke eine lebenswichtige Interdependenzunterbrechung. In demokratischen politischen Systemen kann die Gewaltenteilung als eine Interdependenzunterbrechung politischer Macht verstanden werden. Auch die funktionale Differenzierung der Gesellschaft (s. o.) ist ein Mechanismus der Interdependenzunterbrechung.

Kommunikation: Kommunikation ist ein Schlüsselbegriff des 20. Jahrhunderts zur Bezeichnung menschlich-sinnhafter Interaktion, Koordination und Kooperation. Erst mit den Theoriewerken von Jürgen Habermas („Theorie des kommunikativen Handelns") und Niklas Luhmann (insb.: „Soziale Systeme") wurde er zu einem sozialphilosophischen und soziologischen Grundbegriff.

Kontingenz: Kontingenz ist ein Grundbegriff in der Philosophie und in der Soziologie. Er bezeichnet die prinzipielle Sinnoffenheit, Unsicherheit und Ungewissheit menschlichen Erlebens und Handelns. In der soziologischen Systemtheorie Niklas Luhmanns ist der Begriff wie folgt definiert: „Kontingenz ist etwas, was weder notwendig ist noch unmöglich ist; was also so, wie es ist (war, sein wird), sein kann, aber auch anders möglich ist. Der Begriff bezeichnet mithin Gegebenes (zu Erfahrendes, Erwartetes, Gedachtes, Phantasiertes) im Hinblick auf mögliches Anderssein; er bezeichnet Gegenstände im Horizont möglicher Abwandlungen" (Luhmann 1984a, S. 152).

Kultur: Der Kulturbegriff ist, ebenso wie der Institutionenbegriff, ein stark kontextabhängiger und verweisungsreicher Begriff, der eine lange historisch-semantische Tradition auch außerhalb der disziplinären Wissenschaften hat. In den Sozialwissenschaften bezeichnet er in der Regel ordnungs- und orientierungsstiftende Sinnmuster, wobei typischerweise Selbstverständlichkeit, Gewohntes, Eingelebtes betont wird. Zugleich (und gleichwohl) ist von Kultur typischerweise dort die Rede, wo explizite oder implizite Vergleiche (von Kulturen) angestellt werden, also Unterschiede und damit kontingente Möglichkeiten zum Thema werden (siehe Kontingenz).

Kybernetik (erster Ordnung): Die Steuerungslehre der Kybernetik geht auf Norbert Wiener zurück, der die Wissenschaft der Steuerung und Regelung von Maschinen, lebenden Organismen und sozialen Organisationen als solche bezeichnete. Die

Kybernetik wurde in der Mitte des 20. Jahrhunderts eine einflussreiche Grundlagentheorie, die auch im Bereich der Sozial- und Politikwissenschaften Einfluss hatte.

Kybernetik (zweiter Ordnung): Die Kybernetik zweiter Ordnung bezeichnet die Weiterentwicklung der Kybernetik erster Ordnung. Sie besteht darin, dass Steuerung nun als Selbststeuerung von komplexen Einheiten (lebende Systeme, psychische Systeme, soziale Systeme) erforscht wird. Ein wesentlicher Protagonist dieser Richtung war Heinz von Foerster, der im Rahmen kognitions- und erkenntnistheoretischer Forschungen eine Theorie entwickelte, in der die Realitätsproduktion als ein Konstruktionsprozess verstanden wird. Damit wird die Vorstellung einer der Wahrnehmung vorgegebenen objektiven Realität infrage gestellt und ein Verständnis der ‚Abbildung' der objektiven Wirklichkeit in der Wahrnehmung verworfen.

Legitimität: Legitimität ist seit Max Weber ein sozialwissenschaftlicher Begriff zur Beschreibung von Begründungs- und Rechtfertigungszusammenhängen von sozialen Handlungen, Strukturen und Ordnungen. Max Weber hat den Begriff der Legitimität in seiner Herrschaftssoziologie soziologisch eingeführt und unter der Frage nach der Legitimität von Herrschaft eng gefasst. Im Weiteren wird der Begriff unspezifischer. Legitimität verweist dann allgemein auf die Akzeptanz oder Hinnahme von Handlungen, Strukturen, Ordnungen.

Mitgliedschaft: Mitgliedschaft bezeichnet die Form der Teilnahme von Individuen an Organisationen. Im Unterschied zu anderen Formen der Teilnahme (etwa der Zugehörigkeit zu Familien oder Cliquen) beruht sie auf Freiwilligkeit in Verbindung mit der erklärten Bereitschaft zur Anerkennung von Erwartungen, die in Organisationen für Mitglieder gelten. Mitgliedschaft gilt in der Organisationssoziologie als Konstitutionsprinzip organisierter Sozialsysteme.

Organisation: In der Organisationssoziologie werden Organisationen als besondere und spezifische soziale Gebilde oder Systeme verstanden, die sich über ihre typischen Konstitutionsaspekte und Reproduktionsmechanismen von anderen Sozialgebilden und Sozialsystemen unterscheiden. Gemäß der für die Sozialwissenschaften typischen Theorienpluralität (Systemtheorie, Interaktionismus, Rational Choice etc.) sowie auch der Herausbildung zahlreicher spezieller ‚Ansätze' in der Organisationsforschung (kultureller Ansatz, mikropolitischer Ansatz, Neoinstitutionalismus etc.) wird der Begriff der Organisation unterschiedlich bzw. mit unterschiedlicher Konnotation relevanter Merkmale bestimmt.

Glossar

Organisationssoziologie: Die Organisationssoziologie ist eine Subdisziplin der Soziologie (‚Spezielle Soziologie'), die auf die Erforschung von Organisationen als besonderen sozialen Gebilden spezialisiert ist. Sie beschreibt und reflektiert Organisationen dabei typischerweise auch gesellschaftsbezogen, also speziell im Verhältnis zur modernen Gesellschaft.

Rationalität, begrenzte: Das Konzept der begrenzten Rationalität (bounded rationality) geht auf die verhaltenswissenschaftliche Entscheidungstheorie (s. o.) zurück. Es steht in der Organisationsforschung für die erste systematische Kritik der Annahme rationaler Wahl: Sofern menschliche Entscheider, realistisch gesehen, nur über begrenztes Wissen verfügen, können sie gar nicht rational entscheiden (maximizing, optimizing). Selbst wenn sie Entscheidungsrationalität intendieren, brechen sie die Suche nach Alternativen ab, sobald eine ‚befriedigende Lösung' gefunden ist (satisficing).

Rationalitätsmythen: Das Konzept der Rationalitätsmythen stammt aus der neoinstitutionalistischen Organisationsforschung. Aus neoinstitutionalistischer Sicht können moderne Rationalitätsansprüche und -erwartungen als Mythen bezeichnet werden, da sie Vorstellungen transportieren, die bei genauerer Prüfung der Wirklichkeit nicht standhalten. Rationalitätsmythen haben aus Sicht von Meyer und Rowan dabei zwei wesentliche Charakteristika. Sie sind zum einen überindividuelle Muster, die bestimmte soziale Ziele als wünschenswert formulieren. Zum anderen sind diese Mythen kollektiv konsensuell, d. h., sie werden kollektiv geteilt und so als verbindlich erachtet.

Selbstreferenzialität: Selbstreferenzialität ist ein erkenntnistheoretisches Konzept des späten 20. Jahrhunderts, das beschreibt, wie ein Symbol, eine Idee, Aussage, Vorstellung oder Einheit (lebende, psychische, soziale) auf sich selbst Bezug nimmt. Niklas Luhmann hat Selbstreferenzialität auch auf soziale Systeme angewendet, spezifiziert (basale Selbstreferenz, Reflexivität, Reflexion) und dabei die selbstbezügliche Sinnkonstitution des Sozialen herausgearbeitet.

Semantik: Unter Semantiken werden in der sinntheoretischen Kommunikations- und Wissenssoziologie höherstufig generalisierte und typisierte Sinnmuster verstanden, die in der gesellschaftlichen Kommunikation als ‚Sinnhaushalt' fungieren.

Sinnbegriff: Sinn ist vermutlich der wichtigste Grundbegriff der Soziologie. Er wird in nahezu jeder soziologischen Theorie verwendet und vorausgesetzt, so etwa in der sinnverstehenden Soziologie Max Webers, der Sozialphänomenologie von Alfred

Schütz, symbolisch-interaktiven Ansätzen, der Theorie kommunikativen Handelns von Jürgen Habermas und der soziologischen Systemtheorie Niklas Luhmanns. Soziales Handeln und menschliche Kommunikation werden in diesen Theorien und Ansätzen immer als sinnhaft konstituiert konzeptualisiert.

Sinndimensionen: Das Konzept der Sinndimensionen geht auf Niklas Luhmann zurück, der in Weiterentwicklung und Präzisierung der Sozialphänomenologie Sinnphänomene dreidimensional in Sach-, Zeit- und Sozialdimensionen differenziert bestimmt. In den letzten Jahren wurde von verschiedenen Forscher(inne)n weiterdiskutiert, ob Raum ebenfalls sinndimensional konzeptualisiert werden kann.

Strukturfunktionalismus: Der Strukturfunktionalismus ist eine soziologische Theorie, die analysiert, welche strukturellen Voraussetzungen gegeben sein müssen und dabei ihre Funktion erfüllen, damit die Ordnung und die bestandsnotwendigen Prozesse sozialer Gebilde bzw. Systeme gewährleistet werden. Der amerikanische Soziologe Talcott Parsons hat den Strukturfunktionalismus im Laufe seines Forscherlebens zum Systemfunktionalismus ausgebaut und damit eine handlungstheoretisch-strukturfunktionalistische Systemtheorie begründet.

Systemtheorie, allgemeine: Unter der Bezeichnung allgemeine Systemtheorie wird eine interdisziplinäre wissenschaftliche Betrachtungsweise verstanden, die komplexe Phänomene durch die Struktur- und Prozessaspekte unterschiedlicher Systemtypen beschreibt und erklärt. So unterschiedliche physikalische, biologische, psychische, soziale und technische Phänomene wie das Sonnensystem, der Mensch, Gesellschaften, Organisationen, Interaktionen und Maschinen können als Systeme begriffen und systemtheoretisch analysiert werden. Der Systembegriff fungiert jeweils als Grundkonzept, das in den speziellen Systemtheorien dann für den jeweiligen Phänomenbereich spezifiziert wird.

Systemtheorie, neuere soziologische: Die neuere soziologische Systemtheorie ist eine soziologische Theorie, die die Konstitution und Reproduktion jeglicher Formen von Sozialität (z. B. Intimbeziehungen, Familien, Organisationen, Funktionssysteme, Gesellschaft) über den Systembegriff begreift und dabei von anderen Formen selbstbezüglicher (autopoietischer) Systembildung (lebende Systeme und psychische Systeme) unterscheidet. Als wichtigster Vertreter gilt Niklas Luhmann.

Unsicherheitsabsorption: Unsicherheitsabsorption ist ein klassisches Thema und Problem der Organisations- und Entscheidungstheorie. Der Begriff betont die Prozessperspektive von Informationsverarbeitungsvorgängen. Es geht dabei seit

March und Simon (1976[1958]) nicht mehr primär um die Frage, wie eine einzelne Entscheidung in Unsicherheitssituationen getroffen werden kann und welche Auswirkungen das auf die Möglichkeit rationalen Wahlverhaltens hat; betont wird vielmehr, dass der Prozess der Entscheidungsverknüpfung für die Absorption von Unsicherheit sorgt. Die Unsicherheitsreduktion ist dann keine Leistung einer einzelnen Entscheidung, sondern liegt in dem Entscheidungen verknüpfenden Prozess, der durch Organisation ermöglicht wird.

Zirkularität: Zirkularität ist das zentrale Prinzip kybernetischen Denkens und bezeichnet das Resultat von Rückkopplungsprozessen. Mit Zirkularität wird ein Verhalten einer operativen Systemeinheit beschrieben, wobei die Wirkungen des eigenen Verhaltens (Outputs) ins eigene System als Input rückgekoppelt werden. Auf diese selbstbezügliche Weise wird das zukünftige Verhalten des Systems beeinflusst. Zirkularität bildet damit das elementare Operationsprinzip selbstorganisierender Systeme.

The manufacturer's authorised representative in the EU is Springer Nature Customer Service Centre GmbH, Europaplatz 3, 69115 Heidelberg, Germany. If you have any concerns regarding our products, please contact ProductSafety@springernature.com

Printed and bound by CPI Group (UK) Ltd, Croydon, CR0 4YY

23/03/2026

02076459-0008